미래가능성 FUTURABILITY

미래 가능성

무능력의 시대와 가능성의 지평

초판 1쇄 인쇄일 2021년 5월 7일 **초판 1쇄 발행일** 2021년 5월 14일

지은이 프랑코 '비포' 베라르디 | **옮긴이** 이신철
펴낸이 박재환 | **편집** 유은재 | **관리** 조영란
펴낸곳 에코리브르 | **주소** 서울시 마포구 동교로15길 34 3층(04003) | **전화** 702-2530 | **팩스** 702-2532
이메일 ecolivres@hanmail.net | **블로그** http://blog.naver.com/ecolivres
출판등록 2001년 5월 7일 제201-10-2147호
종이 세종페이퍼 | **인쇄 · 제본** 상지사 P&B

ISBN 978-89-6263-223-1 93100

책값은 뒤표지에 있습니다. 잘못된 책은 구입한 곳에서 바꿔드립니다.

미래 가능성

무능력의 시대와 가능성의 지평

프랑코 '비포' 베라르디 지음 | 이신철 옮김

에코리브르

조금 늦긴 했지만 유하 바르토, 테레 바덴, 악셀리 비르타넨

그리고 헤이르트 로빙크에게

차례

서문

나는 다시는 미래에 대해 쓰지 않을 것이다.

나는 마찬가지로 미래 없음(no-future)에 대해서도 쓰지 않을 것이다.

나는 다른 것이 되는 과정, 즉 진동, 선택, 재조합, 재구성에 대해 쓸 것이다.

가능성(possibility)은 내용이고, 능력(potency)은 에너지이며, 권력(power)은 형식이다.

나는 현재의 세계 구성 체제에 새겨진 내용을 **가능성**이라 부른다(즉 가능성들의 내재). 가능성은 하나가 아니다. 그것은 언제나 복수다. 현재의 세계 구성에 새겨져 있는 가능성은 무한하지는 않지만 여럿이다. 가능성의 영역은 무한하지 않다. 왜냐하면 가능한 것은 현재 안에 새겨진 불가능성들에 의해 제한을 받기 때문이다. 그렇더라도 그것은 복수이며, 분기의 영역이다. 서로 다른 가능성 사이에서 하나의 대안에 직면할 때, 유기체는 진동하게 되며, 그러고 나서 계속해서 자기 능력에 상응하는 선택을 행한다.

나는 가능성을 전개하고, 그것을 현실화하는 주체적 에너지를 **능력**이라 부른다. 능력은 가능성을 현실성으로 변형시키는 에너지다.

나는 현재의 구조 안에 규정(prescription)으로서 함축되어 있는 선택(과 배제)을 **권력**이라 부른다. 권력은 여러 가능성 가운데 하나의 가능성에 대한 선택과 집행이며, 동시에 그것은 여러 다른 가능성에 대한 배제(와 감춤)이기도 하다.

이런 선택은 형태(gestalt: 구조화하는 형식)로서 묘사할 수 있으며, 패러다임으로서 작용한다. 그것은 또한 하나의 포맷, 즉 우리가 그 코드에 따름으로써만 실행할 수 있는 모델로서 파악할 수 있다.

가능성

1937년 앙리 베르그송(Henri Bergson)은 스웨덴 잡지 〈북유럽 저널(Nordisk Tidskrift)〉에 〈가능적인 것과 현실적인 것(Le possible et le réel)〉이라는 논문을 발표했다. 나중에 《사유와 운동(La pensée et le mouvant)》이라는 책에 포함된 이 텍스트에서 프랑스 사상가는 다음의 물음에 대답한다. '가능성'이라는 말의 의미는 무엇인가?

> 우리는 불가능하지 않은 것을 가능하다고 부른다. 분명히 이러한 비(非)불가능성은 그것의 현실화의 조건이다. 그러나 이 가능성은 가상성(virtuality)의 정도가 아니며, 이념적인 선재(pre-existence)가 아니다. ……이러한 부정적 의미로부터 우리는 무의식적으로 그 말의 긍정적 의미로 옮아간다. 첫 번째 정의에서 가능성은 방해의 부재를 의미한다. 그러나 우리는 이제 그 의미, 즉 이념의 형식으로 있는 선재로 옮아가고 있다.[1]

"B는 가능하다"는 것은 B가 A 안에 새겨져 있으며 아무것도 B가 A의 현재 상태로부터 전개되는 것을 방해하지 않는다는 것을 의미한다. 베르그송은 이념의 형식으로 있는 선재에 대해 이야기한다. 그러나 나는 '이념'이라는 말을 사용하려 하지 않으며, 존재의 미래 상태는 그것이 현재의 세계 구성 체제에 내재적이거나 그 안에 새겨져 있을 때 가능하다고 말하고자 한다. 하지만 우리는 현재의 세계 구성 체제가 단 하나의 가능성이 아니라 서로 다른 여러 (충돌하는) 가능성을 포함한다는 점을 잊어서는 안 된다.

여러 내재적 미래 가능성들(futurabilities) 가운데 하나를 추출하고 실행하기: 이것은 가능적인 것에서 현실적인 것으로 옮아감이다. 미래 가능성은 현실성으로 발전할 수도, 발전하지 않을 수도 있는 가능성의 층위다.

베르그송은 다음과 같이 쓰고 있다.

> 왜 우주는 질서 정연한가? 어떻게 규칙은 자기 자신을 불규칙성에 부과할 수 있으며, 어떻게 형식은 자기 자신을 물질에 부과할 수 있는가? ……이 문제는 우리가 무질서라는 관념이 창조 분야가 아닌 인간의 산업 영역, 제작 영역에서 의미를 지닌다는 것을 이해하자마자 사라진다. 무질서는 단순히 우리가 추구하지 않는 질서일 뿐이다.

우리는 물질, 사건, 흐름의 혼돈된 복잡성을 응시하고, 질서의 가능성, 혼돈된 물질의 가능한 조직을 추구한다. 우리는 마그마(magma)로부터 단편들을 추출한 다음, 엔트로피를 역전시키려는 시도로 그것들을 결합하려고 한다. 지적 생명은 엔트로피를 국부적이고 잠정적으로 역전시키는 이러한 과정이다. 시간은 부패와 저항, 분해와 재구성의 차원이다. 시간은 영구적으로 모든 단편의 다른 것이 다른 모든 단편에서 생성되는 과정이다. 베르그송은 가능성 개념을 시간의 관점에서 정의한다. "왜 현실은 펼쳐지는가? 그것은 어떻게 펼쳐지지 않는가? 시간은 어떤 목적에 이바지하는가? (나는 여기서 단지 공간의 네 번째 차원일 뿐인 추상적 시간이 아니라 실재적인 구체적 시간에 대해 말한다.) 시간의 존재는 사물의 불확정성을 증명하지 않는가? 시간이야말로 바로 이러한 불확정성이 아닌가?"

그는 고대의 철학이 영원성, 즉 존재의 불변적 범주, 사상과 관념의 영원한 접속에 집중했다고 말한다.

> 근대인들은 다른 근거 위에 서 있다. 그들은 시간을 더 이상 영원성의 침입자, 혼란으로서 다루지 않는다. 그러나 그들은 시간을 단순한 현상으로 환원하고 싶어 한다. 시간적인 것은 그들에게 이성의 혼동이다. ……이론에 대해서는 잊어버리고 사실을 견지하자. 그것들은 시간을 더 이상 영원성의 침입자, 혼란으로서 다루지 않는다.

첫째로 베르그송은 가능적인 것을 동어 반복적인 방식으로 정의한다. 불가능하지 않은 것은 가능하다. 반드시 존재하게 될 것은 아닌 동시에 반드시 비존재하게 될 것도 아닌 것은 가능하다. 둘째로 베르그송은 이 대답이 공허한 것임을 인정한다. 그것은 가능성 그 자체의 내용에 대해서는 아무것도 말하지 않는다. 만약 더 많이 알고 싶다면, 우리는 비불가능성과 비(非)필연성의 빈 공간에서 무엇이 일어나고 있는지 이해해야 한다.

살아 있는 유기체의 진화를 살펴보자. 유기체의 가능성 영역은 그것의 유전자 코드에 포함되어 있다. 그러나 그 코드는 미래의 역사가 아니다. 그것은 오히려 가능한 진화의 범위를 열어주며, 이 범위 내에서 서로 다른 여러 경로를 취할 수 있다. 후성(epigenesis: 유기체가 그 유전자 코드로부터 전개되는 과정)은 새롭게 생겨나는 유기체를 환경에, 그 코드가 예측하거나 예비할 수 없도록 발생하는 사건에 끊임없이 노출시킨다. 이러한 가능성 영역은 무한하지 않다. 왜냐하면 그것은 그 코드 안에 새겨져 있는 유전적 조건에 의해 제한되기 때문이다. 그러나 그것은 결코 예측 가능한 상태의 단순히 결정론적 연속으로 환원될 수 없다. 가능한 것이 복수인 만큼, 그 코드가 그 안에서 전개되는 환경적 사건은 여럿 중에서 하나의 형식을 선택하고 형태화한다.

가능성은 분화 과정 이전과 그 도중의 탄트라적인 알의 강도(intensity of the tantric egg)로서 존재한다. "스피노자(B. Spinoza)가 단일한 본질이라고 부르는 것은 내게, 마치 우리 각각이 그녀/그의 본질을 가리키는 강도와 또한 연장된 부분, 즉 외연적 부분을 규제하는 관계들의 일종의 복합체에 의해 정의되는 것처럼, 강도적인 질(intensive quality)인 것으로 보인다."[2]

《천 개의 고원(A Thousand Plateaus)》에서는 가능성에서 현실성으로의 이행을 알의 강도로부터 분화의 기울기의 전개로, 그리고 결국 연장된 신체의 완전한 전개로 옮아감이라고 묘사한다.

> 기관 없는 신체는 그것이 오직 강도에 의해서만 차지되고 거주할 수 있는 방식으로 만들어져 있다. 오직 강도만이 지나가고 순환한다. 그럼에도 기관 없는 신체는 어떤 것이 지나가게 되는 무대나 장소 또는 그렇게 지나가도록 도

와주는 것이 아니다. 그것은 환상과 아무 상관도 없으며, 해석될 것도 아무것도 없다. 기관 없는 신체는 강도가 지나가도록 한다. 그것은 강도를 그 자체가 강도적인, 즉 연장을 결여하는 공간(spatium) 속에서 생산하고 분배한다. 그것은 공간이 아니며 공간 안에 있는 것도 아니다. 그것은 주어진 정도로, 곧 산출된 강도에 상응하는 정도로 공간을 차지하는 물질이다. 그것은 층화하지 않고 형식화하지 않은 강도적 물질, 강도의 매트릭스, 강도=0이다. 그러나 그 0에 관해 부정적인 것은 아무것도 없으며, 부정적 또는 대립적 강도도 없다. 물질은 에너지와 같다. 0에서 출발하는 강도적 크기로서 현실적인 것의 생산. 이것은 우리가 기관 없는 신체를 유기체의 연장과 기관 조직 이전의, 층의 형성 이전의 충만한 알로서, 즉 축과 벡터, 기울기와 문턱에 의해, 에너지 변환을 포함하는 동적인 경향과 집단 변위를 포함하는 운동학적 운동에 의해, 이주에 의해, 즉 기관이 여기서는 오직 순수한 강도로서만 나타나고 기능하기 때문에 부속적인 형식으로부터 독립적인 모든 것에 의해 정의되는 강도적인 알로서 다루는 이유다. 기관은 그것이 문턱을 넘을 때, 그것이 기울기를 변화시킬 때 변화한다. "어떠한 기관도 기능이나 위치와 관련해 항상적이지 않다. ……성기가 어딘가에서 생겨나고 …… 직장이 열리고 배설하고 닫히며 …… 유기체 전체가 순간적인 조정에서 색깔과 일관성을 변화시킨다." 탄트라적인 알.[3]

탄트라적인 알은 셀 수 없이 많은 세포 간 연쇄, 곧 가능성의 망을 포함한다. 가상성의 상태로부터 전개된 유기체 상태로의 이러한 연쇄의 진화는 가능적인 것의 현실화 공간이다. 내가 능력이라 부르는 것은 이러한 현실화의 조건이다. 능력은 정보의 제로-차원성(zero-dimensionality)에서 신체와 사건의 다차원성으로 옮겨감을 가능하게 한다. 그 경우 권력은 하나의 가능성이 현실화의 공간으로부터 어떤 다른 가능성을 배제하면서 자기 자신을 전개하는 하나의 계획 또는 일관성을 시각화하고 강조하며 실행하는 선택의 격자다.

탄트라적인 알은 모든 가능성의 마그마, 형상을 찾는 혼돈된 내용이다. 일반 지성(general intellect)은 내용이며, 기호자본주의(semio-capitalism)는 형태, 코드화한 형식의 발생기, 즉 패러다임적 포획이다.

권력은 발생적 코드에 대한 가능한 내용의 종속이다.

우리 시대의 지평은 딜레마로 표시된다. 첫 번째 시나리오에서 일반 지성은 기호자본주의 코드의 패러다임적 노선에 따라 펼쳐지고 전개될 것이다. 두 번째 시나리오에서 일반 지성은 자율과 비(非)교조적이고 유용한 지식의 원칙에 따라 형식으로 결합된다.

누가 이러한 딜레마의 결과를 결정할 것인가?

누가 하나의 가능성이나 또 다른 가능성의 현실화를 결정할 것인가?

이것이야말로 내가 이 책 마지막 3부에서 전개할 쟁점이다.

가상성에서 현실성으로 옮겨가기 위해 가능성은 하나의 주체로 체현되어야 하며, 이 주체는 능력을 필요로 한다. 가능성은 어떻게 주체로 체현될 수 있는가? 주체는 어떻게 능력을 지닐 수 있는가?

가능성은 가능성의 마그마가 그 마그마를 지향적 주체성으로 변형시키는 연쇄를 만날 때 주체로 체현된다.

자유민주주의는 근대성의 몇 세기에 부르주아 계급의 주체화를 가능케 하는 정치적 연쇄다. 공산주의는 산업 노동자들이 사회적 권리를 위해 모여 투쟁할 수 있게 하는 연쇄다.

어떤 연쇄가 일반 지성으로 하여금 지식의 구체적 유용성에 따라 세계를 해체하고 다시 프로그램화할 지향을 지닌 의식적인 힘으로서 떠오르게 할 수 있을 것인가?

능력

그렇다면 능력은—주체의 의지에 따라—변형을 가능케 하는 조건이다.

역사는 능력을 부여받은 주체성으로 체현된 가능성의 출현 공간이다.

능력은 우리에게 자유로울 수 있고 환경을 변형시킬 수 있는 잠재력을 부여한다. 다른 한편 권력은 발생적 코드에 대한 가능성의 종속이다.

진화와 마찬가지로 역사도 분기와 선택의 연속으로서 파악할 수 있다. 그러나 역사의 왕국에서는 각각의 분기에 있이 의식이 서로 충돌하는 가능성 가운데 선택하는 데서 결정적 역할을 수행한다.

가능성의 혼돈된 진동 차원으로부터 새롭게 떠오르기 위해 신체는 능력을 필요로 한다. 능력은 현재 안에 새겨져 있는 가능성을 그 주체와 이어주는 에너지다.

그 가능성을 형식으로 전환하기 위해 능력을 지닌 주체는 안에 새겨진 충돌하는 가능성의 확장에 거스르는 권력을 제거해야 한다. 많은 스피노자주의 학자들〔나는 특히 토니 네그리(Toni Negri: 이탈리아의 철학자—옮긴이)를 언급하고자 한다〕의 가정과는 반대로 능력은 무한하지 않다.

많은 텍스트에서, 특히《야만적 별종(The Savage Anomaly)》과《전복적 스피노자(Subversive Spinoza)》에서 네그리는 스피노자에게 능력의 무한성이라는 생각을 돌린다. "존재는 진리를 소유하지 않는 생성에 종속되기를 원치 않는다. 진리는 존재에 대해 말하며, 진리는 혁명적이고, 존재는 이미 혁명이다."[4] 이 문장은 기묘하게 신학적으로 들리며, 네그리는 실제로 완강하게 세계의 절대적 본성을 되찾고자 한다. "세계는 절대적이다. 우리는 행복하게 이러한 충만함에 압도된다. 우리는 의미와 존재의 이러한 풍부한 순환성에 찬성하지 않을 수 없다. ……이 점은 스피노자의 현대성을 위한 두 번째 이유를 정의해준다. 그는 세계를 절대적 필연성으로서, 필연성의 현존으로서 묘사한다."[5]

절대적 필연성으로서 세계의 정의는 능력의 한계를 인정하지 않으려는 네그리의 집요한 거부의 기초다. 그것은 또한 해방의 필연성에 대한 그의 신앙의 기초이기도 하다. 무신론적 관점에서 나는 신앙을 포기하지 않을 수 없다. 나는 해방이 필연적이라고 생각하지 않는다. 해방은 가능성이며, 21세기 초의 우리 시대에 그것은 있음직하지 않은 것으로 보인다.

해방은 세계의 절대적 조직에 새겨져 있는가? 네그리는 잘 알려져 있듯 그렇다고 대답한다. 그러나 이것은 현실에 대한 환상적 망각으로 이어지고, 특히 현대적 주체성의 삶에 대한 환상적 망각에 길을 내준다. 해방은 절대적 필연성이 아니라 현실화하기 위해 능력을 필요로 하는 가능성이다. 그리고 때때로 우리는 바로 그 능력을 갖고 있지 않다.

네그리의 스피노자 독해가 제공할 수 있는 모든 수사학적 비아그라는 그것이 현대적 주체성의 정치적 무능력(impotence: 발기 부전—옮긴이)에 부딪칠 때 요령부득이다. 사회적 삶과 앎에 새겨져 있는 가능성은 정치적 연쇄를 발견하지 못하며, 슬픈 정념이 가능한 것을 모호하게 한다. 그러한 슬픈 정념의 발생은 어떠한 히스테리적 거부도 없이 이해되어야 한다.

길을 찾아내고자 한다면 우리는 눈(eyes) 속의 야수를 보아야만 한다.

《스피노자에 대하여(On Spinoza)》에서 들뢰즈(G. Deleuze)는 "정서(affectus)는 누군가의 존재의 힘의 지속적인 변이"라고 쓰고 있다. 이 변이는 주체의 능력을 증가 또는 감소시킨다. 슬픈 정념과 즐거운 정념은 변용시키는 것으로서, 이 증가와 감소의 원인으로서 파악해야 한다. "스피노자는 슬픈 정념으로 우리를 변용시키는 데 관심 있는 자들의 우주에서의 음모를 탄핵한다. 성직자는 그에게 복종하는 자들의 슬픔에 대한 필요를 지닌다. 그는 이 복종자들이 자신에게 죄가 있다고 느끼는 것을 필요로 한다. ……슬픈 정념을 고무하는 것은 권력의 행사를 위해 필연적이다."[6]

이러한 슬픈 정념을 지니는 걸 일종의 죄, 교정해야만 하는 잘못으로 간주해서는 안 된다. 슬픈 정념은 오해의 결과가 아니며, 그것은 의지의 힘에 의해서나 올바른 성찰에 의해 취소될 수 없다. 들뢰즈가 지적하듯 슬픈 정념은 권력 행사의 결과다.

권력은 가능성의 영역을 규정적인 질서로 축소시키는 행위자다. 그러므로 권력은 슬픈 정념의 현실적 원천이며, 그것의 존재는 권력의 힘에 대한 영혼의 예속 결과로서 파악할 수 있다. "스피노자는 악이란 나쁜 만남이라고 말한다. 너 자신의 신체와 나쁘게 섞이는 신체와 만나기." 아아, 나쁜 만남은 일어난다. 이 시대의 수많은 만남. 스피노자를 인용하며 네그리는 다음과 같이 쓴다.

> 축복은 덕에 대한 보상이 아니라 덕 그 자체이며, 또한 우리가 우리의 목록을 제한하기 때문에 그것을 향유하는 것도 아니다. 반대로 우리가 그것을 향

유하기 때문에 우리는 그 목록을 제한할 수 있다. 스피노자는 헤겔주의를 뒤집어엎고 나서야 그 자신의 논리적 우위에 대한 인정을 지니고서 태어난다. ……그러므로 이성의 생산성에서 그는 해부되고, 선택된 사건의 기록으로서 철학에 대한 헤겔적 긍정을 뒤집어엎고, 따라서 참으로 자유를 사건의 기초에 정립하고 인간의 권력을 절대적으로 존재 하부의 생산적인 경계에 뿌리내리게 함으로써 역사의 발전을 선취한다. 현상학적인 설명(Erklärung)과 형이상학적인 서술(Darstellung) 사이에는 구별이 존재하지 않는다.[7]

스피노자의 범신론적 비전과 헤겔의 범논리주의적 비전 사이에서 유비(analogy)를 보는 것은 어렵지 않다. 하지만 차이는 결정적이다. 헤겔에게서 무한성은 정신적 생성의 에너지다. 스피노자에게서 무한성은 자연이고, 능력은 신체다.

"신체는 무엇을 할 수 있는가?"라고 스피노자는 묻는다. 이 물음은 신체의 무한한 능력을 주장하는 것이 아니라, 신체의 과도한 본성을 비추고자 하는 의도를 지닌다.

하지만 지금까지 어느 누구도 신체의 권력에 한계를 정립하지 못했다. 다시 말하면, 어느 누구도 신체를 연장으로서 간주하는 한 그것이 오로지 자연의 법칙에 의해 무엇을 성취할 수 있는지 아직까지는 경험에 의해 가르침을 받은 적이 없는 것이다. ……나아가 어느 누구도 어떻게 그리고 어떤 수단으로 마음이 신체를 움직이는지, 그리고 얼마나 많은 다양한 정도의 운동을 마음이 신체에 전달할 수 있는지, 얼마나 빠르게 그것을 움직이게 할 수 있는지 알지 못한다.[8]

오늘날 우리의 신체는 무엇을 할 수 있는가?

사회적 신체는 자동화한 두뇌로부터의 분리라는 현재의 조건하에서 무엇을 할 수 있는가?

무능력은 내가 이 책 1부에서 논의할 쟁점이다.

권력

각각의 역사적 분기에서 가능성의 범위는 권력에 의해 제한되는 동시에 새롭게 떠오르는 주체성에 의해 열린다. 새롭게 떠오르는 주체성이 능력(내적 일관성과 투사 에너지)을 지닌다면, 그것은 보이지 않는 가능성을 가시성의 공간으로 가져올 수 있으며, 그 가능성의 현실화에 길을 내어줄 수 있다.

형태 발생은 진동으로부터, 즉 가능성을 지닌 신체의 서로 다른 진화 사이에서의 동요로부터 새로운 형식이 출현하는 것이다. 새롭게 떠오르는 형식은 가능성으로서 포함되어 있다. 그러나 우리는 자동화한 선택을 대안으로부터 해결로의 이행에 끼워 넣을 수 있다. 자동화는 인간의 행위를 기계로 대체하는 것일 뿐만 아니라 인지적 활동을 논리적이고 기술적인 사슬에 내맡기는 것이기도 하다.

이것이야말로 바로 권력의 기원, 즉 자동화한 선택을 사회적 진동에 삽입하는 것이다.

자동화는 인간의 마음에 의해 그것의 기획, 비전, 이데올로기, 선입견에 따라 프로그래밍된다. 자동 기계(automaton)는 내장된 의도와 이미 확립된 관계 형식을 복제한다.

하나의 형식이란 그 내용과 관련해 무엇인가? 그리고 새로운 형식이 떠오를 수 있는 것은 어떻게 이루어지는가? 어떻게 사물은 사물을 낳고, 개념은 개념을 낳는 것인가? 그리고 마지막으로 좀더 흥미롭게는, 어떻게 개념이 사물을 낳는 것인가?

권력은 산생된 결정론(engendered determinism)의 형식이라고 정의할 수 있다.

사실 권력은 미래의 행동을 형성하는 기술적-언어적 자동 작용의 형식을 취한다. "집세를 내지 않으면, 너는 자동적으로 아파트에서 퇴거당할 것이다", "수업료를 내지 않으면, 너는 자동적으로 대학에서 쫓겨날 것이다" 등등처럼 말이다. 퇴거나 쫓아냄의 실행은 동정심에 의해 움직여 자기의 마음을 바꿀 수 있는 인간 행위자의 행위가 아니다. 이러한 결과는 마치 그것들이 논리적-수학적 필연성인 것처럼 기술적 기계에 함축되어 있다. 물론 그것들은 논리적-수학적 필연성이 아니다. 그러나 언어적 기계는 행동을 기록하고, 그것을 결과로 변환한다. 현실적 사건은 논리적 필연성으로서 기계 내에 새겨진 수학적 기능의 활성자다.

선취(pre-emption)는 결정론적 방식으로 생물공학적이거나 기술적-사회적 변이의 삽입에 의해 유기체의 미래 형식을 규정한다. 결정론은 인과적 함축에 의해 진화를 묘사하는 (나쁜) 철학적 방법론일 뿐만 아니라 세계 내에, 특히 사회적 유기체 내에 인과 사슬을 도입하는 것을 목표로 하는 정치 전략이기도 하다.

결정론적 전략은 미래를 예속시키고, 규정된 선취적 모델로의 경향을 강제하고, 미래의 행동을 자동화하는 것을 목표로 한다.

자동 작용의 사슬에 의해 산출된 효과는 결정론적 함정, 즉 가능한 것을 포획해 단순한 개연성으로 환원되는 함정으로서 정의할 수 있으며, 개연적인 것이 필연적인 것으로서 집행된다.

이것은 내가 이 책 2부에서 논의할 쟁점이다.

내재 경향과 패러다임

내재(immanence)란 과정 내부에 있음이라는 질(quality), 어떤 것에 대한 어떤 것의 본래성 내지 고유성이다.

이 책은 미래 가능성, 내재적인 가능한 미래의 다양성, 현재 안에 이미 새겨져 있는 다른 것 되기에 관한 것이다.

그러나 미래가 세계의 현재 구성 체제 안에 필연적으로 새겨져 있다고 가정한다면, 우리는 내재에 목적론적 의미를 부여하며, 안에 새겨져 있음은 **미리** 규정되어 있음(*pre*scription)으로 전환된다.

목적론은 과학적 인과관계에 대한 결정론적 해석 또는 범신론이라는 명칭을 부여할 수 있는 세계사에 대한 신학적 디자인에 토대할 수 있다. 요컨대 신은 내재적 규정자다.

반대로 내재의 유물론적 비전은 현재의 현실이 광범위한 가능성들로서 미래를 포함한다는 신념에 토대한다. 그리고 여러 가능성 중에서 하나의 가능성을 선택하는 것은 형태 발생 과정에서 결정론적 방식으로 규정되지 않는다. 미래는 우리가 상상할 수 있는 경향으로서 현재 안에 새겨져 있다. 그것은 일종의 예고, 연속적 재조합의 불확실한 과정에서 취해지는 입자들의 진동 운동이다.

내재는 논리적이고 필연적인 결과를 함축하지 않는다. 현재는 미래를 우리가 현행의 현실에서 읽을 수 있는 함축의 필연적인 직선적 전개나 결과적인 마무리로서 포함하지 않는다. 내재는 분기하고 충돌하는 그 모든 셀 수 없이 많은 가능성이 현재 안에 새겨져 있다는 것을 의미한다. 세계의 현재 상태는 여러 가능성의 진동하는 동시 발생으로서 묘사할 수 있다. 혼돈된 진동이 어떻게 특수한 사건을 낳을 수 있는가? 여러 발전 가능성 사이에서 오직 그 가운데 하나만이 우세해지는 일은 어떻게 일어나는가?

사회적 세계의 미래 상태는 정치적 의지의 직선적 효과가 아니라, 무한히 복잡한 관계와 충돌 및 매개의 결과다. 우리는 사건의 결정에서 기획과 실현 사이의, 의지와 동시 발생하는 무한한 의지들의 역사적 구성 사이의 비대칭적 관계를 목적의 이형 생식〔heterogony: 이형 발생(heterogenesis)〕이라 부른다.

지금과 내일, 세계의 현재 상태와 세계의 미래 상태 사이의 관계는 필연적이지 않다. (즉 반드시 그렇게 되지는 않는다.) 현재는 미래를 직선적 발전으로서 포함하지 않는다. 여러 가능한 형식들 가운데서 하나의 형식이 출현하는 것은 분극화의—잠정적이고 불안정한—효과, 하나의 패턴의 고착이다.

경향은 주어진 방향으로의 운동이다. 잠재성으로서 세계의 진동하는 복잡성은 공존하고 충돌하는 경향에 따라 해석할 수 있다. 경향은 사건을 낳는 진동 과정의 주어진 순간에 우세한 것으로 보이는 가능성이다.

산업적 근대성의 최고 시기에 급여 노동으로부터 사회 활동의 해방은 사회적 연쇄에, 특히 일반 지성의 능력과 현존 기술 간의 관계에 새겨져 있었다. 자본주의적 착취로부터 인간 활동의 해방은 경향으로서 간주할 수 있는 가능성이었다. 공산주의는 자본의 기술적 구성과 또한 사회적 의식에 내재적이었다.

그럼에도 우리가 알고 있듯이 이러한 가능성은 현실로 전개되지 않았다. 자본주의적 착취로부터 인간 활동의 해방을 향한 경향(내가 '가능한 공산주의'라고 부르는 것)은 우세하지 않았다.

공산주의의 가능성은 볼셰비키 혁명이라는 사건과 그에 이어지는 군대와 국가의 독재 수립에 의해 지워졌다.

사실 레닌주의적 행동은 마르크스가 개념화한 구조적 사슬을 깨뜨렸다. 러시아 혁명 사건은 파리 코뮌 사건과 마찬가지로 생산 과정에 새겨진 구조적 동역학의 필연적 전개가 아니었다. 그것들은 때맞추어 일어난 사건이 아니었다. 그러나 모든 사건은 때맞추어 일어나는 것이 아니다. 사건은 인과 사슬에 상응하지 않기 때문이다. 러시아 혁명은 사회주의 혁명이 가장 진보된 산업 국가에서 처음으로 시작될 것이라는 마르크스주의의 신념에 대한 침해 내지 반박으로서 작용했다.

사건과 구조는 상호적인 필연적 함축에 따라 묘사할 수 없다. 구조가 필연적으로 어떤 사건을 함축하고 있는 것은 아니다. 그리고 사건은 구조 속에 함축되어 있지 않다.

나는 현재에 새겨져 있는 가능성의 범위를 하나의 포맷하는 형태로서 작용하는 패턴으로 환원하는 것을 패러다임적 포획이라고 부른다.

실제로 새롭게 떠오르는 가능성과 지배적인 패러다임 사이에 충돌이 존재한다. 패러다임적 포획은 경향의 전개를 차단하고 금지하며, 가능성의 다수성을 세계의 새로운 (잠정적이고 불안정한) 상태로 환원하는 진동을 마비시킨다.

우리는 사회와 기술 발전의 관계를 가능성과 패러다임적 포획이라는 측면에서 묘사할 수 있다. 지식과 생산 및 기술은 가능성이 진동하는 영역에서 연결되어 있다. 기술은 논리적 함축의 사슬이 아니라 내재적인 충돌 가능성의 영역이다. 전자 기술과 디지털 네트워크는 그것들을 실행하기 시작한 이래로 사회적 관계와 생산의 변형 과정을 가능케 함으로써 분기하는 가능한 진화를 열 수 있었다.

디지털 기술과 인공지능 연구는 일종의 미래 자동화에 문을 열고 있다.

스타티스티콘: 새김과 규정

시간의 무한성 속에서 분기의 끝없는 사슬은 진동, 선택, 출현을 낳는다. 매 순간마다 물질은 진동 상태로 들어가고, 새로운 조합이 떠오를 때까지 서로 다른 가능성 사이에서 동요한다.

의식의 출현은 진화의 효과다. 그러나 그것은 반성적 차원, 즉 선택 차원으로의 도약이기도 하다. 의식이 진화의 시간을 가로지를 때, 우리는 역사에 대해 이야기한다.

이 지점에서 그러한 분기는 가능성들 사이의 의도적인 선택으로서 지각된다.

인간은 의식적 선택을 행하고 여러 가능성 중에서 하나의 가능성을 골라낼 수 있는 특유한 능력을 가진 것으로 보인다. 의식적 선택은 (단지)

합리적 계산 과정이 아니다. 그것은 전략적 결정, 윤리적 판단을 함축한다. 그것은 심미적 선호를 표현하고, 정보-정신-자극의 흐름에 영향을 받는다.

미래가 규정되어 있지 않고 지금과 미래의 연속이 획일적이거나 결정되어 있지 않기 때문에, 우리의 과제는 현재 현실의 조직과 현재의 의식 안에 놓여 있는 미래 가능성의 층위를 구별하는 데 존재한다.

미래 가능성은 절대적 필연성, 상대적 필연성 내지 개연성, 경향, 불가능성과 가능성의 관점에서 추적할 수 있다.

절대적 필연성은 인간의 마음에 새겨진 기능이자 외적인 현실과 어떠한 관계도 함축하지 않는 까닭에 오늘 참되고 내일도 참될 논리적 언명의 특징을 이룬다.

칸트는 종합 문장과 분석 문장을 구별한다. 분석 문장은 언명의 내용이 주어에 함축되어 있기 때문에 자명한 문구로 간주할 수 있다. 그러므로 분석적 진리는 필연성이다.

다른 한편 상대적 필연성은 일정한 개연성을 함축하는 것 같은 일시적 사건들의 연쇄일 뿐만 아니라 법칙과 힘에 의해 집행되는 존재 상태들의 연쇄다.

"집세를 내지 않으면, 너는 퇴거당할 것이다"는 상대적으로 필연적인 미래 가능성의 경우다. 그 함축에 논리적 필연성은 없다. 그러나 사회적 관계는 관습적 규칙의 집행에 토대한다. 이러한 집행은 폭력과 동의의 힘에 의해서나 자동화의 힘에 의해 일어날 수 있다.

부동산 회사의 컴퓨터에는 집세를 내지 않는 세입자가 집에서 쫓겨나리라는 것을 함축하는 논리적 사슬이 존재한다. 하지만 이 함축은 논리적이지도 자연적이지도 않다. 그러나 그것은 의지의 자동화에 의해 그리고 사회적 힘 관계의 자동화한 전이에 의해 집행된다. 금융자본주의는 자연적이고 논리적인 체하는 기술적-언어적 함축에 묶여 있다. 그 함축은 자연적이거나 논리적이지 않다. 그것은 오히려 가능성의 범위를 개연성의 가느다란 줄로 인위적으로 환원한 것이다.

선취: 환원의 전략으로서 결정론

현대의 전 지구적 기계의 예측 능력은 데이터의 커다란 흐름을 일상적으로 읽을 수 있는 능력에 놓여 있다. 필터 버블(filter bubble)의 도입에 힘입어 이루어진 통계적 예측은 규정으로 그리고 주체성의 비움으로 전환된다.

전 지구적 기계의 표현을 사회적 유기체의 기대에 적응시키기 위해, 그리고 그와 대칭적으로 사회적 유기체의 기대를 전 지구적 기계의 표현에 적응시키기 위해 사회적 활동의 살아 있는 흐름으로부터 데이터를 포획하는 기술적-정보적 자동 작용을 나는 워런 네이디치(Warren Neidich)를 따라 '스타티스티콘(Statisticon: 통계 기계—옮긴이)'이라고 부를 것이다.

구글과 다른 검색 엔진들로 하여금 우리의 요구를 예측할 뿐만 아니라 우리의 욕구를 형성하고 통제할 수 있게 해주는 사용자 맞춤 기술을 '필터 버블'이라고 부른다. 필터 버블은 워런 네이디치가 스타티스티콘, 즉 미래 사건을 개연성과 예측 가능성으로 환원시키는 것이라고 부르는 것의 예다. 선취(pre-emption)는 통계적 포획에 대해 상호 보완적이다. 미래를 미리 비우는 것(pre-emptying)은 미래의 행동을 막고 그로부터 특이점을 비우는 것을 의미한다.

스타티스티콘의 동역학에서 그 거울은 기계로 하여금 사회적 행동을 예측하고 미리 꾸리도록 이끄는 발생기로서 작용한다.

스타티스티콘은 환경(이 경우에는 사회적 삶)과 함께 진화하지만, 이러한 공진화의 조건은 자동화한 지배 영역에서 사회적 상호 작용을 가능하게 만드는, 미리 새겨진 구조적 상동 관계(homology)다.

언명의 행위자는 효과적인 의사소통이 있을 수 있도록 하기 위해 기계가 이해하는 언어를 사용해야만 한다. 언명의 행위자가 상호 작용을 가능하게 하는 포맷을 수용하면 상호 작용이 진화할 수 있고, 기계는 또한 살아 있는 유기체가 기계에 적응하는 한 살아 있는 유기체에 적응할 수 있다.

통계적 선취는 두 가지 상호 보완적인 행동을 함축한다. 하나는 대량의 데이터 흐름을 기록하는 것이다. 두 번째는 기계가 살아 있는 환경에 적응하고 그와 상호적으로 살아 있는 의식적 유기체가 기계에 적응하는 것이다.

방대한 양의 데이터가 기계에 적응 능력을 부여하는 동시에, 필터 버블은 살아 있는 의식적인 유기체가 기대되는 기계의 응답에 따르도록 유도한다.

통계적 선취는 지배의 기능 양식, 정치적이고 경제적인 권력의 현대적 형식, 곧 산생된 결정론의 형식이다.

선취는 결정론적 함정으로서 작용한다. 유기체의 미래는 생물공학적이거나 기술적-사회적 변용에 의해 변경될 수 있다. 가능한 것은 포획되어 단순한 개연성으로 환원하며, 개연적인 것은 필연적인 것으로서 집행된다.

그럼에도 다음의 분기에서 새로운 가능성이 표면화하고, 다음의 분기는 다음과 같은 것, 즉 우리 시대에 진행 중인 인지적 자동화 과정일 것이다. 일반 지성〔전 세계 수백만 명의 코그니타리아트(cognitariat: 미국의 미래학자 앨빈 토플러(Alvin Toffler)가 《권력 이동(Power Shift)》에서 제시한 유식 계급을 일컫는 용어. 또는 인지 노동자—옮긴이)〕이 신체, 즉 에로틱하고 심미적이며 윤리적인 신체를 발견하게 될 것인가?

미래는 어떤 코드의 필연적 발전으로서가 아니라 내재적 가능성으로서 현재에 새겨져 있다. 미래 가능성은 미래의 다차원성을 가리킨다. 현재에는 미래의 복수성이 새겨져 있다. 의식은 이러한 가능성들 사이의 선택에서 결정하는 요인 가운데 하나이며, 의식은 변화하는 사회적 구성의 흐름에서 지속적으로 변화하고 있다.

우리 시대에는 인지적 자동화 과정이 진행되고 있다. 전 지구적 기계의 표현(인터페이스, 응용 프로그램……)이 확산되어 사회적 마음속에 자기 자신을 끼워 넣는다. 접속된 신체와 접속된 마음은 전반적인 연결성의 구조에 의해 관통된다.

하나의 코드가 정보-신경 연결에 새겨져 있다. 이러한 인지적 배선 과정에 직면할 때 우리는 종종 지금 형성 중인 일종의 신경전체주의(neuro-totalitarianism)로부터 벗어날 길은 없다고 생각하게 된다.

일반 지성의 접속 신체가 그 안에 내장된 코드보다 더 넓기 때문에 신경전체주의로부터 벗어나는 길은 존재한다. 그리고 일반 지성의 동역학은 코드화한 작동의 결정론적 복제로부터 예기치 않게 일탈하는 것으로 이어질 수 있다.

현재의 디프레션(depression: 심리적 우울증과 경제적 불황 둘 다)은 미래에 대한 어떠한 결정론적인 기획도 참이 아니라는 의식을 모호하게 만든다. 우리는 기술적-언어적 자동 작용, 즉 금융, 전 지구적 경쟁, 군사적 에스컬레이션(escalation)이 뒤얽힌 덫에 사로잡혔다고 느낀다. 그러나 일반 지성의 신체(수많은 코그니타리아트의 사회적이고 에로틱한 신체)는 연결 두뇌보다 더 풍부하다. 그리고 현재의 현실은 그것에 부과된 포맷보다 더 풍부하다. 현재에 새겨진 다면적 가능성이 비록 현재 비활성적인 것으로 보일지라도 완전히 취소되지는 않았기 때문이다.

가능적인 것은 내재적이다. 그러나 그것이 현실화 과정으로 발전할 수는 없다.

사회적 신체의 현재 구성에 새겨져 있는 가능성의 비활성은 주체성의 무능력이 낳는 효과다. 지난 세기 동안 노동자의 사회적 주체성은 연대와 자율 및 복지의 형식을 경험했다. 그 후 세기말에 그것은 권력을 잃었고, 그리하여 이제 일반 지성과 사회적 연대의 신체에 현재하는 그 잠재력을 표현할 수 없다.

급여 노동의 의무로부터 사회적 시간의 해방 가능성은 여전히 존재한다. 그것은 인지 노동자 수백만 명의 협력적 지식에 자리 잡고 있다. 그러나 이러한 가능성은 이 책에서 내가 묘사하고 분석하며 또 그것을 넘어서는 길을 발견하고 싶어 하는 정치적 무능력 때문에 현재 표면화할 수 없다.

주체성의 무능력은 권력이 인간의 의지와 결정 및 지배로부터 독립적이게 될 때, 즉 그것이 기술과 언어의 자동화한 조직 안에 새겨질 때 그 권력의 전체 능력의 효과다.

사회적 정신 예언술과 가능성의 지평

> 사람은 생각한다.
>
> 말은 생각한다.
>
> 양은 생각한다.
>
> 소는 생각한다.
>
> 개는 생각한다.
>
> 물고기는 생각하지 않는다.
>
> 물고기는 말이 없고 무표정하다.
>
> 물고기는 알기 때문에.
>
> 모든 것을.
>
> –이기 팝(Iggy Pop)과 고란 브레고비치(Goran Bregovic),
> 〈이것이 영화다(This is a Film)〉

이 책은 사회적 미래 가능성의 정신 예언술적 지도(map)를 구축하려는 시도, 즉 정신 영역의 사회적 생성에 대한 탐구(내지 예측)다.

그러한 관점으로부터 우리는 현재의 혼돈된 사회적 마음의 진동에서 나오는 진화 노선을 볼 수 있을 것이다.

이러한 혼돈된 진동은 현재 우리를 둘러싸고 전염병처럼 만연하고 있는 공격적 광기에서 분명히 보인다. 다에시〔Daesh: 이슬람국가(IS)를 폄하해 이르는 표현—옮긴이], 도널드 트럼프, 재정긴축주의(austeritarianism) 및 부활하는 국가사회주의는 현대의 정신병적 전염병의 기호들이다.

날마다 우리는 인종주의와 광신주의 및 잇따르는 폭력의 고조에 대한 반대가 헛되다는 감각을 경험한다. 사실 이 물결은 정치적 결정이나 이데올로기적이고 전략적인 동화의 결과가 아니라 절망의 효과, 오랫동안 지속되는 굴욕에 대한 반응이다. 추상적인 계산 기계의 완전한 합리성, 금융적 폭력의 탈피 불가능성으로 인해 사회적 유기체의 의식과 감수성은 위태롭게 되었으며, 좌절로 인해 동정심을 느끼고 공감적으로 행동할 수 있는 일반적 능력은 감소했다.

광기? 비록 절망과 공격의 계보를 사회적 원인으로 소급할 수 있을지라도, 나는 결국 정치적 추론 그 자체가 무능력하다고 생각한다. 그러한 감정적 고통을 치유하는 유일한 방법은 사회적 유기체의 숨겨진 능력을 감정적으로 다시 활성화하는 것이다. 점령하라! 2011년에 전개된 운동은 사회적 유기체가 수행할 수 있는 연대의 모든 에너지를 소환하고자 한, 우리가 최근 수행한 잠깐의 주된 시도였다. 하지만 그 운동의 성과는 너무 초라했고, 기만으로 인해 인간적 연대의 그 모든 오랜 정서가 파괴되었다. 그리고 사회적 유기체는 자기의 육체적 에너지를 여전히 보유하지만 더 이상 그것을 적당한 방향으로 조종할 수 있는 능력을 소유하지 못한, 마치 목이 잘린 몸처럼 행동하고 있다.

나는 우리가 근대적 사회 문명의 해체를 정신병리학적 용어로 판단할 수 있다고 확신하지 못한다. 기업의 경제적 이해관계와 아무런 문화도, 존엄도 지니지 못한 정치인들의 냉소주의는 현재의 광기 폭발로 이어지는 길을 닦았다.

무능력은 확실히 불균형의 징후다. 세계의 척도(ratio)였던 이성은 더 이상 현대 인간관계 네트워크의 과잉 복잡성을 지배할 수 없다.

이러한 종류의 불균형은 무질서, 혼돈 또는 정신적 상해라는 의미에서 광기라고 부를 수 있다. 하지만 우리는 광기의 정의에 관해서라면 서로 다른 관점을 구별해야만 한다.

광기는 이성적이고 합리적인 일상적 삶의 일 가장자리에서 나타나는 예외적인 사건인가? 그것은 사회를 함께 묶어놓는, 진행 중인 대화의 불가피한 교란인가?

만약 광기를 관리해야만 하는, 즉 우리가 회유하고 치유해야 하는 주변적이고 불가피한 교란으로 환원한다면, 우리는 요점을 놓친다. 광기는 숨기거나 고쳐야 할 사고로서 파악해서는 안 된다. 광기는 진화의 배경, 우리가 모델링하고 잠정적 질서로 변형시키고 있는 혼돈의 문제다.

질서란 여기서 예측 가능성의, 즉 규칙성의 공유된 환상, 다시 말하면 짧거나 긴 시간, 몇 분이나 아마도 몇 세기에 대해 유효할 수 있는 투사 환상을 의미한다. 그것은 우리가 문명이라 부르는 것을 낳는 환상이다.

우리는 광기의 두 가지 측면을 구별해야만 한다. 하나는 세계의 사실상 무의미, 주위의 물질 마그마, 자극의 통제할 수 없는 확산, 존재의 눈부신 소용돌이다. 이러한 광기는 의미 창조, 즉 지식의 근거 없는 구축, 의미 있는 전체로서 세계 창안의 전제 조건이다.

다음으로 광기의 주체적 측면이 있다. 그것은 사물이 날아 달아나고 있다는 고통스러운 정서, 속도와 소음과 폭력에 의해 압도되고 있다는 느낌, 불안과 패닉, 정신적 혼돈의 느낌이다.

고통은 우리로 하여금 존재하지 않는 까닭에 우리가 발견할 수 없는 세계를 위한 질서를 찾도록 강요한다. 하지만 질서에 대한 이러한 갈망은 존재한다. 그것은 엔트로피의 심연을 가로지르는 다리, 서로 다른 독특한 마음들 사이에 다리를 세우도록 하는 유인이다. 이러한 접속으로부터 세계의 의미를 불러일으키고 제정한나. 그 의미는 공유된 기호 현상(semiosis: 어떤 기호가 의미 전달의 기능을 보이는 상태—옮긴이), 공명 속에서 숨쉬기다.

의미의 근거 없는 구축 조건은 우정이다. 세계의 유일한 정합성은 의미 투사 행위를 공유하는 데, 언명 행위자끼리 협력하는 데 존립한다.

우정이 해소될 때, 연대가 금지되고 개인이 홀로 머물며 고립 속에서 물질의 어둠에 직면할 때, 현실은 혼돈으로 되돌아가고 사회 환경의 정합성은 동일시라는 강박적 행위의 집행으로 환원된다.

그로부터 가능성이 떠오르는 진동의 범위를 좁히고 미래 사건의 예측 불가능성을 줄이려는 이러한 시도에는 강박적인 어떤 것이 있다.

> 나는 내가 내 주변의 배치를 형성하는 가운데 어느 정도나 범죄자인지 결코 알 수 없었다. 오, 범죄자는 범죄 현장으로 계속해서 돌아온다! 우리 존재의 모든 순간에 얼마나 많은 수의 소리, 형태가 우리에게 도달하는지 고려할 때 …… 군중, 포효, 강 …… 어떤 것도 배치하는 것보다 더 쉬운 것은 없다! 배치하라! 찰나의 순간에 이 말은 어두운 숲속의 야수처럼 나를 놀라움으로 사로잡았다. 그러나 그것은 곧바로 여기 앉아 이야기하고, 먹고, 계속해서 저녁 식사를 하는 사람 7명의 야단법석으로 가라앉았다.[9]

《신곡(The Divine Comedy)》 26편에서 율리시스는 "어리석은 비행을 위해 노를 날개로 만들었다"고 말한다.

새벽까지
우리는 고물의 방향을 바꿨고, 어리석은 비행을 위해
노를 날개로 만들어 계속해서 왼쪽으로 올라갔다.

지식으로 이어지는 비행은 그것이 이성의 확립된 한계를 거부하는 까닭에 어리석다.

근대 세계는 지리학적 탐험의 무분별함으로부터, 세계의 경계는 어디에 있는가라는 물음에 대답하려는 욕구로부터 나온다.

대답할 수 없는 것에 대답을 추구하는 사악한 사기꾼의 고통스러운 탐구. 나는 누구인가? 나는 어디서 오는가?

근대 세계는 비(非)신학적 질서에 대한 탐구로부터 비롯된다. 그리고 이 탐구는 시간과 노동 및 가치 축적이 그 척도를 이루는 부르주아 질서의 확립으로 이어진다.

이 질서는 오랜 중세적인 신정 정치적 질서의 폭발에 의해, 그리고 책을 인쇄하고 대양을 가로지르는 기술 혁신에 뒤따른 인간 경험의 증대에 의해 사슬로부터 풀려난 에너지의 기호학적 조직과 코드화에 토대했다. 이 질서는 정보와 발견 및 기술의 진화하는 흐름에 의미와 범위를 부여하는 지명 행위의 결과다.

그런 다음 엔트로피가 다가와 서서히 그 질서를 해체했다. 자본주의적 순환의 끝에서 노동에 의해 생산된 풍요는 비참으로 전환하고, 지식의 자유는 경제적 도그마에 토대한 새로운 신학에 의해 제한된다. 그러나 도그마의 집행은 척도에 토대한 오랜 부르주아 관습을 대체할 수 없다. 노동 시간과 가치가 갈라지기 시작할 때, 정보 자극의 속도가 이성적으로 동화하기에는 너무 빠를 때, 광기가 사회 체계의 범용 언어가 된다.

자본주의는 죽은 게다. 그러나 사회는 썩어가는 시체 밑에서 벗어날 수 없으며, 그래서 사회적 마음은 패닉과 광포한 무능력에 사로잡혀 마침내 우울증으로 전환된다.

사회적 마음은 세계의 변화하는 구성에 더 잘 적응할 수 있는 새로운 형식의 기호화를 찾는다. 그러나 그 창조의 진동은 경련, 즉 영혼과 신체 그 자체의 광란적이고 고통스러운 충격의 형식을 취한다.

경련의 징후는 모든 곳에서 감지할 수 있으며, 이에 대한 반응은 다양한 편집증적 외관을 취한다. 도널드 트럼프는 과거 미국의 영광과 고문의 합법적 사용을 회복하는 것에 대해 떠벌린다. 유럽연합은 금융절대주의와 국가주의적인 공격으로 분열되어 있고, 터키와 이집트·리비아 연안에 이주민 강제 수용소를 건설하고 있다. 일군의 무슬림 광신자들은 어이없게도 신을 위해 무고한 사람들을 참수한다. 필리핀에서는 스스로 살인자임을 선언한 자가 대통령으로 선출되고, 사회적 탈락자들에 대한 대규모 폭력을 요구하고 있다.

히틀러가 패망하고 70년 후, 히틀러가 여러 모방자에 의해 증식되어 돌아왔다. 그들 가운데 일부에게는 핵무기가 쥐어졌다.

사회적 관습의 윤곽은 일소되었고, 상상력의 여과되지 않은 흐름이 사회적 마음에 밀어닥친다. 분열증이 가능성의 지평을 바라보면서 여러 방향으로 달려 나간다. 그러나 분열증은 이러한 지평의 추구에 형태를 부여할 수 없으며, 그래서 그 지평은 영구히 그 분열증을 회피한다.

지난 수십 년 동안 사회적 마음은 양극적 무질서의 소용돌이에 사로잡혀왔다. 도취와 슬픔의 긴 연속은 현재의 장기 침체와 끊임없는 우울증 상태로 이어졌다.

가능성의 지평은 서로 이어지고 깜박거리는 점들의 무한한 불규칙적 확산으로서 지각된다. 이러한 지각은 불안과 패닉을 야기한다. 질서에 대한 편집증적 강박은 그 지평을 반복과 소속 및 정체성으로 환원하려고 시도한다.

권력은 현존하는 능력 관계의 실체화에, 현존하는 힘 관계에 함축된 필연성의 은밀한 절대화에 토대한다. 힘은 동일화의 의례를 통해 세계를 다시 구성하고자 하는 편집증적 집착으로 결정화한다. 규칙의 상대적 필연성은 자의적으로 절대적 필연성으로 변형된다. 절대적 자본주의는 이러한 기만적인 논리 트릭에 토대한다. 축적과 이윤 및 성장이 은밀하게 자연 법칙으로 전환되고, 경제 분야는 이러한 기만을 정당화한다.

사회가 위기 국면에 들어서거나 붕괴에 접근할 때, 우리는 가능성의 지평을 엿볼 수 있다. 이러한 지평 그 자체는 구별하기 어려우며, 이 지평을 경계로 하는 영역은 묘사하거나 측량하기 어렵다.

가능성의 지평은 이냐시오 마테 블랑코(Ignacio Matte Blanco: 칠레의 정신분석가—옮긴이)가 무의식을 정의하면서 사용한 말로 가장 잘 설명할 수 있다. "무의식은 셀 수 있는 것의 힘뿐만 아니라 연속체의 그것을 지니는 무한 집합을 다룬다."[10]

기호 영역의 폭발, 기호 자극의 전적인 강화는 동시에 가능성 지평의 증대와 사회적 신경 시스템에서 패닉 효과를 불러일으켰다.

이러한 패닉 상태에서 이성은 사건의 흐름을 지배하거나 정보 영역으로 방출된 기호 자극을 처리할 수 없다. 정신분열증적인 양태가 사회적 마음을 가로질러 확산하지만, 이러한 고통은 양면적이다. 그것은 고통스럽게 혼돈스럽지만, 또한 새로운 인지 리듬의 출현에 선행하는 진동으로서 파악할 수도 있다.

카메론(D. E. Cameron)에 따르면 정신분열증은 과도하게 포괄적인 해석 양태로 정의할 수 있다.[11] 실제로 정신분열증적 사고는 언명 해석에서 다양한 관련 없는 대상과 환경적 실마리를 '과도하게 포괄'하는 것으로 나타난다. 정신분열증 환자는 기호와 사건의 의미에 대한 지나친 확장으로 인해 주의를 과제와 관련한 자극들로 제한할 수 없는 것처럼 보인다.

바로 이것이 가타리(F. Guattari)가 정신분열증 환자를 패러다임적 변화〔가타리의 말로는 카오스모시스(chaosmosis)〕의 담지자로 보는 이유다. 실제로 정신분열증 환자는 은유적 언명의 한계를 지각할 수 있는 능력을 상실한 사람이며, 따라서 은유를 묘사로서 받아들이는 경향이 있다. 그렇다면 정신분열증 환자는 전적으로 새로운 리듬이 표면으로 떠오르는 것에로 이어질 수 있는 초(超)합리적 실험의 대행자다.

우리는 이러한 차원이 현존하는 질서 법칙에 상응하지 않기 때문에 그것을 '혼돈'이라고 부를 수 있다. 그럼에도 가능한 것이 이 혼돈의 영역으로부터 떠오른다.

가능성의 무한성에 대한 직관은 고통스러운 경련으로 묘사할 수 있는 현대적 패닉의 원천이다. 그러나 가타리에게서 경련은 카오스모시스적 측면을 지닌다. 혼돈의 과잉 강도로부터 새로운 우주가 출현할 태세다.

1부

능력

1부에서 나는 사람들 행위의 일반적 무능력이라는 현재 상태에서 출발해 능력 개념의 근대적 계보를 거슬러 올라간다. 나는 오바마가 그린 궤적의 의미를 해독하는 것에서 출발한다. (미국 정치 계급의 평균적인 표본의 사람들보다 확실히 뛰어난) 비상하리만큼 지적이고 정치적인 그 모든 능력을 지니고서 그는 이성과 정치적 기술이 희망을 성취하고 미국 사회와 세계의 상처를 치유할 능력을 가지고 있다는 것을 증명하고자 했다. 하지만 이 경험의 최종적 교훈은 무능력이다. 무능력은 이 책의 키워드다. 무능력이야말로 기술적이고 지정학적으로 과잉 복잡성의 시대에 능력이 취하는 형태이기 때문이다.

도널드 트럼프의 부상과 마초 파시스트 독재자들의 전 세계적 확산에 의해 드러난, 다시 떠오르는 국가와 민족성 숭배는 무능력에 대한 지각의 반동이다. 폭력이 정치적 중재를 대체하고 있다. 정치적 이성은 능력을 결여한 것으로 규정되어 있기 때문이다.

백인 중산층은 금융 자동 작용의 과잉 복잡성을 이해하고 통제할 수 없으며, 이는 사회적 무능력의 정서를 부추긴다.

동시에 서구의 군사 시스템은 테러리즘을 물리치거나 억제할 수 없다. 무능력의 감각은 좌절한 남성우월주의와 뒤섞인 백인우월주의의 무서운 상승으로 표현된다. "미국을 다시 위대하게 만들자(Make America Great Again)."

1부에서는 현재 서구 마음의 우울증에 대한 철학적 계보를 거슬러 올라간다. 백인 남성의 쇠퇴라는 관점에서 쇼펜하우어와 하이데거를 읽은 후, 나는 미셸 우엘베크(Michel Houellebecq: 프랑스의 작가·시인—옮긴이)의 서사적 상상력을 같은 틀에 자리매김하고자 한다.

그리고 마지막으로는 에너지 중심의 근대성 스타일이 무능력과 부적합성의 감각으로 대체되는 서구 인구의 노령화에 대해 자세히 다루려 한다.

01

무능력의 시대

그리고 정말로 시간은 있으리라,
유리창에 등을 비비며
거리를 미끄러져 가는 노란 연기에도;
시간은 있으리라, 시간은 있으리라,
당신이 만날 그 얼굴들을 만날 얼굴을 준비할;
살인하고 창조할 시간이 있으리라,
당신 접시에 질문을 집어 들어 내려놓을
손들의 모든 노동과 나날에도 시간은 있으리라;
당신을 위한 시간, 나를 위한 시간,
그리고 아직도 수백 번 주저함의 시간,
그리고 수백 번 희망과 수정의 시간이 있으리라,
토스트와 차를 마시기 전까지는.

방 안에서 여인들이 오간다,

미켈란젤로를 이야기하면서.

—T. S. 엘리엇, 〈J. 앨프리드 프루프록의 사랑 노래〉

실패한 액막이

나는 오바마를 신뢰했다. 2008년 여름이 끝날 즈음, 세계 질서가 흔들리고 있을 때—부시의 전쟁은 재앙으로 바뀌고, 거대 은행들은 무너지고 있었다—나는 새로운 미국 대통령이 새로운 가능성, 새로운 미래의 출현을 예고하고 있다고 생각했다. 나는 동화를 믿을 정도로 순진한 사람이 아니며, 버락 오바마의 문화적 배경을 특권 엘리트에 속하는 합리적 신자유주의자의 그것으로 알고 있었다. 그러나 그를 그 이전에 권력을 장악하고 있던 무지하고 냉소적인 전쟁광 도당과 비교했을 때, 나는 그의 생각과 의제가 평화와 사회 정의의 새로운 시대를 위한 길을 열어줄 수 있을 것으로 생각했다.

세계는 2004년, 젊은 오바마가 이라크 전쟁에 과감히 '아니요'라고 말했을 때 그와 친숙해지기 시작했다. 그의 얼굴, 그의 냉정한 외모, 그의 이질적인 아름다움, 그의 우아한 다인종적 용모에서 나는 민족적 정체성이 녹아들어 문화적으로 전 지구적 인류를 낳는 탈국가적 시대를 알리는 탈정치적 지도자, 미국의 지식인에 대해 생각하게 되었다.

그렇다. 흑인 대통령은 나처럼 1960년대에 성장한 사람을 위한 위로부터의 신호였다. 지난 세기에 우리, 좋은 공산주의자들(그렇다. 좋은 공산주의자들은 존재한다. 나는 그런 사람을 많이 만났다)은 세계를 폭력과 전쟁, 착취로부터 해방시키려 시도했다. 확실히 우리는 성공하지 못했다. 나쁜 공산주의자들은 의심의 여지없이 우리보다 더 영향력이 있었다.

우리는 성공하지 못했다. 이것은 참이다. 사회주의적인 방식은 전체주의적인 볼셰비키와 굴종적인 사회민주주의자들에 의해 파괴되었다.

이제 오바마 같은 사람을 위한 차례인가? 아마도 그럴 것이라고 나는 스스로에게 말했다.

사건들의 힘은 성숙한 것으로 보였다. 첫 번째 흑인 대통령은 나 같은 사람들이 20세기에 하지 못한 일을 하도록 이어지는 안성맞춤의 상황에 놓여 있었다.

전쟁은 더 많은 공포를 불러일으키는 끔찍한 일, 모두에게 패배인 것으로 입증되었다. 그리고 오바마는 2008년 민주당 예비 선거에서 그의 경쟁자, 애국적 요구를 거부하려 하지 않은 힐러리 로댐 클린턴과 달리 부시 정권이 기획한 이라크 침공에 반대한다고 말한 이후 전적으로 그렇게 하려는 것으로 믿어졌다. 그러므로 그는 미래의 전쟁을 막을 수 있는 입장에 있는 것처럼 보였다.

리먼 브라더스의 붕괴와 서브프라임 모기지 위기는 금융자본주의 체제를 변화시키기 위한 조건을 정립했다.

그는 "그래, 우린 할 수 있어(Yes, We Can)"라는 슬로건을 가지고 전면에 나섰고, 이는 잘못 짚은 것이 아니었다. 왜 정치인이 "그래, 우린 할 수 있어"라고 말해야 하는가? 미국은 이미 세계에서 가장 강력한 나라 아닌가? 미국 대통령은 이미 지구상에서 가장 강력한 사람 아닌가? 정치는 권력을 행사하는 차원 아닌가?

그렇다면 왜 그는 우리에게 "그래, 우린 할 수 있어"를 상기시켜줄 필요가 있었을까?

그 슬로건은 전혀 명백한 선언이 아니었다. 그것은 그 사람이 스마트하고 참된 문제에 영점을 조준하고 있다는 매우 강력한 진술, 증거였다. 오바마는 미국인들이 다음과 같은 점에 대해 다시금 확신할 수 있게 되길 원한다는 것을 알고 있었다. 즉 우리는 할 수 있다. 그러므로 우리는 할 수 있는 권력을 갖고 있다. 모든 것에도 불구하고 우리는 할 수 있다. 우리는 전쟁의 소용돌이에서 벗어날 수 있다. 우리는 관타나모를 폐쇄할 수 있다. 우리는 부시 시대의 야만적인 유산을 무효로 만들 수 있다. 우리는 금융의 침략적인 권력을 저지할 수 있다. 우리는 인종주의와 미국 경찰의 폭력적 역사를 끝낼 수 있다.

내가 이 글을 쓰고 있는 현재, 액막이이자 약속이기도 했던 그 서약으로부터 8년이 지나갔다.

액막이는 실패했고, 약속은 지켜지지 않았다.

"객관적으로 측정해보면, 그의 대통령직 수행은 아마도 프랭클린 루스벨트 시대 이후 가장 일관된 것이었다"고 티머시 이건(Timothy Egan: 진보 성향의 저명한 미국 언론인—옮긴이)은 썼다.[1]

"공정하게"라고 하며 폴 크루그먼(Paul Krugman)은 다음과 같이 쓴다.

> 오바마 재선과 관련해 널리 예측된 몇 가지 결과는 일어나지 않았다. 휘발유 가격은 치솟지 않았다. 주식은 곤두박질치지 않았다. 경제는 무너지지 않았다. 실제로 미국 경제는 지금 오바마 아래에서 조지 부시 행정부의 같

은 기간보다 2배 많은 민간 부문 일자리를 늘렸으며, 실업률은 밋 롬니(Mitt Romney: 공화당 소속 정치인—옮긴이)가 2016년 말까지 달성하겠다고 약속한 것보다 낮다.[2]

분명히 오바마는 오랫동안 미국의 가장 일관된 대통령이었다. 그럼에도 전쟁은 다시 규모가 커지고 있으며 전보다 더 위험하고 정신 착란적이다. 관타나모는 여전히 존재하고 전보다 더 치욕적이다. 콜럼바인, 뉴턴, 오로라(셋 다 총기 사건으로 많은 희생자가 발생한 지역—옮긴이)에서의 미친 짓에도 불구하고 무기는 여전히 모든 미국 도시에서 팔리고 있으며, 얼마나 더 많은 사건이 일어날지 아무도 모른다. 오염 물질 배출 비율이 증가하는 데 반해, 기후 변화는 전혀 물러설 기미를 보이지 않고, 미국인은 에너지 소비를 줄이려고 하지 않는 것으로 보인다. 그리고 미국 국민은 전보다 더 불관용적이며, 증오하는 데는 좀더 빠르다. 미국의 무의식은 흑인 대통령의 주문에 소란스럽게 반응하고 있으며, 우둔하고 폭력적인 형식의 인종 차별이 확산하고 있다. 그런 가운데 경찰에 의해 살해된 흑인의 수는 흑인들의 삶이 그렇게 중요하지 않다는 것을 분명히 보여주었다. 백인 중년 노동자들은 실업과 과잉 착취, 우울증과 고독감에 휩싸여 있다. 헤로인이 농촌 지역에서 창궐하고 있으며, 과다 복용으로 전보다 더 많은 사람이 죽어가고 있다.

은행 시스템을 구제한 이후 고소득에 대한 세금 인상과 일자리 창출에서의 두드러진 결과에도 미국에서 노동자들은 서구 세계의 모든 곳에서와 마찬가지로 여전히 점점 더 적은 급여를 받고 있다.

하루 걸러서 누군가가 회복과 일자리 창출에 대해 이야기한다. 진실은 실업 상태가 미국을 제외하고 전 세계적으로 증가하고 있다는 것이다. 그러나 미국에서 노동은 점점 더 불안정하고 점점 덜 보상받고 있다.

오바마의 대통령 임기 동안 미국에서는 새로운 사회 운동이 출현했다. 그들은 뉴욕증권거래소에서 아주 가까운 주코티 공원 같은 공공장소를 평화롭게 점령하고서는 스스로를 '월 스트리트를 점령하라(Occupy Wall Street)'라고 명명했다. 행복한 결말은 없었다. 주코티 공원 점령 겨우 1년 후 허리케인 샌디가 맨해튼을 휩쓸어 그곳의 가난한 주민들과 인근 자치구의 주민들을 유린했다. 일부 '월 스트리트를 점령하라' 활동가들은 조직된 구호 활동을 제공하려는 노력인 '샌디를 점령하라(Occupy Sandy)'를 창설했다. 그들의 행동은 우리에게 남겨진 것이 점령해야 할 재앙뿐이라는 걸 함축하고 있었다.

오늘 만약 당신이 주코티 공원에 간다면, 경찰을 조심하라. 3명 이상의 모임은 금지되어 있다.

어디에서나 사회적 삶은 금융 지렛대를 가진 자들에 의해 약탈되고 있고, 그곳에서 사회는 약탈하려는 자들에 대해 스스로를 방어할 수 없다.

그리고 정체성주의적인 공격이 어디에서나 퍼지고 있다. 백인인종주의는 분명히 미국에서 다시 떠오르고 있다. 거기서는 흑인에 대한 KKK와 같은 공격이 일상적인 이야기가 되었다.

나는 오바마를 신뢰했다. 그러나 그의 두 번째 임기가 끝난 지금, 나는 슬프게도 그의 직무 수행을 통해 정치적 희망이 끝났음을 확신하게 되었다고 말하지 않을 수 없다. 일정한 시점에 오바마는 그의 철학을 2008년의 희망으로 가득 찼던 "그래, 우린 할 수 있어"에서 냉소적인 "멍청한 짓 하지 마(Don't Do Anything Stupid)"로 바꾸었다.

나는 스스로 되뇌었다. 그렇다. "멍청한 짓 하지 마"는 현대 세계의 복잡성을 고려한 실용주의적 타협이다. 그 후 나는 대법원이 수백만 명의 미등록 이민자를 추방하지 못하도록 보호하고 그들에게 미국에서 합법적으로 일할 권리를 부여하는 계획을 거부했을 때, 그의 대통령직 수행의 최종적 침몰을 목격했다. 그러고 나서는 중앙아메리카 난민을 추방하는 법률에서 그의 행정부가 부당하게 멕시코 대통령과 협력하는 것을 목격했다.

> 오바마와 페냐 니에토(Peña Nieto)는 절망적인 중앙아메리카 난민들이 미국 국경에 도착하기 오래전에 그들을 멕시코 남부에서 차단하기 위해 2년 동안 협력했다. 이 난민들은 그 후 본국으로 추방되는 것이 전형적이다—이는 사형 선고일 수 있다.
>
> 미국과 멕시코의 공조는 5만 명의 동행자 없는 어린이를 포함해 미국으로 들어온 중앙아메리카인의 급증 이후 2014년에 시작되었다. 오바마 대통령은 그 흐름을 다루기 위한 '구체적 제안을 발전시키기 위해' 페냐 니에토와 의견을 나누었다. 이것은 멕시코 남부 국경 근처에서 중앙아메리카 사람들을 차단해 본국으로 보내는 계획인 것으로 밝혀졌다. 워싱턴은 이 프로그램을 지원하기 위해 8600만 달러를 약속했다. 비록 오바마가 자기의 행동을 인도주의적 위기를 해결하기 위한 노력으로 묘사했지만, 그는 위기를 더욱 악화시켰다. 미성년자들이 멕시코를 가로지르기 위해 택한 오래된 경로는 위험했지만, 검문소를 피하기 위해 채택한 새로운 경로는 훨씬 더 위험하다.
>
> 몇몇 경우 결국 죽음으로써 추방된 이 정책의 희생자는 카를로스(Carlos) 같은 난민들이다. 그는 한 갱단원이 자기 삼촌을 처형하는 과정에서 운동장에

던져버렸을 때부터 이마에 흉터를 가진 열세 살짜리였다.

이주정책연구소에 따르면, 지난 5년 동안 멕시코와 미국은 4만 명의 어린이를 포함해 80만 명을 중앙아메리카로 추방했다. 작년에 멕시코는 5년 전에 비해 5배나 많은 동행자 없는 어린이를 추방했으며, 오바마 행정부는 이를 성공으로 광고한다.[3]

나의 영웅은 겁쟁이인가? 오바마는 자신의 지위와 교환함으로써 자기의 원칙과 도덕적 가치를 포기한 냉소적이고 잔인한 출세주의자인가? 나는 그렇게 생각하지 않는다. 근본적으로 나는 굴욕이 그를 절망적으로 만들었다고 생각한다.

근본적으로 나는 우리가 그의 경험에 대해 성찰해야 하며, 민주주의가 끝났고 정치적 희망이 영구히 죽었다는 것을 인정해야 한다고 생각한다.

쓰기와 서핑

나는 마치 내가 이 시대의 파도를 서핑하는 것처럼 써서는 안 된다. 그것은 너무 위험하며, 나는 그 점을 알고 있다. 그럼에도 나는 아직 간파할 수 없는 징후와 여전히 전개되고 있는 과정을 해석하는 즐거움(모호하고 자기 파괴적인 즐거움)을 포기할 수 없다.

그래서 이 책은 주기적 변화의 흐름을 지도(map)로 그리려는 시도다.

우리는 대처의 시대로부터 트럼프의 시대로 이동하고 있다—이것이 현재 세계의 되어감(becoming)에 대한 나의 일반적 해석이다. 이른바 포퓰

리즘 정권의 반(反)지구화 전선이 서구 세계에서, 즉 백인종(나는 내가 사용하는 이 단어가 과학적 근거를 갖고 있지 않다는 점을 알고 있지만, 또한 그것이 강력한 정치적 신화로서 작용할 수 있다는 점도 알고 있다)의 인구학적이고 경제적인 쇠퇴 공간에서 형성되고 있다. 트럼프가 미국 대통령으로 선출된 것은 자본주의적인 지구화와 반동적인 반지구화 사이의 전 세계적 갈등에서 되돌릴 수 없는 지점이다.

베르사유 조약 이후 독일 사회는 갑작스럽게 가난해졌으며 오래도록 이어진 굴종에 종속되었다. 그 상황에서 히틀러는 기회를 발견했고, 그가 승리를 쟁취하는 움직임의 본질은 독일인에게 스스로를 굴욕적인 피착취 노동자 계급이 아니라 우월한 인종으로서 파악할 것을 촉구하는 데 있었다. 이 주장은 그 당시 효과적이었으며, 지금 다시 훨씬 더 커다란 규모에서, 즉 도널드 트럼프와 블라디미르 푸틴, 야로스와프 카친스키(폴란드의 정치인—옮긴이)와 빅토르 오르반(헝가리의 정치인—옮긴이), 마린 르 펜(프랑스의 정치인—옮긴이)과 보리스 존슨(영국의 정치인—옮긴이) 그리고 백인종의 쇠퇴 이후 그들의 능력에 대한 의지를 체현함으로써 권력 쟁취 기회의 냄새를 맡은 평범한 문화의 훨씬 더 많은 작은 정치인들에게서 효과를 발휘하고 있다.

인종 차별적인 외침은 점점 더 강해져서 보리스 존슨이 오바마를 '부분적 케냐인(part-Kenyan)'이라고 부를 정도이며, 인종적 두려움은 유럽연합의 반(反)이주자 정책에 동기를 부여하고 있다. 새롭게 떠오르는 인종주의는 서구 세계에서 노동 계급의 사회적 패배와 결합한 식민주의의 유산이다.

두려운 일일 수 있지만, 내가 현재 세계의 되어감에서 감지하는 추세는 반지구화 세력들의 이종적(heterogeneous, 異種的) 전선의 통일, 국가사회주의의 부활과 지구화의 효과로서 지각되는 백인종의 쇠퇴에 대한 광범위한 반동이다. 전 세계에서 승리를 거두고 있는 반동적 전선들의 사회적 참조점이 패배한 백인 노동 계급이기 때문에, 나는 오히려 국가노동자주의에 대해 말하고자 한다.

마리오 트론티(Mario Tronti: 이탈리아의 철학자·정치인—옮긴이)는 산업 노동자에게 수사학적 이상이 아닌 물질적 이익을 위해 투쟁하는 "조야한 이교도 계급"이라는 명칭을 붙였다. 산업 노동자라는 조야한 계급이 1933년에 그랬듯 지금 국가주의자와 인종주의자로 전환하고 있는 것은 물질적 이익을 위해서다. 트럼프가 승리를 거둔 것은 그가 가난해진 노동자들의 손에 있는 무기를 대변하기 때문이며, 좌파가 그렇지 않았으면 무기가 없을 금융 자본의 손에 그들을 내어주었기 때문이다. 불행하게도 이 무기는 곧 노동자 자신에게 맞설 테고, 그들을 인종 전쟁으로 이끌 것이다.

이러한 유럽과 아메리카의 반지구화 인종주의 전선은 확실히 지난 30년간 신자유주의 지배의 열매다. 그러나 어제까지 미국에서와 마찬가지로 유럽에서도 보수주의자들은 세계화주의적이고 신자유주의적이었다. 그 이상 아무것도 아니었다.

불쑥 모습을 드러내고 있는 전쟁은 이미 세 가지 서로 다른 전선에 따른 싸움으로 정의할 수 있다. 첫 번째 전선은 긴축과 민영화 의제를 추구하면서 자기 지배력을 강화하고 있는 신자유주의 권력이다. 두 번째 전선은 백인의 원한과 노동 계급의 절망에 토대한 반지구화 트럼프주의다. 주로 무대 뒤에서 일어나고 있는 세 번째 전선은 종교적 편협성과 국민적 분노 및 경제적 전략의 그 모든 다양한 형태로 나타나는 테러리즘이라는 날로 성장하는 죽음의 제국이다. 나는 그것을 죽음의 자본(necro-capital)이라고 규정한다.

나는 〔주된 표적이 전 지구적 지하드(jihad, 聖戰)인〕 테러에 대한 전쟁은 조만간 자본주의적 지구화와 ('푸틴-트럼프주의'라고 부를 수 있는) 전 세계적인 반지구화 국가사회주의 사이의 전쟁으로 나아갈 것이라고 생각한다.

민주주의는 돌아오지 않을 것이다

나는 무능력을 권력 없음으로 여기지 않는다. 권력을 결여할 때 종종 사람들은 자율적으로 행동하고 자기 조직화의 형식을 창조하며 이미 확립된 힘을 뒤엎을 수 있었다. 이 불안정한 시대에 권력 없는 사람들은 사회적 자율의 효과적인 형식을 창조할 수 없었고, 자발적 변화를 실행할 수 없었으며, 민주적 방식으로 변화를 추구할 수 없었다. 민주주의가 끝났기 때문이다.

민주주의의 수명을 재촉하는 최후의 일격들 가운데 하나가 2015년 여름에 나타났다. 그때 민주적으로 선출된 그리스의 반(反)긴축 정부는 금융 협박에 굴복하지 않을 수 없었다. 25세기 전에 민주주의를 창안했던 바로 그곳에서 민주주의가 멈추었다. 아니, 우리가 유럽연합에서 직면하고 있는 것은 단순히 잠정적일 뿐인 민주주의의 정지가 아니라 기술적·금융적 자동 작용 시스템에 의한 정치의 최종적인 대체다.

민주주의의 재활성화를 기대하고 그러한 목표를 위해 싸우는 것은 쓸모없을 것이다. 정치적 이성(과 특히 민주적 정치)의 유효성을 위한 바로 그 조건이 그 이후 해소되었기 때문이다. 나는 여기서 정치적이거나 군사적인 패배나 진 전투에 대해 이야기하고 있는 것이 아니다. 좋은 사람들은 근대 역사가 진행되는 과정에서 여러 차례 패배했다. 그러나 그들은 저항했고, 회복했으며, 결국 민주적인 게임을 하고 승리를 거둠으로써 자신들이 필요로 하는 것을 획득했다. 그러나 나는 이러한 일이 다시는 일어나지 않을 것이라고 생각한다.

민주주의를 위한 체계적 조건은 현재 지배적인, 되돌릴 수 없는 과정에 의해 소멸되었다. 비물질적 노동의 노예화는 되돌릴 수 없다. 세계 노동 시장이 노동자들 사이의 무제한적 경쟁과 사회적 연대의 미리 비움(pre-emption)을 요구하기 때문이다. 인간의 목소리보다 전자 스크린에서 더 많은 단어를 배운 아이들 세대의 도덕적이고 심리적인 비참함은 되돌릴 수 없다. 북극의 얼음이 녹는 것을 되돌릴 수 없으며, 경제적 경쟁과 군사적 공격의 악순환을 되돌릴 수 없다.

민주주의를 위한 조건은 (최소한) 두 가지, 자유와 정치적 의지의 유효성이다. 둘 다 해체되었다. 언어가 기술의 지배에 종속되고 기술적·언어적 자동 작용이 사회관계를 장악했기 때문에, 자유는 공허한 말이 되었고 정치적 행동은 점점 더 효과가 없고 대수롭지 않게 되었다. 따라서 민주주의의 가치와 원리와 기대의 부활에 대한 희망은 자기기만이다. 참된 결정이 연결 기계에 의해 흡수되었고, 대중의 분노는 그 대신에 국가주의적이고 인종주의적인 정당들에 의해 조직되었기 때문이다.

신인류(neo-humans)의 심리적·인지적 구성 체제(내가 의미하는 것은 그들의 인지적 하드웨어다)는 과거 인간주의 문화의 소프트웨어를 뒷받침할 수 없으며, 그래서 '자유' '평등' '우애' 같은 말들은 그 상황적 의미를 잃어버렸다.

이러한 변이의 시작은 정확히 그 날짜를 확인할 수 있을까? 명백히 아니다. 하지만 나는 임의로 그것에 1977년을 할당하고자 한다.

바로 그해에 많은 흥미로운 일들이 일어났다. 실리콘밸리에서는 스티브 워즈니악과 스티브 잡스가 애플 상표를 만들었다. 런던에서는 시드 비셔스(Sid Vicious: 영국의 가수—옮긴이)가 "미래는 없다"고 외쳤다. 이탈리아의 도시들에서는 지난 세기 최후의 프롤레타리아 반란과 새로운 세기 최초의 불확실한 반란이 무대 위에 올랐다.

그때 이후로 우리는 변화, 변형 또는 혁명보다 더 깊은 것을 목격해왔다. 우리는 인간과 사회 유기체 분자 구성의 변이를 목격해왔다. 기술은 대기(atmosphere)를 구성하는 화학 물질의, 정보 영역(infosphere)을 구성하는 기호학적 실체의, 그리고 마지막으로는 심리적·인지적 동화 양식의 구성을 변경해왔다. 이것이야말로 정치적 가역성이 불가능한 이유, 자발적 행동이 무능력해진 이유다. 되돌릴 수 없는 과정에 직면할 때 의지는 아무 상관이 없다.

의식적 의지는 이러한 되돌릴 수 없는 변화를 불러일으킨 중장비 기계를 해체할 수 없다. 변이는 인간의 마음을 관류하고 재배열해 결과적으로 의식과 의지 및 행동의 힘을 빼앗았다.

이런 식으로 일종의 마비가 의식적 유기체를 장악했다. 인지적이고 감정적인 불협화음이 악에 맞서 의식적으로 행동할 수 없는 것의 결과로서 생겨난다. 그래서 우리는 우리 자신의 무능력을 감각하고, 우리의 고통이 정치적 프로젝트에 의해서가 아니라 정신약리학에 의해서만 경감될 수 있다고 생각한다.

상상력

이러한 무능력의 시대에 미래에 대한 우리의 상상력은 어떠한가?

영화를 보러 가자. 디스토피아가 쇼 비즈니스에서 중심 무대를 차지했다. 할리우드 블록버스터는 우리에게 폭력적인 동시에 우울한 미래에 대한 지각을 가져다준다.

〈헝거 게임(Hunger Game)〉 시리즈는 영화사에서 매우 인상적인 재정적 성공을 거둔 작품 가운데 하나다. 젊은이들이 그 시리즈의 바탕을 이루는 책에 대해서와 마찬가지로 그 시리즈의 관객 대부분을 이룬다. 그 시리즈가 묘사하는 미래 세계는 인간 의식에 대해 윤리적으로 혐오스럽고 용납할 수 없다. 그래서 순진한 관객은 그 영화를 경제 권력의 군사화가 불러일으킨 사회적 불안과 폭력에 대한 일종의 급진적인 정치적 고발로서 해석할 수 있을 정도다. 하지만 창작자의 의도로부터, 좀더 중요하게는 젊은 영화 팬들이 그 메시지를 수신하고 해독하는 방식으로부터 그 이상의 아무것도 나오지 않는다. 〈헝거 게임〉을 보러 가는 10대는 자신이 아무리 위기에 의해 불안정하고 실직 상태이며 가난하다 할지라도 그 영화로부터 우리가 그 영화가 상상하는 야만적인 변형에 반항하고 그것을 막아야 한다는 결론을 끌어내지 못한다. 영화에서는 결국 반란이 일어나지만, 그것은 슬프고 희망 없는 것이다. 그 결과는 억압받는 사람들 사이의 가능한 연대라는 관념에 모순된다.

젊은 관객은 자기가 현 상황에 반항해야 한다는 교훈을 끌어내지 않는다. 오히려 그는 〈헝거 게임〉이 자신이 거주하게 되고 모든 사람이 가까운 미래에 살지 않을 수 없는 세계를 묘사하고 있다고 확신한다. 이 새로운 세계에서는 승자만이 살아남을 수 있다. 승리하기를 원한다면 그는 다른 모든 사람, 친구와 적 모두를 제거해야만 한다.

연대 행위가 〈헝거 게임〉에서 발생할 수도 있다. 예를 들어, 주인공 캐트니스 에버딘(Katniss Everdeen)은 여동생을 거의 확실한 죽음에서 구하기 위해 폭력적인 대회에 참가한다. 그러나 이것은 절망의 연대, 행복한 삶은 말할 것도 없고 평화로운 삶을 상상조차 할 수 없는 사람들의 연대다.

대부분의 비디오게임은 같은 교훈을 가르친다. 그것들의 서사적 내용 외에도 감각적 자극은 젊은 사람들이 경쟁하고, 싸우고, 이기거나 사라지도록 훈련시키고 있다. 이 비디오게임이 토대하는 도덕은 기계가 언제나 승리하며, 그 기계의 리듬을 저지하는 자들만이 경쟁자를 물리칠 수 있다는 생각이다.

실제 삶에서는 모두가 경쟁자이며, 일요일 밤의 사랑하는 이가 월요일 아침에 경쟁자가 될 수 있다.

〈헝거 게임〉도 다르지 않게 연결 세대의 놀이적 열중을 동원하지만, 설득적이거나 이데올로기적인 기능을 위해 그리 하지는 않는다. 오히려 그것은 심리적·인지적 성형 기능, 즉 도덕적 내용이 아니라 신경 자극에 의한 조형적 효과를 지닌다.

불안정한 세대의 심리학과 인지적 반응은 사회적 삶을 전쟁터, 모두가 승자이거나 패자 또는 제거자이거나 제거되는 장소, 연대와 공감이 바로 당신이 되어야 하는 전사(warrior, 戰士)를 약화시키는 위험한 방식일 뿐인 그러한 공간으로서 지각하는 것을 내면화하는 데로 이어진다.

생각은 자멸적이다. 생각하는 것은 사람들의 반응을 느리게 만들고,

느림은 모든 다른 플레이어가 당신을 제거하려 하는 게임에서 당신을 먹이로 만들기 때문이다.

인간 문명의 비극

이탈리아 오페라이스모(operaismo: 노동자주의—옮긴이)의 가장 중요한 사상가 가운데 한 사람인 마리오 트론티에 따르면 "노동자의 패배는 인간 문명의 비극이었다".[4]

공산주의 프로젝트의 몰락은 단기적으로 근대 후기 복지의 전 지구적 붕괴를 불러일으켰지만, 장기적인 진화의 관점에서 그것은 근대 휴머니즘 그 자체를 위태롭게 하는 야만주의의 물결에 문을 열었다.

단기적 결과는 쉽게 식별할 수 있다. 노동 계급은 패배 후에 사라지지 않았다. 그렇기는커녕 산업적 군대는 새롭게 산업화한 나라들에서 산업 생산의 거대한 집중이 출현하면서 전 세계적으로 확대되었다. 그러나 노동 계급은 어떠한 정치적 힘도 빼앗겨버렸고, 이제 지속적인 탈영토화 과정 내에서 연대 공동체를 창조할 수 없게 된 불안정한 노동자들의 일시적 집합으로 구성되면서 자기 방어를 위한 어떠한 도구도 박탈당했다.

매우 짧은 시간에 산업적 집중이 세계의 한 지역에서 다른 지역으로 옮겨갈 수 있고, 어떠한 노동조합이나 정치 조직도 이러한 공격적인 탈지역화 행위에 효과적으로 맞설 수 없다. 오랫동안 존재해온 연대의 구조는 공동체와 영토 그리고 노동자에 대한 어떠한 법적인 보호도 무력화시킨 규제 철폐로 인해 하룻밤 사이에 해체될 수 있다.

임금 조건은 이제 자본가들에 의해 일방적으로 결정된다. 그 결과 지난 수십 년 사이에 급여가 절반으로 줄어들었고, 산업 체계는 원시 산업적인 조건으로 퇴보하고 있다. 좀더 일반적으로는 사회의 생활 조건이 급속히 악화하고 있다. 교육과 건강관리 및 여가 시간에 대한 접근은 노동조합으로 조직화한 투쟁에 의해 획득한 사회적 권리였다. 그들의 정치적 패배의 결과로서 사회는 비참과 의존 상태로 되돌아가고 있으며, 반면에 대중의 무지가 다시 표면화하고 있다.

이러한 퇴보를 무시하기는 어렵다. 그러나 신자유주의 찬양자들은 나처럼 서구의 퇴락을 한탄하는 사람들에 대해 손쉬운 대답을 갖고 있다. 그들은 중국과 인도네시아 및 아프리카 노동자들이 이제 자동차나 휴대전화를 살 수 있게 되었다고 말한다. 이것은 참이다.

그들은 자동차를 타고 공장에 간다. 그들은 일자리를 찾아 이주할 때 가족에게 연락하기 위해 휴대전화를 사용한다. 산업 공장에서 착취 기회를 얻은 사람들은 소비 영역에 접근할 수 있다. 하지만 우리가 새로운 프롤레타리아의 사회적 진화를 좀더 자세히 살펴보면, 그들이 빈곤했을 때 지금만큼 가난하지는 않았다는 것을 쉽게 이해할 수 있다. 그들은 지금 공동체를 빼앗기고 연대를 잃었으며, 여가 시간을 박탈당하고, 피로와 스트레스 및 경쟁을 견디지 않을 수 없다.

전 지구적 차원에서 사회적 상태는 사회주의적 희망이 사라진 이래로 엄청나게 악화했다. 그러나 착취와 실존적 비참함의 증가가 노동자 운동 패배의 유일한 결과인 것은 아니다. 다른 결과는 전쟁이다. 전쟁은 사람들의 삶에 대한 장악력을 확대하고 있다. 그들의 삶은 가난한 자의 가난한 자에 대한 점점 더 많은 전쟁, 절망에 의해 연료를 공급받는 종교적이고 인종적인 전쟁이다. 노동자의 패배와 국제주의 소멸의 영향으로 국가주의라는 역병이 돌아와 점점 더 주민들의 삶을 지배하고 있다.

새로운 세기의 처음 몇 해에 전 세계적으로 평화를 위한 운동이 확산했다. 2003년 2월 15일, 수백만 명이 미국의 이라크 침략에 맞서 행진했다. 역대로 가장 컸던 이 시위 다음 날, 부시 대통령은 빈정거리듯이 다음과 같이 발표했다. "나는 정책을 관심 집단을 토대로 결정하지 않을 것이다. 지도자의 역할은 이 경우 국민의 안전을 토대로 정책을 결정하는 것이다."

우리는 그다음에 무슨 일이 일어났는지 알고 있다. 부시는 전쟁을 벌였다. 그는 그것을 끝없는 전쟁이라 선언했고, 10년 넘게 지난 지금도 여전히 끝이 보이지 않는다. 그날은 평화 운동의 근본적 약점을 드러냈다.

나는 2003년 2월 15일의 평화 운동에 함께했다. 나는 그들이 부를 때면 언제든 평화주의자들과 함께 행진할 것이다. 그러나 나는 또한 행진이 쓸모없다는 것도 알고 있다. 평화주의는 우리 무능력의 징후이자 척도다. 사실 국제주의만이 우리가 효과적으로 평화를 추구할 수 있는 조건이다. 국제주의는 마음의 성향이 아니며, 평화나 전쟁 거부를 위한 의지가 아니다. 그것은 훨씬 더 깊고 훨씬 더 구체적인 어떤 것이다. 그것은 전 세계 사람들이 동일한 관심과 동일한 동기를 갖고 있다는 의식이다. (이것이 아무리 수사학적인 것으로 보일지라도) 국제주의는 노동자들의 민족과 인종 또는 종교와 상관없는 그들의 연대다.

그러나 국제주의적 의식의 순간은 끝났다. 독일 노동자는 그리스 노동자와, 터키 노동자는 쿠르드 노동자와, 수니파 노동자는 시아파 노동자와 경쟁하고 있다. 그들은 노동자로서 그들이 공유하고 있는 현실을 잊어버리지 않을 수 없다.

노동자들의 패배는 거대한 역사적 비극이라고 트론티는 쓰고 있다. 트론티에 따르면 그들은 "국가가 될 수 없었기 때문에 졌다".

나는 그 반대가 참이라고 생각한다.

공산주의는 전체주의적인 악몽으로 바뀌었다. 왜냐하면 레닌주의는 노동자들이 국가를 장악하고 스스로를 사회주의 국가와 동일시하도록 밀어붙였고, 그래서 노동 계급의 국가화는 사회적 역동성을 마비시키고 사회적 해방의 자율적 과정을 고정된 정치적 구조로 밀어 넣었기 때문이다.

소비에트 제국에서 그 결과는 비참한 사회와 권위주의 국가였다. 현실 공산주의는 노동의 사회적 구성과 일반 지성의 자율에 새겨져 있는, 가능성 있는 공산주의를 지워버렸다.

불감증 게임

연결 엔진이 일반 지성에 내장되면서 사회적 신체는 그 두뇌로부터 분리된다.

노동 규칙에 종속된—불안정하고 분열된—인지 활동은 탈신체화하고 탈영토화한 협력 과정의 부분이 된다.

바로 이것이야말로 사회적 신체가 그 두뇌와 접촉을 상실한 이유다. 지식과 기술의 생산은 사회의 요구와 연결되어 있지 않은 사유화한 기업 공간에서 전개되고 이윤 극대화의 경제적 요구에만 반응한다.

신체로부터 분리되면 사회적 두뇌는 자율의 능력을 지니지 못한다.

두뇌와의 연결이 끊어지면 사회적 신체는 전략이나 공감을 할 수 없다.

네트워크로 연결된 생산의 새로운 차원 내부에서 개인적 신체는 신경 자극의 끊임없는 강화에 노출되는 동시에 다른 사람들의 육체적 현존으로부터 격리된다. 모든 사람은 신경 전기 자극의 동일한 상태에서 살아간다. 과잉-자극되는(hyper-stimulated) 신체는 홀로 존재하는 동시에 과잉-연결되어(hyper-connected) 있다. 신체는 더 많이 연결되어 있으면 있을수록 더욱더 홀로 존재한다.

하지만 사회적 신체성은 용해될 수 없으며, 그렇게 다시 떠오르듯 두뇌 활동이 멈추고 지적 협력으로부터 분리되며, 공동의 전략을 추구할 수 없다.

인지 활동의 기술적 포섭은 주의를 끌 수 있는 능력에 토대한다.

1970년대 말에 최초의 비디오게임이 시장에 나타났다.

이탈리아 도시의 술집에서 전자 비디오게임이 오랜 기계식 핀볼 머신(pinball machine)을 대체했다. 비디오게임은 작은 녹색 외계인이 지구를 침공하고 검정색 전사들이 번쩍이는 무기를 가지고 대응하는 컬러 스크린이 있는 커다란 금속 상자로 들어왔다. 빠르게든지 늦게든지 간에 게임이 끝나고 2개의 치명적인 단어가 스크린 위에 나타났다. 게임 오버.

그런 종류의 원초적인 비디오게임에서 기계는 플레이어의 능력이나 스피드에 상관없이 언제나 결국 승리했다.

기계가 자기의 인간 창조자에 대항해 플레이하고 승리하는 것은 그 기계의 인간 창조자가 기계가 패배할 수 없는 방식으로 게임을 구축했기 때문이다. 이제 우리는 게임 오버가 내장된 세계에 살고 있다. 자동 기계는 디자인에 의해 이기고 있다.

그러나 디자이너는 누구인가?

디자이너는 게임 내에서 협력하는 수백만의 코그니타리아트를 재조합하는 힘이지만, 게임 외부에 홀로 남아 있다.

코그니타리아트는 지식의 혁신과 창안 및 실행 과정을 협력적으로 운영하지만, 서로를 알지 못한다. 협력하는 두뇌는 집단적 신체를 가지지 못하며, 사적 신체들은 집단적 두뇌를 지니지 않는다.

나는 나폴리의 한 술집에서 〈라스트 세이프티 포 알파(Last Safety for Alpha)〉를 했던 그날들을 기억한다. 첫 번째 세대의 비디오게임들이 수행한 미래에 대한 예고는 매혹적이면서도 두려웠다.

그러고 나서 무능력의 시간이 다가왔다. 전반적인 정보 리듬이 가속화했다. 그 흐름은 의식적인 유기체에 의해 신경 자극으로 지각되었다. 반면에 감각적 유기체는 신경 전기 자극과 신체적 수축의 영구적인 상태 속에서 살아간다.

의식과 감정은 개인적 동화를 위한 시간을 필요로 하기 때문에, 그리고 시간이 짧기 때문에, 주의는 의식과 감정으로부터 분리된다. 여기서 현대의 감정적 고통이 시작된다.

디스크로니아(dyschronia, 反理想時): 지속의 질병, '체험된 시간'의 병리.[5]

주의력 결핍 장애 유행병은 이러한 디스크로니아의 증상이다. 정보가 과잉된 공간에서 자라는 어린이는 신경질적인 과잉-운동성(hyper-motility)의 징후를 보인다. 그들은 순간적으로만 주의 대상에 초점을 맞출 수 있다. 그들의 초점은 학습과 표현 또는 감응을 위해 너무 빨리 옮겨가는 경향이 있다.

과잉 자극의 상태에서 인지적 유기체는 자극의 감정적인 내용을 처리할 수 없다.

성적 발기 부전(impotence)은 비슷한 병인을 지닌다.

자극 빈도와 확산, 에로틱한 자극에 대한 자아의 노출 속도는 의식적으로 감정적 메시지를 해독하거나 필요로 하는 부드러움을 가지고 처리하는 것이 점점 더 어려워지는 지점에 이르기까지 가속화했다. 우리의 시간은 더욱더 짧아지고 좁아지고 축소되었으며, 그래서 자극은 거의 욕망으로 옮겨지지 않으며, 욕망은 거의 의식적 접촉으로 옮겨지지 않고, 접촉은 거의 즐거움으로 옮겨지지 않는다.

전자들(electronics)이 신체들 사이에 끼워 넣은 무기 물질의 성적 매력은 환경의 일종의 광범위한 성애화와 신체들의 육체적 고립을 가져왔다.

신체들 사이의 의사소통에 무기적인 것(전자적인 것)이 삽입된 것은 교란으로서 작용한다. 바로 이것이 즐거움이 부신(adrenal, 副腎) 분비물로 대체되는 것으로 보이는 이유다. 욕망이 부재할 때 남성 발기를 연장하는 약리학 제품의 대량 소비는 나이 지긋한 사람들 사이에서만 발생하는 것이 아니다. 발기 부전 약을 복용하는 사람들은 단순히 육체적 문제보다는 오히려 시간 부족과 감정적 고통의 심리적 문제 때문에 그렇게 한다고 생각할 이유들이 존재한다.

성적 무관심은 우리의 주의 지속 기간이 기술적으로 종속되는 광범위한 과정의 부작용이다. 포르노의 폭발적 증가, 포르노 이미지의 대량 소비는 이 사이클의 일부다. 우리는 에로틱한 이미지 흐름에 노출되어 있으며, 광고와 엔터테인먼트 등의 흐름에 뒤섞여 있다. 이러한 흐름은 끊임없이 우리의 감정적이고 에로틱한 반응을 동원하고 있다. 우리의 주의는 영구적인 요구 아래 있지만, 특정한 대상에 초점을 맞출 수 없다.

감각적 영역에서 영구적인 전자 자극에 의해, 그리고 동시에 신체적 영역의 연속체에 전자 장치를 삽입함으로써 일종의 불감증이 유발된다. 내가 불감증이라고 언급한 것은 '오르가슴에 도달하지 못하는(anorgasmic)' 행동이나 그와 유사한 성적 쾌락의 기능 장애가 아니다. 내가 언급하는 것은 연속적인 긴장에 뒤따르는 무감각증의 널리 퍼져 있는 상태와 우울증으로 향하는 경향이다.

《무능력(Impuissances)》이라는 책에서 이브 시통(Yves Citton)은 성적 발기 부전을 다루는 광범위한 프랑스 문학 작품들을 다룬다. '성 불능'이라는 장(章)에서 시통은 능력 감퇴(défaillance)의 원인을 남성 주체가 지배할 수 없는 자극의 과잉으로서 확인한다. "여성을 만질 수 없는 것으로서 지각하게 하는 것은 매력의 결여가 아니라 오히려 아름다움의 과잉이다."[6]

리듬 가속, 자극 강화, 신경계의 과잉-자극. 이것은 성적 기능 부전에 이르는 그럴듯한 경로다. 그리고 서구 문명의 깊은 배경인 가부장적 문화의 맥락에서, 성과 사회적 권력은 밀접하게 뒤얽혀 있다.

> 자기 정체성의 근거를 존재의 증거인 각성에 둠으로써 남성은 자신의 자기 확신을 아주 일시적인 것으로 환원하게 된다. ……정체성의 근거를 사내다움에 두는 사람의 자기 평판은 전능의 자세를 취하지 않을 수 없다.[7]

많은 면에서 무능력은 리듬의 문제로 간주할 수 있다. 체현된 시간과 자동화한 시간 간의 관계가 강화된다. 과잉-자극 때문에 욕망에 대한 투자가 고갈 지점에 이르기까지 증가한다. 그런 다음 감각적 유기체는 욕망에 대한 투자를 철회하고, 불감증 호수의 얼음 같은 물결에서 떠다닌다.

현대 문화의 감각화(aestheticization: 또는 심미화—옮긴이)는 불감증, 즉 욕망의 한 대상에서 다른 대상으로의 끝없는 비행, 감각적 자극의 과부하, 감각적으로 각성시키는 광고에 의한 공적 공간의 침략이라는 불감증의 징후 및 은유로 읽힐 수 있다.

로만 폴란스키(Roman Polanski)의 폐쇄공포증 영화 〈대학살의 신(Carnage)〉에서 케이트 윈슬릿(Kate Winslet)이 연기하는 인물인 낸시 카원(Nancy Cowan)은 스마트폰으로 끊임없이 전화를 받는 변호사 남편이 멀리 떨어져 있는 에이전트에서 오는 모든 자극이 자기 가까이에서 사는 살아 있는 존재들로부터 오는 어떠한 자극보다 더 흥미롭고 중요하다고 생각한다고 설명한다.

현재는 옮겨가고, 만지거나 맛볼 수 없으며, 신경 자극의 흐름이 앞으로 밀어내면서 결코 오지 않는 미래를 향해 나아간다. 가까운 신체에서 오는 감정은 멀리서 와 지속적으로 우리의 주의를 환기시키는 광란의 충동에 의해 흐려진다.

무감각증은 감각적 포화의 효과이자 비(非)공감에 이르는 길이다. 우리 시대의 윤리적 재앙은 다른 사람을 자기 자신의 감수성의 감각적 연장으로서 지각할 수 없는 무능력에 토대한다.

우리가 감수성이라고 부르는 인지 능력은 언어 영역에 속하지 않는 징후를 해독하는 능력으로서 발전해왔다. 이 능력은 디지털 교환에 새겨져 있는 (그리고 경제적 코드에 의해 강화된) 인지적 자동 작용이 의식적 동화를 이원적 선택의 연속으로 환원하는 경향이 있는 까닭에 위협받고 있다.

정신병리학적 어법에서 자폐증적인 사람은 '타인의 마음 이론'을 가지고 있지 않다.[8] 자동 교환 네트워크 내부에서 행동할 때는 다른 사람의 마음의 존재를 가정하거나, 기호를 그것이 또 다른 의식적이고 감수성 있는 유기체에서 온 것처럼 해석하는 것이 필요하지 않다. 이러한 맥락 내에서 기호는 분리된 정보 집합의 유한한 계산에 따라 해석할 필요가 있을 뿐이다. 타자는 우리의 마음과 기계 사이의 상호 작용에 대한 가상적인 구성일 뿐이다. 호환성이 감수성을 대체한다.

연결 생물권은 정보, 즉 가치화의 현재 보편적인 실체가 쉽게 흐를 수 있는 매끄러운 공간이다. 그러나 방해받지 않고 흐르기 위해서는 그 경로를 느리게 할 수 있는 불순물, 요컨대 감수성을 제거하는 것이 필요하다.

연결 패러다임(및 연결 양식)은 인간 생물권의 깊은 조직에 침투하고, 유기체의 장벽에 스며들며, 어떤 것은 개별화의 과정 수준에서 발생한다. 변이가 개체의 자기 지각에 침입하고, 그것을 사회적·기술적 망상 연속체의 연결 구조에 통합한다.

개별 유기체는 단독성의 징표를 제거당하며 거칢과 불규칙성이 없고, 따라서 언어적 기계에, 즉 기술적·언어적 자동 작용 허브에 순응하는 매끄러운 표면으로 변형된다.

연결 개체화는 모듈 재조합 과정의 세포들을 분쇄한다. 생물-정보적인(bio-informatic) 초유기체는 언어 사건을 교란으로서 읽으며, 그것을 소음으로서 내버린다.

02

휴머니즘, 여성 혐오, 근대 후기의 사상

능력과 자유로서 휴머니즘

휴머니즘에 대한 남김 없는 정의는 여기서 나의 범위를 넘어서지만, '휴머니즘'이라는 말로 우리는 일반적으로 15세기 이탈리아에서 처음 출현한 이후 유럽 전역으로 퍼져 나간 철학적이고 예술적인 운동을 가리킨다. 하지만 지금의 맥락에서 내가 언급하는 것은 특별히 근대에 유럽 문화의 정체성을 폭넓게 정의해주는 개념이다.

여기서 나는 휴머니즘을 자유에 대한 주장과 인간의 능력으로서 생각할 것을 제안한다.

레온 바티스타 알베르티(Leon Battista Alberti: 이탈리아의 인문주의자—옮긴이)에 따르면, 인간은 일(opera)을 위해 창조되었으며, 유용성은 인류의 사명이다. 활동과 기업(intrapresa)에 대한 휴머니즘의 강조는 두 가지 개념의 차원, 즉 자유와 행동의 능력을 함축한다.

자유의 개념은 여기서 법적인 의미로 의도한 것이 아니다. 그것은 법이나 정치적 제약으로부터의 자유가 아니다. 그 대신 그것은 존재론적 자유, 미리 결정된 형식으로부터의 독립, 따라서 신의 정신 속에 선재(pre-exist, 先在)하지 않는 형식들을 창조할 수 있는 가능성이다.

휴머니즘은 인간의 행동을 설명하기 위해 더 이상 필요로 하지 않는 신의 현존으로부터 인간의 역사를 해방한다. 사물들의 형식은 신의 의지가 아니라 인간의 행동에 달려 있다. 에른스트 블로흐(Ernst Bloch: 독일의 철학자—옮긴이)는 르네상스 철학에 대한 그의 책에서 '기술적 유토피아'의 탄생에 대해 이야기한다.

휴머니즘의 철학자 프랜시스 베이컨(Francis Bacon)은 프로메테우스 신화, 즉 인간에게 무한한 능력과 미래에 대해 생각할 수 있는 능력을 부여하는 신화적 타이탄을 부활시킨다. 기술, 즉 지식의 적용은 신이 사라지기 시작할 때에만 그 권력을 확립할 수 있다. 근대 문명의 역사에서 기술은 이제 실제로 하느님을 밀어내고 일종의 기술적 신정(神政)을 수립했다.

휴머니즘은 인간 행동의 존재론적 독립에 대한 긍정과 더불어 출발했다. 그러나 기술은 그것의 인간 창조자로부터 독립해 성장하고 자기 자신을 자동 작용의 체계로서 전개할 수 있는 능력의 지점에 이르기까지 모든 것에 침투하는 능력을 획득했다.

블로흐에 따르면 르네상스의 세계는 신정적인 과거의 (무릎 꿇게 하는) 고딕 형식들을 잊어버리고 서 있는 사람으로서 인간에 대한 그리스 숭배를 다시 긍정했다. 그러나 근대 말에 고딕 양식이 다시 돌아왔고, 그 후에 사람들은 대도시의 초(超)고딕 양식 건물에서 다시 무릎을 구부리지 않을 수 없다.

르네상스의 시각은 세계에 인간의 질서를 투사했다. 그러고 나서 바로크(Baroque)는 관점과 시각을 세계의 복잡성이 주위 세계에 대한 마음의 합리적 지배 능력을 능가할 정도로까지 증대시켰다. 르네상스는 직선적인 인간 중심적 시각에 따라 주위 공간에 질서를 부여하는 인간의 왕국이라는 관념을 발족시켰다. 그러고 나서 지식의 갑작스러운 증대, 그리고 관점과 시각의 증식은 주름과 관련한 라이프니츠의 판타스마고리아(phantasmagoria: 주마등처럼 스쳐 지나가는 장면—옮긴이)로 잘 표현되는 바로크적 감수성을 낳는다.

바로크 정신은 기술의 침투력에 사로잡혀 있으며, 기술이 자유의 모든 공간을 점령하게 될 때 휴머니즘은 그 근거를 잃는다. 낭만주의 시대 이후로 진정성에 대한 향수가 철학적 정서에서 중심적 위치를 차지한다. 진정성은 기술 이전 세계의 특징으로서 확인할 수 있다. 근대성은 정치적 자유의 영역을 확대하는 반면, 과거에 상상한 진정성의 존재론적 자유를 침식했다. 이러한 역동성에서 나는 쇼펜하우어로부터 니체를 거쳐 하이데거에서 완전한 형태를 취하는 반동적 과잉-휴머니즘(hyper-humanism) 줄거리의 핵심을 발견한다.

하이데거의 모호한 유산은 우리 시대의 철학적 토대에 깊이 새겨져 있다. 세계의 기술적 생성으로서 근대화에 대한 일종의 반동적 거부는 우울한 노선으로서 지난 세기를 관통한다.

하이데거는 기술과 언어의 관계를 잘못된 길로 이끄는 영향의 관계로 그려 보였다. 그의 지휘 아래 휴머니즘의 향수병적인 형식이 철학적 경관에서 앞자리를 차지했다.

하이데거는 근대 후기의 철학적 극장에서 흑마법사, 유독한 개념적 실체를 증류해 그것을 문화적 지각에 주입하는 나쁜 연금술사로 서 있다. 그는 제한된 지평을 지닌 작은 사람, 두려움을 개념적 기둥으로 변형시킨 둔감한 겁쟁이였다. 기술에 대한 두려움이 프라이부르크 출신의 그로 하여금 근대 후기의 상태(세계에 대한 이미지의 시대)를 애처로운 상태로 생각하도록 했다.

그가 보기에 인간성은 진정한 것으로 환원되며, 그가 볼 수 있는 것은 진정성의 황혼, 그가 그 자신의 현세적 경험을 발전시킨 작은 세계의 해소뿐이다.

세계에 대한 하이데거의 비전은 그의 영혼이 애처로웠던 까닭에 애처롭다.

하이데거의 작업은 20세기 후반의 비판적 사유에서 커다란 매력을 획득했다. 왜냐하면 그는 휴머니즘적인 세계의 쇠퇴로 인해 야기된 당혹을 개념화했기 때문이다. 그러나 비판적 사유는 만약 우리가 우리 시대의 주된 도전을 직시할 수 있기를 원한다면, 자신의 테크노포비아적(technophobic) 매력으로부터 해방되어야 한다. 기술의 모호한 유산을 결코 거부하는 것이 아니라 우리는 노동의 영역에서 출발해 기술과 삶의 관계, 즉 인지 노동자의 주체성, 그들의 반란, 그들의 자율과 그들의 연대를 다시 프로그래밍해야 한다. 비판적 사유는 인간적인 것과 진정한 것을 구별해야 한다. '진정한'이라는 말은 아무것도 의미하지 않는다. 진정성은 오직 한 세대의 제한된 기억, 영토적 마음의 좁은 지각에 토대할 뿐이다.

그리고 우리는 또한 인간적인 것을 휴머니즘과 구별해야 한다. 휴머니즘은 인간적인 것의 비전이다. 그러나 인간적인 것은 그 비전과 동일하지도 않고 휴머니즘적인 정의에 제한을 받지도 않는다.

언어는 기술적 자동화나 생물학 그 자체에 의해 언어에 새겨진 규칙들보다 더 광범위하다.

운동

무능력에 관한 이 책에서 나는 나 자신, 나의 절망 또는 오히려 희망 없는 나의 비전에 대해 이야기하고 싶다. 최근 몇 년 사이 나는 미래의 종언에 관한 책과 연결 세대에서의 자살에 관한 또 다른 책을 출판했다. 이제 나는 무능력에 관한 책을 쓰고 있다. 어떤 친구들은 나를 걱정하고, 내가 우울해한다고 생각하면서 내게 휴가를 제안한다.

진실은 다르다. 나의 절망은 나의 구성체를 길러낸 근대성의 약속이 실패한 것에 대한 지적인 이해에 토대하고 있다. 그러나 나는 또한 나의 삶에 동기를 부여한 지적인 기획의 실패를 공표한다고 해서 내가 행복해지지는 않는다는 것도 알고 있다.

일찍부터 나는 각종 사회 운동에 가담하고 여러 사회적 봉기 물결에 참여했다. 패배당하고 절망적임에도 그러한 운동이 전적으로 소멸되지는 않는 가능성의 운반체라고 생각하기 때문이다.

이러한 가능성은 궁극적 형태로서 자본으로부터 지식과 기술이 해방되는 것이다. 이 가능성의 주체는 연대의 조건들로 다시 체현된 집단 지성이다.

동시에 나는 연대의 조건들이 현존하지 않는다는 것을 의식하고 있다. 연결 지성은 집단 지성으로서 활동하기에 적합하지 않다. 그것은 연대를 활성화하고 의사소통의 신체적 영역을 공유하기에 적합하지 않다. 따라서 사회적 주체성의 조건들은 아직 가능성의 현실화를 위해 필요한 능력에 형상을 부여하지 못한다. 그러나 가능성은 현재 오로지 회사의 이익을 늘리기 위해서 협력하지 않을 수 없지만, 잠재적으로는 사회적 연쇄의 다른 패러다임에 적합한 수많은 두뇌의 연결 속에 숨겨져 존재한다.

가치화에 토대하지 않고 유용성에 토대하는 또 다른 모델 창안하기. 일반 지성의 자율을 목표로 하는, 일반 지성의 사용 가치 전개를 목표로 하는 사회적이고 기술적인 플랫폼 구축하기. 이것은 장기간에 걸쳐 유용한 결과를 산출할 수 있는 의제다. 이러한 의제가 운동이다.

'운동(movement)'이라는 말의 의미는 무엇인가? 이것은 내가 지난 50년 동안 그 말을 아주 자주 사용해왔기 때문에 대답해야 하는 물음이다.

우리가 말하는 '운동'은—너무 빤한 얘기지만—공간에서 하나의 지점으로부터 다른 지점으로의 변위를 뜻한다. 변위의 결과, 관찰자는 이전에 보지 못한 것을 볼 수 있다. 그러므로 우리는 모든 운동이 앎의 결과를 산출하는 것을 볼 수 있으며, 그렇지 않으면 그것은 거짓된 운동(bewegung)이다.

사르트르는 '융합된 집단'이라는 표현을 사용하며, 가타리는 '언명의 집단적 주체'에 대해 이야기한다. '운동'이란 많은 사람이 어떤 악보도 없이 같은 노래를 부르기 시작하는 바로 그때다.

그러나 내게 '운동'이라는 말은 좀더 많은 어떤 것, 즉 집단적 신체에 포함된 잠재력의 완전한 전개, 집단적 신체의 기술적이고 생산적인 능력의 이행을 의미한다—능력은 신체가 운동이 될 때에만 효율적으로 사용할 수 있다.

반동적 사상의 철학적 발생

나는 2011년을 감정적, 정치적, 이론적 도취 상태에서 보냈다. '점령하라' 운동이 확산해 금융이라는 추상(abstraction)의 우리(cage)를 깨뜨릴 것을 약속하고 있었다. 그러고 나서 나는 그 패배를 목격했다. 실제로 그 패배는 단적으로 사회적 무능력의 결과였다. 사회 복지의 해체에 맞서고자 하는 시도는 금융 권력이 일상생활의 사회적, 심리적, 언어적 구조에서 이미 확립되어 있었기 때문에 실패의 운명을 지니고 있었다.

그 패배 이후 나는 운동의 해소에 뒤따른 우울증의 효과를 연구하는 데 초점을 맞추었다. 추상적 지배 상태에서 살아간다는 의식, 기술적 자동 작용이 인구의 사회적·문화적 삶에 행사하고 있는 증대되는 통제에 대한 의식은 나로 하여금 기술의 능력에 대한 혐오감과 정치적 자유와 삶의 진정성에 대한 향수 정서를 발전시키도록 이끌었다. 그러나 나는 이러한 정서를 좋아하지 않는다. 나는 그것을 나의 부분으로 인정하지 않는다. 그것은 내 마음의 어떤 부분을 성공적으로 정복했다. 내가 나 자신의 무능력을 두려워하기 때문이다. 그러나 이 두려움은 무능력이다. 그에 대한 두려움을 제외하고는 어디에도 무능력은 존재하지 않는다.

나의 철학적 형성과 나의 정치적 경험 그리고 나의 개인적 성격은 이러한 반동적 향수 정서와 포스트 휴먼적인 발전 과정에 대한 두려움의 정서와 충돌한다.

이러한 정서—이는 나로 하여금 우리 시대에 확산하고 있는 자살 경향에 바친 책 《죽음의 스펙터클(Heroes)》을 쓰도록 이끌었다—는 노동자 운동과 휴머니즘 문화가 지난 30년 동안 좀더 일반적으로 겪은 헤아릴 수 없을 정도로 커다란 정치적 패배와 연결되며, 또한 내 마음과 내 신체와 내 섹슈얼리티의 쇠퇴 과정과 연결되어 있다. 나는 이러한 개인적 상태를 보편적인 것으로 오인하지 않기 위해 임박한 노쇠를 의식적으로 받아들이는 걸 배워야만 한다.

나는 나 자신에게 묻는다. 나는 기술에 대한 휴머니즘적 비판과 진정성에 대한 향수에서 유래하는 반동적 철학에 얼마나 깊이 영향을 받아왔는가? 나의 의도는 휴머니즘의 위기에 대한 이해를 이러한 이해에 의해 전달되는 반동적 향수로부터 떼어내는 것이다.

유물론적 관점에서 우리는 두 가지 서로 다른 경향을 본다. 첫 번째 경향은 함축적(하지만 현재는 그 전개를 상상할 수 없는 가능성으로서)이다. 그것은 일반 지성의 완전한 전개를 향한 경향, 자본주의의 기호학적 맥락으로부터 기술의 해방 가능성, 급여 노동으로부터 시간의 해방, 집단적 삶의 재활성화, 돌봄과 문화 교육 및 연구의 확대, 즉 탈(脫)노동자 중심적 르네상스다.

다른 경향은 사회적 삶의 점증하는 빈곤화, 사회의 마음과 신체의 황폐화, 신경 에너지의 과잉 착취가 불러일으킨 심리적 전염병, 그리고 결국 환경적이고 군사적인 자살로 향하고 있다.

두 번째 경향만이 우세하다고 하는 느낌을 피하기 어렵다. 그러나 현 상황의 양면성을 보존해야만 한다. 왜냐하면 이 양면성에는 우리의 해방을 향한 길이 숨어 있기 때문이다. 자유로운 사상의 과제는 자유를 가능케 하는 것이며, 자유란 안에 새겨진 가능성을 잊어버리고 현재 전개되는 권력 형식만을 보는 리얼리즘의 협박으로부터 자율을 의미한다.

나는 비판을 향수에 굴복하게 하고 휴머니즘적인 모델을 인간적인 것의 유일한 표현으로서 절대화한 그러한 종류의 반동적 사상의 계통을 더듬어나가고자 한다.

아마도 우울증은 삶과 역사의 진리를 검토하는 가장 좋은 방법일 것이다. 하지만 철학의 과제는 명백한 진리를 증언하는 것이 아니다.

철학자는 말을 삼가거나 거부함 없이 진리를 말하도록 강요받는다. 그렇다면 그는 진리로부터 자유로워야만 하며, 권력이 단일한 것으로 환원하려고 시도하는 가능성의 다양성에 대해 자기의 마음을 열어두어야만 한다.

"나는 생각한다"의 신체

헤겔은 역사를 절대정신의 총체적 디자인의 전개로서 파악했다. 근대에는 자기의 사고와 행위에 스며들어 있는 총체성에 대한 긴장 때문에 개인 스스로를 역사적 행위자로서 간주했다. 헤겔이 보기에 총체화가 없다면 역사는 없다. 행위의 능력은 행위자의 기획과 자기 충족적인 역사적 이성의 일관성에서 나온다.

그러나 근대 드라마에서 중심 무대를 차지한 역사적 행위자들의 의식적 행위는 어떠한 합리적 질서도 성취하지 못했다.

우리는 헤겔로부터 멀리 있으며, 막스 슈티르너(Max Stirner: 독일의 철학자, 개인주의적 무정부주의자—옮긴이)의 '자아'와 닮은 차원에서 그리고 슈티르너의 비전에서 발견할 수 있는 독자성의 정념 없이 존재의 단독성으로 돌아와 있다. 만약 우리가 실존주의적 접근, 특히 실존적 단독성 개념〔페데리코 캄파냐(Federico Campagna: 이탈리아의 철학자—옮긴이)의 《마지막 밤(The Last Night)》에서와 같은 실존적 아나키즘〕의 계보를 더듬어가고자 한다면, 우리는 아르투어 쇼펜하우어를 언급해야 한다.

내 삶의 일정한 시점에서 더 이상 그의 책을 읽지 않기로 결정할 만큼 나는 격렬하게 쇼펜하우어를 싫어한다. 1848년 베를린 봉기 때 이 비열한 자가 자기 거실의 창문에서 거리의 시위 노동자를 겨냥할 수 있기 때문에 경찰들을 집으로 불러들였다는 글을 어딘가에서 읽었을 때, 나는 서재에서 그의 책들을 축출하기로 결정했다. 최근 나는 어빈 얄롬(Irvin D. Yalom)의 《쇼펜하우어 치료(The Schopenhauer Cure)》를 읽을 기회가 있었다. 이 소설은 암으로 죽게 될 정신분석가에 관한 얘기지만, 한편으로 아르투어 쇼펜하우어의 전기도 되돌아보게 한다. (실제로 아주 재미있게) 책을 읽으면서 나는 이 불쾌한 친구를 더 잘 이해할 수 있고, 그의 사상의 원천을 더 잘 파악할 수 있게 해주는 많은 세부 사항을 발견했다.

쇼펜하우어가 정신분석의 결정적 주제들을 선취했다고 종종 언급되는 것은 이유가 없지 않다. 그러나 얄롬의 책을 읽으면서 나는 우리가 그 철학자의 작업에서 내적 의미를 이해하고자 한다면 그의 전기를 정신분석학적으로 탐구해야 한다는 것을 발견했다. 그와 어머니의 관계는 그의 철학적 개성과 그의 근대 후기적 감성의 열쇠다. 요한나 쇼펜하우어는 교양 있고 생기 넘치는 여성이었다. 그녀는 별다른 열정 없이 아르투어의 엄숙한 아버지, 매력 없는 부유한 상인과 결혼했다. 늙은 남편이 죽었을 때 그녀는 마침내 언제나 바랐던 삶, 즉 여행하고 글 쓰고 예술가와 지식인을 만나는 삶을 살 수 있게 되었다. 그러나—세련되지 못하고 성가시며 버릇없고 때때로 무례한—아들은 자기 어머니의 기쁨과 여성적인 자유를 용인하지 못한다.

스무 살의 아르투어는 삶이 요한나를 멀리 데려가고 있다는 걸 깨닫는다. 그리고 자신이 포기하는 것을 받아들일 수 없어 질투와 남성적인 공격성을 가지고 반응한다. 그는 프랑크푸르트에 살고 있는 어머니를 쫓아간다. 뤼벡을 떠난 그녀는 그곳에서 볼프강 폰 괴테와 친구로 지내고 있었다. 아르투어는 그녀가 가족의 유산을 탕진한다고 비난하지만, 마침내 요한나는 그에게 편지를 쓴다. 제발 나를 혼자 내버려두렴. 내 눈앞에서 사라져주렴. 그들은 결코 다시 만나지 않았다. 그러나 아버지와의 동일시는 젊은 철학자가 삶에 대한 일종의 증오, 특히 여성에 대한 공공연한 증오를 품도록 만들었다. 아버지가 축적한 부를 어머니가 소비했고, 남성이 세운 질서를 여성이 무너뜨렸다. 그녀는 자기희생과 복종을 잊어버린 채 자손을 위해 보존해야 할 자본을 탕진한다. 실제로 요한나는 아무것도 탕진하지 않았다. 그녀는 재능 있는 작가였으며 가족의 재산을 좀먹지 않았다. 그러나 사실 아르투어가 걱정한 낭비는 재정적인 것이 아니었다.

그 소설을 읽은 후, 나는 지금하고 있는 쇼펜하우어 다시 읽기를 시작하기로 결정했다. 이 인색하고 거만한 사람은 결국 읽을 만한 가치가 있었다. 왜냐하면 그는 관념론의 잘못을 드러내면서 헤겔의 건축물을 해체한 최초의 독일 사상가이기 때문이다. 그래서 그는 몸, 즉 경직된 몸, 탐욕과 해소에 대한 두려움 및 여성 혐오로 수축된 몸에서 출발한다.

헤겔에 대한 쇼펜하우어의 증오는 잘 알려져 있다. 아르투어의 적의는 베를린 대학이 그에게 강좌를 제공했을 때 주제넘은 신참 교수가 이미 입지를 튼튼히 하고 있는 교수 게오르크 빌헬름 프리드리히 헤겔과 같은 시간에 강의를 하기로 결정할 정도로 멀리 나아갔다. 그 결과는 우스꽝스러웠다. 그의 강의는 버림받은 반면, 헤겔의 교실은 사람들로 붐볐다.

그럼에도 그의 비판적 입장은 잘 정초되어 있었다. 요컨대 그는 헤겔의 역사적 범논리주의의 핵심을 겨냥했다.

쇼펜하우어는 하나의 위안으로서, 이성의 완전한 실현을 향한 뒤틀린 도정으로서 역사의 비전을 단적으로 거부한다. 이러한 헤겔의 비전을 해체하기 위해 그는 칸트를 언급하며 칸트 철학을 일종의 탈헤겔적인 유물론으로 변형시킨다. 관념론적 순환성을 피하고 싶어 한 까닭에 쇼펜하우어는 칸트의 "나는 생각한다"의 의미를 다시 추적한다. 이것이야말로 문제화의 요점이다. 즉 "나는 생각한다"의 의미는 현상 세계의 초월론적 구성이며, 따라서 가능성의 조건, 즉 세계를 현상과 경험으로서 지각하고 투사하는 것의 조건이다.

현상 세계는 사고의 행위에 앞서 존재하는 것이 아니라 그에 의해 확립된다. 현상은 실제로는 우리가 지각 능력의 초월론적 형식(초월론적 통각)에 의해서만 파악할 수 있는 우리 경험의 대상이다. 칸트의 어법에서 '초월론적'은 경험에 앞서는 것을 의미하며, 따라서 경험적 내용을 결여한다. 《의지와 표상으로서의 세계(The World as Will and Representation)》에서 쇼펜하우어는 "나는 생각한다"의 이중적 면모에 대해 심사숙고한다. 즉 사고 행위는 경험의 알려진 세계를 지각하게 하고, 어떠한 경험도 사고 행위에 선행하지 않는다.

헤겔은 이미 칸트의 이성(Vernunft)을 어떠한 주체성도 없는 공허한 보편성이라고 비판했으며, 이성을 절대정신의 매개, 요컨대 주체가 자기를 확인해가는 역사적 과정으로 변형시켰다.

쇼펜하우어는 내게는 좀더 흥미로운 다른 방향으로 나아간다.

우리가 아는 세계가 현상이라고 말하는 칸트에게 동의한 후, 그는 앎의 주체가 어디서 오는지 이해하고 싶어 한다. 그는 "앎에 대해 존재하는 모든 것, 따라서 이 세계 전체는 주체에 대한 관계에서의 대상, 지각자의 지각, 한마디로 표상일 뿐이다"라고 쓴다.[1] 세계는 그것이 표상하는 의지의 투사인 한에서 표상이다. 후설(E. Husserl)을 따라 우리는 세계란 변형시키는 동시에 표상하고 있는 지향성의 투사라고 말할 수 있을 것이다.

그러나 쇼펜하우어는 칸트의 가르침을 고수하지 않으며, 더 나아가 초월론적 주체의 규정이 결여된 점에 대해 의문을 제기한다. "나는 생각한다"는 신체를 결여하고 있다. 우리는 칸트의 사유 행위에 신체를 부여해야 하며, 그래서 그는 더 이상 몸이 없는 날개 달린 천사의 머리이지 않을 것이다.

개별적 신체는 두 가지 관점에서 고찰할 수 있다. 한편으로 그것은 다른 대상들 사이의 하나의 대상, 하나의 현상, 초월론적 주체의 지향성에 의해 세계 내로 투사된 하나의 현상이다. 그러나 그것은 동시에 앎의 활동에 먹이를 공급하는 유기적으로 증식하는 살아 있고 역사적인 물질성이기도 하다.

> 내 표상의 결과로서 내 앞에 있는 세계의 의미는 만약 관찰자가 단지 순수한 앎의 주체, 몸이 없는 날개 달린 천사의 머리일 뿐이라면 결코 파악할 수 없

다. 그러나 이 주체는 세계에 뿌리를 내리고 있으며, 그 속에서 자기 자신을 사람으로서 발견한다. 표상으로서 세계 자체의 조건인 앎은 신체를 통해 완전히 발생한다—신체의 감응이야말로 그 세계에 대한 지적 직관의 시작이다.[2]

우리가 그 안에 있고 우리 안에 있는 알 수 있는 것의 이 현실 세계는 물질적인 것인 동시에 우리 고찰의 한계로 남아 있다.[3]

쇼펜하우어는 앎이 아는 주체와 알려지는 대상을 전제한다고 주장한다. 그러나 앎의 대상과 신체는 둘 다 우리가 아는 대상이자 앎의 과정의 주체다. 육체성의 사물 자체(ding-an-sich)는 우리 앎의 능력을 넘어선다.

칸트의 초월론적 주체의 한계—신체적 토대의 결여—를 비난하면서 쇼펜하우어는 유물론으로 향한 첫걸음을 내딛는다. 칸트에 대한 비판에서 그는 헤겔의 그것과는 대립되는 방향으로 움직인다.

칸트를 극복하기 위해 헤겔은 주체를 절대정신의 승리를 향한 도정의 계기로서 정신적인 역사적 생성 안에 새겨 넣는다. 쇼펜하우어는 그 대신 표상의 지향성을 신체에, 신체적 감응에 근거 짓는다. 스피노자의 감응은 사유하는 주체성의 고동치는 신체로서 돌아온다.

그러나 쇼펜하우어는 일종의 어두운 스피노자처럼 보인다. 스피노자가 신체를 개방적이고 무한한 가능성의 영역으로 생각한 데 반해, 쇼펜하우어는 신체를 무능력으로 정의한다. 그에게 우리의 불명예는 우리의 의지에 놓여 있다. 의지는 결코 만족될 수 없다. 그러므로 우리는 결코 의지하기를 멈추지 않으며, 삶이란 의지의 현상, 객관화한 의지일 뿐이기 때문에 끊임없는 고통이다.

쇼펜하우어는 신체가 사고하는 행위("나는 생각한다")의 기원에 있다고 규정했지만, 이에 따라 그가 말할 수 있는 유일한 것은 이 육체성이 '죽음을 위한 것'이며, 사랑은 사랑의 대상이 드러나자마자 사라진다는 것이다(오랜 남성우월주의적 편견).

우리는 어떤 기준에 의해 이런저런 철학자에 대한 판단을 표현하는가? 우리가 한 철학자에게는 '그렇다'고 말하고 다른 철학자에게는 '아니'라고 말하는 일은 어떻게 일어나는가? 우리는 우리가 좋아하는 철학자의 사실적 진리를 증명할 수 없다. 그것은 진리의 문제가 아니다. 선택은 논리적 결정이 아니라 공감(정념의 공유)에 토대한다.

나는 쇼펜하우어에게 혐오를 느낀다. 왜냐하면 나는 그의 생각(그 생각의 위대함을 나는 인정한다)의 내용을 이 생각의 감정적 진동과 연결하기 때문이다. 그의 생각은 (물론 언제나처럼) 생각하는 신체의 표현, 생각의 세계로 투사된 고동치는 단독성의 발현이다. 나의 혐오는 그의 생각에 대한 것이 아니라 그의 생각 내에서 진동하고 있는 실존적 단독성, 즉 아버지와의 동일시, 어머니의 낭비에 대한 분노, 그의 경험과 그의 세계관(Weltanschauung)의 기본적인 여성 혐오, 기존 질서를 존중하지 않는 반역자들에 대한 반동적 증오에 대한 것이다.

내가 보기에 쇼펜하우어는 사라지고 있는 능력의 쓰라림과 히스테리적 주장(또는 멜랑콜리적 향수)에 근거한 일종의 초인성(übermenschlickheit)이라는 역사의 출발점이다.

쇼펜하우어는 남성 지배의 쇠퇴와 백인종의 쇠퇴를 선언하고 분노했다. 오늘날 이러한 이중적인 쇠퇴는 완전히 드러났다. 인간적 프로젝트는 남성적 능력과의 이러한 동일시로부터 해방되어야만 한다.

능력은 끝났고, 가능성은 숨겨져 있다. 우리가 필요로 하는 것은 의지의 긍정이 아니라 현재의 세계 구성에 새겨져 있는 가능성을 풀어놓는 것이다.

《군주론》, 포르투나, 비르투

여성 혐오는 휴머니즘의 역사에, 주로 근대 후기의 휴머니즘 위기에 함축되어 있다. 다시 생각해보라. 휴머니즘이란 무엇인가? 이번에 내 대답은 니콜로 마키아벨리 《군주론》의 '운명은 인간사에 얼마나 많은 힘을 행사하는가, 그리고 인간은 어떻게 운명에 대처해야 하는가(Quantum Fortuna in Rebus Humanis possit, et quomodo illi sit occurrendum)'라는 제목의 25장에서 출발할 것이다.

여기서 이 피렌체 사람은 포르투나(fortuna, 운명)와 비르투(virtu, 능력), 즉 사건들의 혼돈된 발생과 인간 행동의 통제하는 힘 사이의 관계를 정의한다. "나는 포르투나를 빈 공간에 사납게 몰려들어 나무와 건물을 파괴하는 파멸적인 강의 그것에 비유하고자 한다. ……포르투나도 그렇게 한다. 그것은 정연한 비르투가 그에 저항하지 못하는 곳에서 자기의 능력을 보여준다."[4]

여기서 '비르투'라는 말은 '포르투나'라고 불리는 혼돈된 사건을 다스리고 그것을 권력의 의지에 복종시키는 군주의 능력을 가리킨다.

군주는 사건의 방향, 그것의 힘과 파괴력을 예측해야 하며, 무엇보다도 포르투나를 자신의 지배력에 따르게 하도록 정력적이어야만 한다. 그는 폭력을 통해 자신의 의지를 강요해야 하는 만큼 존중하거나 주저해서는 안 된다.

같은 장의 끝에서 마키아벨리는 내 생각에 정치권력에 대한 근대적 파악의 가장 깊은 의미를 담고 있는 은유를 제시한다.

> 나는 남성들은 의견이 일치할 때 행복하며, 불일치할 때 불행하다고 결론짓는다. 그러므로 나는 존중하는 것보다 강압하는 것이 낫다고 평가한다. 사실 포르투나는 여성이며, 만약 우리가 그것을 복종시키고자 한다면 그것을 때리고 해칠 필요가 있다. 실제로 그것은 냉정하게 진행하는 사람들에 의해 정복되기를 선호한다. 여성인 그것은 존중하지 않고 좀더 과감하게 압도하는 젊은 남성에게 더 친절하다.[5]

기술적 질서의 부과로서 의도된 근대 정치와 문명 역사의 윤곽이 여기서 그려지고 있다. 권력에 대한 마키아벨리의 정의는 여성적인 것(가능한 사건들, 자연의 깊이로부터 솟아나는 잠재력의 혼돈되고 변덕스러운 증식)과 그 흐름에 질서를 부과하고, 그 흐름을 차별의 규칙에 종속시키는 남성적 의지 사이의 구별에 토대한다.

능력은 가능적인 것을 복종시키고 그것을 질서로 환원하는 의지다. 그렇다면 이 능력은 남성적이다. 반면 가능성의 마그마적인 영역은 여성적이다. 그렇게 그것은 마키아벨리의 사상 안에 있으며, 또한 권력의 역사적 규정에서도 그렇다.

군주가 반드시 숙달해야만 하는 도구는 도덕적 종류의 것들—무자비함, 냉혹함, 폭력, 결단—이지만 또한 기술적 종류의 것들이기도 하다.

마키아벨리는 실제로 군사 기술에 관심이 있었다. 그러한 기계는 전쟁과 경제 그리고 정치권력에서 가장 중요한 도구다. 하지만 근대 후기에 기술은 정치적 영역을 넘어서 기술이 능력의 주인이 된 지점까지 나아갔으며, 정치적 의지를 대체하고 남성을 무능력으로 몰아넣고 있다.

기술, 쇠퇴하는 남성 능력과 반동적 향수

〈휴머니즘 서간(Letter on Humanism)〉에서 하이데거는 휴머니즘이 존재의 사막에서, 다시 말하면 실존의 존재론적 환원이 해소될 때 열리는 공간에서 떠오르고 있다고 썼다. 우리는 존재의 동화(elaboration, 同化)가 언어 영역에서 일어날 때, 따라서 언어가 존재의 공간이자 한계라고 판명될 때 휴머니즘에 대해 말할 수 있다.

언어가 (기술이 언어의 주체로 판명된다는 의미에서) 기술의 언어가 될 때, 인간은 언어를 몰수당한다. 그들에게 강요되는 것은 기술적 함축의 사슬이다. 언어가 자동화 과정을 겪게 될 때, 그것은 휴머니즘 문화의 황혼이다.

하이데거는 기술이 획일적이고 모호하지 않은 체계가 아니라, 전략과 정치적 의도 및 사회적 관심과의 끊임없이 변화하는 관계에서 형태를 취하는 공간이라는 것을 이해할 수 없었던 것처럼 보인다. 따라서 반동적 향수, 즉 기술적 변형에 선행하는 진정성의 세계를 우상화하는 바로 그런 일이 발생한다. 진정성에 대한 향수는 근대 역사철학과 실증주의의 진보적 기대에 대한 일종의 균형추로서 서구의 쇠퇴라는 우울한 지각과 연결되어 있다. 이러한 사상 노선은 근대성의 에너지를 뒷받침했던 남성적 능력의 쇠퇴를 표시하는 것으로 읽을 수 있다.

근대화 과정은 경제적 경쟁과 군사적 공격에 토대한다. 예를 들어 이탈리아 근대화 과정에서 미래파(Futurist) 문화의 역할을 살펴보자. 미래파(와 덧붙이자면 파시즘)는 국가의 집단적 자기 지각을 남성화하려는 노력이다. 경제 및 정치적 힘을 모으기 위해, 전쟁과 시장 경쟁에서 이기기 위해 국가는 자기 문화의 여성적 측면을 제거해야만 한다. 그러나 20세기 초에 국가주의와 근대화를 뒷받침했던 에너지는 이제 끝났다. 경제 성장은 후퇴하고 있으며, 팽창은 행성의 물리적 한계에 부딪치고, 전 지구적 인구 통계는 노쇠를 가리킨다.

능력은 침투와 종속의 측면에서 파악되어왔다. 하지만 근대 후기에 능력은 운명과 사건의 마그마에 침투해서 복종시키는 목표를 성취하기 위해 인간보다 더 많은 능력을 부여받은 기술적 장치의 체계에 굴복할 운명에 처했다. 기술은 남성적 침투 능력의 인공 기관으로 태어났으며, 근대적 도정의 끝에서 인공 기관은 유기적 기관 자체를 대신한다. 반면 생활 세계의 복잡성과 떠오르는 자율성, 즉 예측할 수 없는 혼돈과 자연적 소실의 여성적 세계는 질서와 지배의 통제력에서 벗어나고 있다.

자연 세계를 복종시키는 과제를 성취한 후, 사람들은 자기 능력이 기술로 흡수되고 그에 압도당한 까닭에 그것을 몰수당했다는 걸 깨닫는다.

쇼펜하우어에서 니체를 거쳐 하이데거에 이르기까지 거기에는 종종(그러나 언제나는 아니다) 반동적인 우익 정치와 연결되는 초인성(超人性) 향수로 확인할 수 있는 실마리가 존재한다. 이 패거리는 쇠퇴하는 능력과 관련한 고통스러운 의식에 대해 남성적인 쓰라림을 지니고서, 그리고 점차적으로 일상적 삶과 국제 정치를 각인하고 있는 반여성적 공격성을 가지고서 대응한다. 광신적인 이슬람교도가 여성에 대해 벌이고 있는 현재 진행 중인 전쟁은 남성의 권력 상실로 인한 이러한 반여성적 증오의 가장 소름 끼치는 증명, 기술의 상승하는 능력과 비교해 남성의 줄어드는 능력에 대한 두려운 지각의 징후다.

도스토옙스키

여성의 늘어나는 자율성에 의해 야기된 남성의 좌절감이 종종 고상한 종교적 정신주의, 그리고 때로는 우울증과 만나는 까닭에 남성 히스테리는 문학에서 번성했다.

1921년에 출간한 논문에서 니콜라이 베르댜예프(Nikolai Berdyaev)는 도스토옙스키가 묵시록과 니힐리즘을 깊이 연구해 신화적인 러시아 영혼의 형이상학적 히스테리와 그것이 망상에 빠지는 경향을 드러냈다고 논의한다. 러시아적 심리 상태의 이러한 히스테리적 실마리는 권위주의적인 정치적 형식들로 나타난다. 왜냐하면 그리스도 안에서만 자유가 완전하기 때문이다. 자유가 세속적이게 될 때, 행복과 사회적 완성의 유토피아는 내적인 자유를 파괴한다. 베르댜예프는 이러한 반동적 히스테리와 감정, 특히 신체의 에로틱한 시각의 위축 사이의 관계를 의식하고 있었다. 도스토옙스키에게서 여성은 독립적인 개인으로 존재하지 않는다. 인간적 영혼은 남성적인 일이다. "도스토옙스키에게서 사랑은 결코 바람직한 것으로 묘사되지 않으며, 어떠한 여성적 성격도 독립적인 의미를 지니지 않는다. 언제나 절박한 것은 비극적인 남성적 운명이다. 여성은 남성의 내부적 비극일 뿐이다."[6]

만약 내가 올바르게 파악하고 있다면, 동일한 것을 니체에 대해서도 말할 수 있을 것이다. 나는 니체에 대해 생각할 때 주저하고 의심한다. 나는 그의 말, 그의 의도, 그의 철학적 기획을 이해하지 못하기 때문이다. 나는 예전에 들뢰즈가 쓴 책〔《니체와 철학(Nietzsche and Philosophy)》, 1962〕을 읽다가 그에게 반했다.

들뢰즈는 니체에 대한 서론으로서 "의지가 원하는 것은 그 차이를 단언하는 것"이라고 썼다. 헤겔적인 '부정의 노동' 대신 들뢰즈의 니체는 가벼움과 춤추기를 설교한다. 니체에 대한 들뢰즈의 말에 설득당한 나는 그의 책들 가운데 몇 가지를 스스로 읽는 어려운 일에 착수했다〔《도덕의 계보(On the Genealogy of Morals)》《아침놀(The Dawn)》《이 사람을 보라(Ecce Hoo)》《교육자로서 쇼펜하우어(Schopenhauer as Educator)》《차라투스트라는 이렇게 말했다(Thus Spoke Zarathustra)》〕.

곧바로 나는 궁금했다. 왜 이 사람은 그렇게 신경질적인가? 왜 그는 그 자신이 교수이면서 교수들과 그렇게 사이가 나쁜가? 왜 그는 성직자들과 그렇게 나쁜 관계에 있는가? 왜 그는 여자들과 그렇게 사이가 안 좋은가? 좋다. 그건 내가 상관할 바 아니다. 하지만 결국 나는 그토록 약한 사람에게서 나오는 의지와 능력 및 힘에 관한 모든 수사학에 불안감을 느꼈다.

나는 니체에 대해 그리 걱정하지 않는다. 나는 쇼펜하우어와 하이데거보다 그를 더 좋아한다. 그는 자기 자신의 약함을 드러내고 자기 마음을 그 자신의 말로 모아놓은 폭풍우에 노출시킬 용기를 지니고 있다. 그에 반해 다른 이들은 폭풍을 불러일으키고 나서는 편안하고 탐욕스러운 피난처로 후퇴한다. 나는 쇼펜하우어와 친구가 되고 싶지 않다. 또한 하이데거와도—아무 이유 없이—친구가 되고 싶지 않다. 니체는 좋은 친구가 될 수 있다. 아마도 조금은 애처로운 친구겠지만 말이다. 니체를 나는 좋아한다. 그는 무책임하고 가볍고 미쳤지만, 그의 책에 나오는 그 모든 영웅주의와 부정신학(negative theology, 否定神學: 신에 대한 제한적이고 불완전한 규정을 부정하는 방식으로 신의 본질을 인식하려는 그리스도 신학의 한 분야—옮긴이)은 20세기의 비극을 선취하는 패러디, 흉내 내기처럼 들리기 때문이다.

곡예처럼 단 한 번의 점프로 우리는 과잉 연결성과 히키코모리(ひきこもり: 은둔형 외톨이—옮긴이)의 시대에 들어선다. 연결 세대의 몸은 쇼펜하우어의 몸처럼 고독 속에서 마비되고 있지만, 그와 동시에 경쟁이라는 도취적인 게임으로도 전개된다. 일반 지성은 연결의 추상적 차원에서 살아가지만, 인지 노동자의 개별적 몸들은 고립으로 인해 약해지고 단편화한다. 쇼펜하우어와 마찬가지로 나도 네트워크로 연결된 "나는 생각한다"의 살아 있는 몸, 앎과 생산을 가능케 하는 살아 있는 신체를 찾고 있다. 그러나 쇼펜하우어의 몸은 불행하고, 피부와 접촉할 수 없는 환상에 끊임없이 끌린다.

어머니와 육체의 슬픔

고독이 주요 주제이기는 하지만, 미셸 우엘베크는 앵티미스트(intimist: 일상적 대상을 개인적 정감을 강조해 그리는 화가 또는 작가)가 아니다. 그가 이야기하고 있는, 만질 수 있는 고통은 그의 개인적 고통일 뿐만 아니라 그가 우리 시대를 바라보는 렌즈이기도 하다.

우엘베크가 자신의 웹사이트에서 설명하고 있듯 그의 부모는 그가 여섯 살 때 그에 대한 관심을 잃었다. 그는 어린 시절을 친할머니 앙리에트 우엘베크(Henriette Houellebecq)와 보냈다. 그는 나중에 그녀의 이름을 채택했다. 그는 파리에서 농학을 공부하고 연구원으로서 경력을 시작한 후, 컴퓨터 프로그래머로 채용되었고 우울증에 빠졌다. "나의 것은 우울한 사람의 관점이었다. 그러나 나는 슬프지 않았다. 나는 게을렀다"고 그는 2001년 이탈리아 신문과의 인터뷰에서 밝혔다.

나는 이러한 고백으로부터 미셸 우엘베크를 정신분석할 의도가 없으며, 그의 소설에서 발견할 수 있는 자서전에도 관심이 없다. 나는 그의 개성과 그의 시적 세계가 현재에 대해 드러내는 것에 관심이 있다.

《소립자(The Elementary Particles)》(1998〔2006〕)를 읽었을 때, 나는 즉각적으로 미셸 우엘베크가 우리의 사회적이고 정치적인 행동에 직접적으로 영향을 미치고 있는 우리 현대의 심리적 정경에 깊이 정착해 있는 어떤 것을 표현하고 있다고 느꼈다. 소설에서 두 형제, 미셸과 브뤼노는 그들 시대의 역사로부터 격리된 상태에서 살고 있다. 그들은 세계에 대한 창문이 없는 수도사처럼 보인다. 자기 주위의 세계를 지각하는 그들의 능력이 그들의 어린 시절, 인간의 신체적 접촉에 의해 활성화되지 않았기 때문이다. 그들 가운데 하나(미셸)는 세계를 소립자들이 끈적끈적한 합성과 분해 과정에서 재결합하는 영역으로 지각하는 생물학자다. 다른 하나(브뤼노)는 고등학교에서 가르치고, 성적으로 성장이 저해되어 있으며, 자기의 성기가 너무 작고 부적합하다고 확신한다. 그에게는 말없이 당혹스러워하며 이따금씩 만나는 애인이 있다. 그리고 그는 학교에서 어린 소녀들의 허벅

지에 손을 얹는 것을 그만둘 수 없다.

형제에게 그들을 둘러싼 환경은 역사를 지니지 않는다. 그들 주위의 신체들은 의식적인 신체로서 인식될 수 없다. 왜냐하면 그것들 역시 역사를 지니지 않고 우울한 생물학일 뿐이기 때문이다. 즐거움은 삶의 가능한 경험의 일부가 아니다. 그것은 오직 젖은 점액성 세포막의 경련이자 유기적 액체의 분출, 근육의 수축, 부끄러운 흥분 그리고 언급하기에 부적절한 방출일 뿐이다.

이러한 슬픔의 기원은 브뤼노와 미셸의 어린 시절 및 어머니와 그들의 관계에서 찾을 수 있다. 그들의 어머니는 소설에서 전혀 나타나지 않는다. 왜냐하면 여러 해 전에 캘리포니아의 애인과 함께 아이들을 남겨두고 떠났기 때문이다. 우엘베크의 지독한 반페미니즘은 이미 이 어머니, 아름답고 감각적인 지중해적 외모의 어머니 안에 포함되어 있다. 작가는 어머니 신체의 부재와 브뤼노와 미셸의 성(性)과 삶에 늘 붙어 다니는 슬픔을 명시적으로 연결시킨다.

> 성적 행동의 기초적인 측면이 타고난 것이라면, 삶의 처음 몇 해의 역사는 그 표현의 동역학에서 특히 중요하다. 새들과 포유동물 사이에서는 종의 다른 구성원과의 이른 시기의 피부 접촉이 극히 중요한 것으로 보인다. …… 어린 시절 어미와의 피부 접촉이 박탈된 결과, 생쥐의 성적 행동에서 심각한 혼란이 나타난다.[7]

우엘베크는 어머니와의 접촉이 많든 적든 배제된 세계를 상상한다. 작가에게는 페미니즘과 히피 운동이 이러한 배제의 죄를 범하고 있다. 우엘베크는 훌륭한 작가이지만 사실 지난 50년간의 문화사에 대해 거의 아무것도 이해하지 못하고 있으며, 페미니즘과 노동하는 여성의 사회화를 동일시할 정도다. (오로지 그만이 이렇게 오해하고 있는 것은 아니다.) 실제로 페미니즘은 그것을 일의적인 정의(univocal definition)로 환원하기가 단적으로 불가능할 만큼 복잡하고 풍부한 문화적 경험이었다. 그러나 자본주의 기계에 의한 여성의 시간과 감수성의 포획은 확실히 페미니스트의 주된 목표가 아니었다.

반대로 우리는 페미니즘이 오히려 행복한 사회화의 조건으로서 감각적인 것과 게으름에 대한 찬미라고 말할 수 있을 것이다. 해방주의적 페미니즘은 노동 세계로의 여성의 접근, 여성의 신체적(이고 정신적인) 에너지의 생산 리듬에로의 통합을 개척하고 획득한다. 그 결과는 어머니의 정신적·육체적 이용 가능성이 희박해진 것과 아이들의 고독이었다.

최초의 연결 세대에서는 행복에 대한 사회적 무능력, 자폐증 경향, 공감의 마비가 퍼지고 있다.

우엘베크의 분개하는(resentful) 철학은 이기적인 68세대가 이용 가능한 모든 즐거움을 소비했으며, 그 뒤를 잇는 세대에게 아무것도 남기지 않았다는 가정에 토대한다. 물론 이러한 추론은 거대한 오해에서 비롯되었다. 그러나 나는 그의 생각을 시정하기 위해 글을 쓰는 것도 아니고 그를 위한 정신분석가도 아니다. 나는 세계를 그의 눈을 통해 보고 싶기 때문에 우엘베크를 읽는다. 나는 작가들에게 내 생각을 확증해달라고 요구하지 않는다. 나는 그들에게 세계를 그 밖의 누군가의 눈을 통해 보게 도와달라고 부탁한다. 세계란 헤아릴 수 없이 많은, 서로 다른 전망들의 역동적인 교차점이기 때문이다. 그리고 한 작가(나의 개인적 의견으로는 우엘베크 같은 위대한 작가)의 전망은 세계에 대한 우리 자신의 이해를 증진시키는 길이다.

《소립자》의 저자는 절망의 용기, 눈으로 짐승을 응시할 용기, 비열하고 멸시받으며 따라서 공격적인 남성 몸의 고독에서 솟아나는 현대 파시즘의 발생을 들여다볼 용기를 지닌다. 이 책은 근대 정치 문화의 관념론(이상주의—옮긴이), 즉 감성과 의식적 신체들 사이의 대화에 대해 거의 알지 못하기 때문에 노동과 고향, 전쟁과 땅과 피의 가치에 대해 제단을 세우는 사람들의 위선적인 관념론을 깨부순다.

여성에 대한 증오와 68문화에 대한 증오, 이것은 우엘베크의 작업에서 반복되는 실마리다. 그렇더라도 나는 그가 우리 시대의 매우 중요한 저자들 가운데 하나라고 생각한다. 그가 우리가 살고 있는 시대의 심리 영역에 창문을 열어주기 때문이다. 나는 우엘베크가 운동 문화와 우리 시대의 사회사에 대해 아무것도 이해하지 못한다고 생각한다. 그러나 나는 그가 세계에 대해 생각하는 것에는 관심이 없다. 나는 그가 나를 위해 보이게 만드는 세계, 그가 지각하는 대로의 세계, 그가 투사하고 있는 세계에 관심이 있다. 그것이야말로 우리가 거주하는 (절망적이고 슬픈) 세계의 일부이기 때문이다.

우엘베크의 개인적 고통은 내 관심사가 아니다. 내게 흥미로운 것은 몸과 마음의 행복한 공생을 위해서는 너무 늦게, 가상적인 감정적 영역에서의 완전한 추상을 위해서는 너무 일찍 등장한 세대의 고통을 이야기하는 그의 방식이다.

우리는 작가들한테 우리에게 진리를 말해줄 것을 요구할 수 없다. 각각의 작가는 그 자신의 독자적인 진리, 보편적 분노로 변형된 자기의 개인적 분노, 독자적인 방식으로 세계를 밝혀주는 자기의 기쁨을 말하고 있기 때문이다.

중요한 것은 저자가 우리에게 열어주는 비전의 폭, 그가 제공하는 창문이 얼마나 큰가 하는 것이다. 우엘베크에 의해 우리에게 주어지는 창문은 매우 넓다. 그가 현대 시대정신의 가장 깊은 흐름, 즉 절박한 야만성, 심리 영역을 통제하고 있고, 역사적 무대에서 모습을 드러내는 돌이킬 수 없는 폐허의 일부를 폭로하고 있기 때문이다.

그의 최근 소설인 《복종(Submission)》은 일정한 회의주의와 더불어 받아들여졌다. 많은 사람은 그 플롯이 믿을 수 없다고 말한다. 다른 사람들은 그의 예측이 너무 어둡다고 말한다. 그는 소설에서 이러한 비평들에 대답하며 카산드라의 예언이 결코 믿어지지 않지만 언제나 사실이었다는 점을 우리에게 상기시킨다.

우엘베크가 펼치고 있는 역사는 있음직하지 않은 역사다. 실제로 이슬람당(Islamic party)이 프랑스의 대통령직을 차지할 가능성은 거의 없다. 그러나 그것의 시적(poetry) 요소는 있음직한 것을 묘사하는 것이 아니라 오히려 악몽과 환상을 드러내는 데 있다. 이러한 방법으로 (즉 상상력의 문제로) 세계 역사는 창조된다. 이 소설은 무의식의 관점에서 유럽의 미래, 거대한 트롱프뢰유(trope l'oeil: 실물로 착각할 만큼 정밀하고 생생하게 묘사한 그림—옮긴이)가 전 지구적 미디어 전경에 투사된 2015년 1월 11일의 유럽을 상상한다. 바로 그날, 〈샤를리 에브도(Charlie Hebdo)〉(프랑스의 대표적인 풍자 전문 좌파 주간지—옮긴이) 사무실에서의 살인 사건 이후 '성안' 파리지앵들(파리에 살고 있는 400만 명의 사람들)은 '성밖' 파리지앵들(정도의 차이는 있어도 교외에 살고 있는 500만 명의 사람들)에 대한 두려움을 몰아내기 위해 행진했다.

2015년 11월 13일, 바타클랑 극장(Bataclan theatre)에서의 대학살은

2세기 동안의 식민주의와 지난 15년간의 전쟁으로 인해 어떤 다리도 놓을 수 없는 증오의 지각(perception)을 심화시켰다. 서구인들은 수년 동안 이라크, 아프가니스탄, 리비아를 폭격해왔다. 이제 그 폭력은 서구 도시를 폭격하는 괴물을 낳았다. 우리는 이 악몽을 극복할 것인가? 현재 긍정적 결과를 기대하기는 어렵다. 수십만 명의 이주자들이 서구의 침략으로 파괴된 땅을 탈출해 헛되이 북유럽에 도달하려 애쓰고 있다. 그들은 장벽과 가시철조망을 발견한다. 절망적인 사람들의 이 거대한 무리로부터 다음의 괴물이 생겨나 유럽의 선량한 사람들에게 출몰할 수 있다.

복종과 유럽의 우울증

여러분은 마티유 카소비츠(Mathieu Kassovitz)가 각본을 쓰고 감독한 영화 〈증오(La haine)〉(1995)를 기억하는가? 거기서는 어느 날 밤, 일군의 흑인과 아랍계 젊은이들이 자신의 '정글-교외'에서 다른 세계, 실제로는 몇몇 지하철역일 뿐인 파리의 중심지로 향한다. 그 영화에서 당신은 〈샤를리 에브도〉에서의 광란과 바타클랑 극장에서의 잔혹한 대학살을 창조하기 위해 결합한 모든 요소를 발견할 수 있다.

그러한 범죄들에 이어 며칠 동안 서구 언론에서 구사한 대부분의 말은 언론의 자유와 표현의 자유를 옹호하는 내용이었다. 그러나 이런 폭력은 언론의 자유에 관한 것이 아니다. 그것은 증오와 두려움에 관한 것이다. 그것은 주변화와 폭력에 관한 것이다.

이슬람교 살인자들 가운데 일부는 언론에 자신들의 살인 계획이 아부그라이브(Abu Ghraib: 이라크 최대의 정치범 수용소. 이라크 전쟁 당시 미군은 이곳에서 이라크 포로를 고문하고 성폭행했다—옮긴이)에서 나온 이미지에 뿌리를 두고 있다고 선언했다. 1월의 공격에서 살인자들 가운데 한 사람인 셰리프 쿠아치(Cherif Kouachi)는 그 충격의 영향으로 테러리스트가 되는 것을 생각하기 시작했다고 말했다. 그의 종교적 회심은 그 굴욕의 비전(vision) 이전이 아니라 이후에 이루어졌다.

나는 미국 군인들이 찍은 그 사진들(아부그라이브 교도소에 벌어진 미군의 이라크 포로 학대 사진을 말함—옮긴이)을 보았던 2004년에 무엇을 생각했는지 기억한다. 나는 그때 바로 지금 이 순간 수백만 명의 아랍 어린이들이 TV를 보고 있을 거라고 생각했다. 그들은 스무 살이 될 때까지 기다릴 것이다. 그러고 나서 서구인들을 참수하는 데 자신의 목숨을 바칠 것이다. 이제 여기에 이르렀다. 그 아이들이 오늘날 스무 살이다. 그들은 사회적 통합에 대해 아무 기대도 갖고 있지 않다. 그리고 그들은 당신이 이길 때에만 존재할 권리가 있다는 광고를 매일같이 반복하는 환경에서 살고 있다. 그들이 이슬람 군대의 일원이 되고 싶어 하는 것은 놀라운 일이 아니다. 다에시는 그들이 런던이나 카이로에서 결코 벌지 못할 한 달 400달러의 급여를 그들에게 준다. 그리고 그들은 서구인을 죽이길 희망한다.

일군의 충실한 자유 옹호자들이 2015년 1월 11일 파리에서 행진을 이끌었다. 거기에는 총리로서 헝가리 언론과 미디어를 침묵시키고 있는 빅토르 오르번(Viktor Orban)이 있었다. 거기에는 터키공화국의 총리로서 정권이 싫어하는 영화에 출연한 배우를 투옥하고 쿠르드족을 공격하기 위해 다에시를 후원하는 아흐메트 다부토글루(Ahmet Davutoğlu)가 있었다. 거기에는 사우디 대사로 민주적 감수성과 시민권에 대한 존중으로 잘 알려져 있는 모하메드 빈 이스마일 알셰이크(Mohammed bin Ismail Al-Sheikh)가 있었다. 거기에는 유대인을 파시즘과의 영원한 전쟁으로 이끌고 있는 이스라엘의 네타냐후가 있었다. 그리고 마지막으로 장클로드 융커(Jean-Claude Juncker)가 있었다. 그는 오늘날 유럽 노동자의 급여를 삭감하는 데 종사하고 있지만, 이전에는 유럽에서 활동하는 큰 기업으로 하여금 유럽연합에 세금을 내지 말고 자신의 작은 나라 룩셈부르크의 은행들에 투자하도록 설득하는 데 몰두했었다.

파리 대학살은 유럽의 정치 문화에 역설적인 정체성주의적 효과를 낳았다. 이주자들에 반대하는 국가주의가 사회를 빈곤하게 하고 있는 금융 공격에 대한 분노와 나란히 성장하고 있는 것이다.

유럽의 정체성은 예전에는 공유 가치로서 번영에 토대했다. 경제적 안전과 사회민주주의가 유럽의 종차(種差: 논리학에서 상위 개념에 같이 속해 있는 하위 개념들 중 어떤 하위 개념이 다른 하위 개념과 구별되는 요소—옮긴이)였다. 그러나 금융 공격은 유럽연합을 빈곤화의 기계로 변형시켰다.

생존하기 위해 유럽연합은 이제 새로운 정체성을 필요로 한다. 대륙에서 국가주의와 인종주의 및 원한의 형태로 등장하고 있는 것은 국가적 유럽주의일 것인가?

《복종》은 서구의 이슬람화 과정, 유럽의 무의식 속에 자리 잡고 있는 편집증적 환상을 이야기한다. 노르웨이의 안데르스 브레이빅(Anders Breivik)을 설득해 77명의 젊은이를 죽이게 만든 환상. 분명히 서구에는 이슬람화 과정이 없다. 거기에는 우크라이나로부터, 중동으로부터, 북아프리카로부터 퍼져 나가는 전쟁이 있다. 유럽은 서서히 (또는 그렇게 서서히는 아니게) 그 안으로 빠져들고 있다.

우리가 그 책을 정치적 예언으로 읽고자 하는 것은 적합하지 않다. 그것은 이슬람 정당이 지배하는 프랑스와 여성이 전적으로 부재하는 정당에 관한 것이다. (당신은 그러한 것을 파리에서 상상할 수 있는가?) 그것은 사우디아라비아가 재정을 지원하고 감독하는 소르본 대학과 이슬람으로 개종해야 하는 교수들에 관한 것이다. 비현실적이다.

그러나 이것은 요점이 아니다. 필립 딕(Philip K. Dick: 미국의 SF 소설가—옮긴이)의 플롯은 그것이 지정학과 관계될 때 종종 거의 신뢰할 수 없다. 하지만 그는 그 대신에 더 본질적인 것에 초점을 맞춘다. 마찬가지로 우엘베크도 프랑스공화국의 정치적 운명보다 더 중요한 무언가에 초점을 맞추고 싶어 한다. 그는 유럽의 우울증에 초점을 맞춘다. 내 생각에 이 우울증의 기원에는 우엘베크 시학의 핵심에도 존재하는 자기 증오의 감각이 있다. 두려움이 아니라 우울증이 유럽인의 공격적 정체성주의에 먹이를 공급하는 부정적 힘이다. 물론 동일한 것이 이슬람 세계의 공격적 정체성주의에 대해서도 참이다.

우엘베크의 우울증은 멜랑콜리의 낭만적 특징을 가지고 있지 않다. 그것은 노발리스(Novalis: 독일의 낭만주의 시인·소설가—옮긴이)의 숭고함으로 울려 퍼지지 않으며, 무한자의 달콤한 공포에도 끌리지 않는다. 우엘베크가 묘사하는 현대의 슬픔은 인간에 대한 인간의 공감 해소에서 생겨나 불안한 성적 충동 또는 유기적 물질로 환원된 신체의 자폐증적 반발을 결과로 낳는 더러운 슬픔이다.

우엘베크는 현대 우울증의 뒤얽힌 핵심으로 나아간다. 그러고 나서 그 매듭을 풀어헤쳐 그것을 복종에 대한 (철학적 용어로 잘 파악한) 찬양으로 전환시킨다. 소설에서 복종은 이슬람으로 하여금 유럽을 정복할 수 있을 정도로 강하게 만드는 문화적이고 심리적이며 따라서 정치적인 힘이다.

이슬람은 세계를—니체의 의미에서—있는 그대로 받아들인다. 불교도가 세계란 고뇌, 곧 고통과 불균형이라고 생각하는 데 반해, 그리스도인이 사탄이야말로 이 세계의 주인이라고 생각하는 데 반해, 이슬람교도에게 창조는 절대적으로 완전하며 절대적 걸작이다. 이것이야말로 이슬람화한 소르본 대학의 이슬람화한 학장이 소설의 주인공을 설득하기 위해 말하는 것이다.

혼돈된 보편적 무(無)에서 복종은 영혼의 평화를 위한 유일한 조건으로서, 그리고 또한 성공을 위한 유일한 조건으로서 파악된다.

사실 최고의 법〔알라의 법 또는 시장(market)의 법〕에 대한 복종은 사람에 대한 사람의 예속, 특히 여성의 예속을 배제하지 않으며 오히려 그것을 함축한다.

복종과 계산 가능성

복종의 특유한 버전이 기술적-과대광고(techno-hype)의 핵심에 있다.

디지털 복종의 함의를 이해하기 위해 나는 캘리포니아 디지털철학의 가장 중요한 사상가 가운데 한 사람인 케빈 켈리(Kevin Kelly)를 참조할 것이다. 1990년대에 잡지 〈공진화(CoEvolution)〉를 발행한 후 켈리는 세계적으로 명성 있는 잡지 〈와이어드(WIRED)〉의 편집장이 되었다.

인터넷 창조의 역사에서 결정적 해였던 1993년에 그는 《통제 불능(Out of Control)》이라는 제목의 책을 출판했다. 이 책의 핵심은 전 지구적 마음, 즉 기계와 정신과 눈(eyes)과 소프트웨어 등등의 연쇄가 지역적 마음보다 우월하며, 따라서 우리는 전 지구적 네트워크의 이유를 판단하고 거부하기는커녕 이해도 할 수 없다고 주장하는 데 있었다.

켈리에 따르면 전 지구적 마음의 전개는 우리가 영향을 미치거나 벗어날 수 없는 과정으로 간주해야 한다. 왜냐하면 우리는 디지털 전체의 법칙 아래 있는 지식의 수준에 있고, 디지털 통신망의 확장은 계산 영역을 확대하고 삶의 좀더 많은 공간을 계산 패러다임으로 환원하고 있기 때문이다.

인간 조건 너머로의 마지막 도약은 불가피하게 일상생활과 노동이라는 바로 그 구조 속에 보급되고 있는 인공지능 기계의 확산에 의해 유발될 것이다. "인공적 사고의 도달은 다른 모든 붕괴를 가속화한다. ……그것은 미래의 근원적 힘이다. 우리는 인지화(cognification)를 피할 수 없다고 확실히 말할 수 있다. 그것은 이미 여기에 있기 때문이다."[8]

이슬람교도가 신의 정신에 새겨진 불가피한 것에 굴복하는 것처럼, 기술적-미래(techno-future)의 이러한 종교적 비전은 켈리로 하여금 네트워크로 연결하는 기계의 우월하고 의심할 바 없는 의지에 대한 복종을 촉진하도록 인도한다.

그러나 기계는 자체 내에서나 그 스스로 아무런 의지도 지니지 않으며, 기계가 따르는 방향은 인간 창조주가 그 역사적 진화의 어떤 시점에 그 안에 새겨 넣은 방향이다. 이러한 방향은 그것이 뒤얽힘으로 전환될 때 불가피한 형태로 작용하고 있는 그와 같은 형식으로 새겨져왔다. 하지만 인간의 의식은 정신 활동을 그 형태의 한계와 함정으로부터 풀어놓을 수 있다.

케빈 켈리의 철학적 묘사에는 결함이 있다. 그는 계산이 인간의 삶과 언어와 행동의 모든 구석에 침투할 것이라고 생각한다. 그러나 이것은 계산 불가능한 것, 즉 사회적 행동과 언어적 과잉(excess)에 새겨져 있는 진동하는 불확정적 양자(quantum) 도약을 고려하고 있지 않다.

켈리는 계산 가능성이라는 척도를 위한 의미의 환원 불가능성을 설명하지 않는다. 하지만 풀어놓음과 기본 형태의 재형성 과정을 시작하기 위해 우리는 계산 불가능한 것의 힘을 고려해야 한다. 계산 불가능한 것은 인간 진화의 주도적 힘이다. 이것이야말로 우리의 역사가 인간적인 이유다.

수학자 마틴 데이비스(Martin Davis)는 그의 《보편 계산기(The Universal Computer)》에서 라이프니츠와 돈키호테를 비교하며 세계의 불완전성에 대한 돈키호테의 의식을 신이 최선의 가능 세계를 구축했다는 라이프니츠의 생각에 대립시킨다. "라이프니츠는 지식의 각 측면을 표현할 수 있는 보편적인 인공적 수학 언어에 대해, 이 명제들 사이의 모든 논리적인 상호 관계를 드러내는 계산 규칙에 대해 이야기했다. 결국 그는 계산을 수행하고 창조적 사고를 위해 마음을 자유롭게 할 수 있는 기계를 꿈꿨다."[9]

그러나 라이프니츠의 이론적 전제는 세계의 모든 현상을 계산 가능한 요소들의 재조합을 위해 근본적으로 환원할 수 있다는 것이다. "신은 가능한 모든 세계에 대한 그의 전지적 관점으로부터 틀림없이 창조할 수 있는 가장 좋은 세계, 우리 세계의 모든 악한 요소가 최선의 방식으로 선(善)에 의해 균형이 잡힐 수 있는 가장 좋은 세계를 구축했다."[10] 하지만 데이비스는 이러한 환원이 거짓임을 알아차린다. 심지어 라이프니츠 자신도 생명과 사회적 관련이 살아 있는 유기체, 특히 살아 있는 유기체 의식의 불완전함과 어림잡음을 드러낸다는 점을 인정하지 않을 수 없었다.

기계의 완전함은 그것이 불완전함의 전적인 무한성을 포괄하기에 적합하지 않은 이유다.

휴머니즘과 신학

우엘베크의 이데올로기적인 적은 휴머니즘이다. "'휴머니즘'이라는 말은 나를 조금 아프게 한다"고 《복종》의 주인공은 말한다.

그러나 그는 이 말로 무엇을 의미하는가?

내게 있어 '휴머니즘'이라는 말은 인간 행동의 존재론적 불확정성, 어떤 신학적 원리로부터 역사적 운명의 독립성을 가리킨다.

내게 있어 휴머니즘은 모든 신학, 즉 전통적인 종교적 신학뿐만 아니라 "대안이 없다"는 가정에 토대한 경제적 신학의 부정이다.

휴머니즘이라고 불리는 철학 운동 초기에 피코 델라 미란돌라(Pico della Mirandola)는 《인간의 존엄성에 대한 연설(Oration on the Dignity of Man)》에서 신에게 그 장소를 떠날 것을 친절하게 권유한 다음, 남성들에게 '쓰이지 않은(non-written)' 운명에 대한 불안을 유발하는 전율을 부여한다.

우엘베크 소설 속의 우울한 교수 자신은 휴머니즘을 경멸한다. 왜냐하면 그에게 인간적인 것은 생물학적이고 고동치는 충동으로 환원할 수 있을 뿐이기 때문이다. 그는 욕망의 문화적 발생을 전혀 깨닫지 못한다. 휴머니즘적 자유는 존재론적 기초가 부재한 의식, 상상력, 언어적 구성이라는 것이다.

이는 현대의 모험이 일어나는 차원이다. 그것은 이차적으로만 정치적 자유에 관한 것이다. 일차적으로 그것은 존재론적 불확정성, 존재로부터의 자율에 관한 것이다.

기술과 경제의 결혼은 새로운 신정 정치를 위한 조건을 낳았다. 시장이라는 전 지구적 기계는 현재의 포스트 휴머니즘 시대에 남성들의 함축적 운명이다. 기술의 모습으로 신이 돌아왔다. 그리고 이슬람은 이러한 신자유주의적 복종에 대한 보완물일 뿐이다.

우엘베크가 묘사하는 이슬람화는 신자유주의에 샤리아(sharia: 《코란》과 무함마드의 가르침에 기초한 이슬람 법률—옮긴이)가 더해진 것이다. 그것은 서방 언론인들이 아주 좋아하는 온건한 이슬람, 즉 무슬림 형제단이 이집트에서 건설하려고 시도했던 것과 같은 것, 사우디의 석유-금권 정치와 같은 것이다. 그것은 이슬람적이지만 신자유주의적인 신정 정치를 존중하는 이중적 신정 정치다. 우엘베크가 상상한 프랑스에서 이슬람 정당이 지배권을 잡았을 때, 그 지도자인 무함마드 벤 아베스(Muhammad Ben Abbes)는 공공 비용의 최종적 청산과 완전한 민영화를 성취할 것을 목표로 삼는다. 교육 시스템은 부분적으로는 이슬람적이고 사우디의 재정 지원을 받으며, 부분적으로는 사적(私的)이다.

《복종》을 읽으면서 사람들은 저자의 예측이 상상할 수 없고 그럴듯하지 않으며 불가능한 까닭에 진지하게 받아들일 수 없다는 인상을 받는다. 이것은 나 자신이 생각했던 것이다. 그러나 나는 틀렸다.

10년 전에는 지난 5년 사이에 유럽에서 일어난 일을 상상하는 게 불가능했을 것이다. 우리는 그리스 같은 나라가 비참과 절망의 현재 상태로 떨어질 것이라고 상상할 수 없었다. 우리는 이탈리아 산업 시스템의 4분의 1이 해체될 것이라고 상상할 수 없었다. 우리는 유럽 정부들이 반(反)이민 인종주의에 의지할 것이라거나 국가주의 정당들이 그렇게 많은 나라에서 정치권력을 장악할 것이라고 상상할 수 없었다. 우리는 유럽연합이 자신의 기본 가치를 어기게 될 것이라고 상상할 수 없었다. 우리는 현재 우리가 살고 있는 것과 같은 미래를 상상할 수 없었다. 그러나 결국 그러한 미래는 가능했으며, 사실상 실현되었다. 금융자본주의의 신정 정치적인 어리석음은 전에는 결코 상상할 수 없었던 것을 가능하게 만들었다.

03

욕망의 어두운 측면

노화와 미학 그리고 정치

'연령 피라미드의 사각형화'는 1980년에 출판된 미국 잡지 〈다이달루스(Daedalus)〉의 타이틀 제목이다. 피라미드가 사각형이 되고 있다. 사람들이 더 오래 살고 출생률은 떨어지고 있기 때문이다. 젊은 사람들이 점점 적어지고 노인들은 점점 더 많아지고 있다.

몇십 년 전만 해도 60세 이상의 사람은 소수였다. 때때로 그들은 존중과 존경의 오라(aura)에 둘러싸여 있었다. 좀더 흔하게는 종종 사회의 가장자리로 물러났고, 생존을 위한 수단을 빼앗겼으며, 공동체가 될 수 없었다. 지금은 상황이 다르다. 감소하는 출생률과 평균 수명의 연장으로 노인은 전체 인구에서 의미 있는 부분을 차지한다. 복지 시대의 상속자로서 그들은 정기적인 연금을 받고, 그들의 의견은 엄청난 수의 투표권 때문에 중요하다.

그럼에도 노화의 문화적 의의는 무시되거나 단순히 쇠퇴 개념으로 축소된다.

노쇠를 향한 일반적 추세는 문화적이거나 심리적인 관점에서 무엇을 함의하는가?

서구 문화는 언제나 젊은 에너지의 기초적인 신화에 사로잡혀왔다. 섹스뿐만 아니라 정치, 예술, 아름다움도 모두 에너지 숭배를 찬미한다. 윌리엄 블레이크(William Blake)가 말하고 있듯이 "에너지는 영원한 기쁨이다".

근대 문화의 근본적인 에너지 숭배는 흔들리고 겁에 질려 있으며, 에너지를 몸에서 기술로 옮김으로써 방어적으로 반응한다. 노쇠한 인간은 자신의 에너지를 기계적이거나 화학적인 인공 기관에 넘겨주고, 신체적 활력에 대한 대체물로서 돈에 투자한다.

지난 세기의 가정에서 30~40대 부모는 가족 중 부유한 사람들이었다. 이제 40대는 불안정한 노동자·실업자이며, 더 이상 부유하지 않다. 60~70대 조부모만이 정기적으로 연금을 받는다. 그리고 자기 손자의 학비를 대는 게 그들의 일이 되었다.

복지 시대의 노동자였던 이들은 지금 부자가 아니다. 그러나 그들은 매달 얼마간 돈을 받는 반면, 포스트 복지 노동자 대다수는 불안정하고 불충분한 임금을 받고 있다. 그 결과 시장은 노인에게 특별한 관심을 기울인다. 우리는 이러한 인구학적 변화뿐만 아니라 그것의 심리학적이고 문화적인 함의와 결과에 대해 이론적으로나 미학적으로 정교하게 다룰 필요가 있다.

지배 계급의 문화와 운동의 문화는 모두 근본적인 에너지 신화에 의해 형성되어왔다. 상업 광고와 혁명적 프로파간다 모두 욕망의 에너지에 토대한다.

들뢰즈와 가타리는 그들의 후기 저작 《철학이란 무엇인가?(What is Philosophy?)》에서 욕망을 노화의 관점에서 다시 생각한다. '혼돈에서 두뇌로'라는 제목의 결론에서 노화와 우정에 대해 논의한 후, 그들은 특정한 순간에 사람들이 우주의 고통과 혼돈, 지각과 주의(attention) 그리고 이해를 흐리는 주위의 가속을 인지한다고 말한다. 우주는 노화한 두뇌가 그것을 동화시키기에는 너무 빠르다. 이것은 욕망의 어두운 측면이다. 우리가 젊은 에너지의 시대에 창조한 기술적 세계는 이제 인간의 마음이 제어하기에는 너무 빠르고 너무 복잡하다.

가타리는 자신의 마지막 책 《카오스모시스》에서 카오스적인 경련, 즉 우리가 더 이상 혼돈 양식의 욕망이라는 리듬을 따라갈 수 없다는 지각에 대해 이야기한다.

육체적, 정서적, 역사적 사건은 마음으로서 두뇌의 속도를 느리게 하고 있으며, 세계의 속도와 마음의 느림 사이의 불협화음에는 욕망의 어두운 측면인 고통이 존재한다. 그러나 욕망은 단지 에너지와 속도만이 아니다. 그것은 또한 또 다른 리듬을 발견하는 능력이기도 하다.

여기서 나는 노화 문제를 성찰하고 있는 것만이 아니다. 나는 정치의 기예에 관해, 우리의 개념적 틀을 변화시키는 기예에 관해 이야기하고 있다.

우리는 생산성의 관점, 획득과 통제에 대한 기대를 포기해야만 한다. 그 대신 우리는 게으름과 자기 배려의 관점을 가정해야만 한다. 우리는 무능력을 경쟁의 우주로부터 탈주하는 비상선(line of flight)으로 변형시켜야만 한다.

우리는 고갈되어 있음이 그렇게 나쁘지 않다는 것을 발견할 수 있다.

우리는 고갈 문제를 어떻게 다루는가? 정치적 의제에 죽음의 현실 새겨 넣기. 쇠퇴를 연대의 생활 양식으로 변형시키기.

유럽의 노인 세대는 부와 자원의 재분배를 위해 서구 사회를 준비시키는 것을 목표로 삼는 문화 혁명의 주체가 될 수 있다. 그러한 문화 혁명은 근대 문화에 침투하는 정력적인 젊음의 숭배에 대한 비판에서 출발해야 한다. 무제한적 성장과 공격적 경쟁의 이데올로기는 자본주의 발전을 밑받침하는 두 기둥을 이루어왔다. 그것들은 근대 후기에 서구 사회를 공격적으로 동원한 낭만적이고 국가주의적인 이데올로기를 키워왔다.

우리는 미래 문제에 대한 노쇠 접근법을 필요로 한다. 경쟁에 대한 숭배를 연대와 공유에 대한 숭배로 대체해야만 한다.

나는 이러한 전망이 현재로서는 매우 그럴듯하지 않게 보인다는 것을 인정한다. 유럽 인구는 자기 뜻대로 할 수 있는 모든 수단을 가지고서 자기의 특권을 지키기로 결심한 것처럼 보인다. 하지만 이러한 입장은 좋은 것을 가져올 수 없으며, 이미 많은 악을 가져오고 있다.

어려운 상태를 회피하는 젊은이들이 유럽 요새를 둘러싸고 있다. 그들은 그 상태에서 수세기에 걸친 착취와 굴욕에 대한 무의식적인 기억뿐만 아니라 광고와 전 지구적 이데올로기가 최근 자신들에게 약속한 것들에 대한 의식적인 기대를 지닌다.

지난 몇십 년 동안 유럽은 평화와 사회 정의의 대륙처럼 보였다. 이제 유럽은 슬픔과 냉소의 물결 아래로 가라앉고 있다. 젊은 사람들은 사회 상태를 바꿀 수 없는 것으로 보이며, 연대나 평화가 결여된 사회적 미로에서 방황하고 있다.

그렇다면 노인 인구는 만약 그들이 느긋한 영혼을 지니고서 피할 수 없는 것에 직면할 수 있다면 새로운 희망의 담지자가 될 수 있다. 그들은 인류가 결코 알지 못했던 것을 발견할 수 있다. 노인의 사랑, 더 이상 지혜를 제외하고는 어떠한 좋은 것도 삶에서 올 것을 기대하지 않는 감각적인 느림. 이는 많은 것을 보고 아무것도 잊지 않았지만 여전히 모든 것을 순진무구한 호기심으로 바라보는 사람들의 지혜다.

프란치스코의 메시지

난니 모레티(Nanni Moretti)는 〈우리에겐 교황이 있다(We have a Pope)〉(2011)에서 엄청난 역사적 고통에 직면한 인간의 무능력을 묘사한다. (내 생각에는 모레티 감독의 가장 좋은 영화다.) 신은 영화 어디에도 없고, 미셸 피콜리(Michel Piccoli)가 연기한 새로 선출된 교황은 신이 부재하는 현실의 상상할 수 없는 혼돈을 말로 표현할 수 없다고 느낀다.

난니 모레티의 천재성은 영화를 개봉하고 겨우 몇 달 후 로마 교회에서 펼쳐진 드라마를 예언했다.

2013년 2월, 상대주의에 대한 진리의 의심할 여지없는 우월성을 주장한 독일인 교황 요제프 라칭거(Joseph Ratzinger)는 육체적이고 정신적인 연약함을 선언하면서 사임했다. 이것은 우리가 철학적 용어로 윤리적 이성의 정치적 무능력에 대한 승인으로 해석해야 하는 전례 없는 용기와 겸

손의 행위였다.

나는 신학자가 아니며, 그러한 엄청난 행위의 의미와 의도를 깊이 이해한다고 내세우지 않는다. 하지만 세속 철학의 관점에서 나는 라칭거(또는 교황 베네딕토 16세)의 사임이 전 지구적 자본주의의 동물적 본능에 체현된 것으로서, 속박에서 풀려난 악의 힘을 지배하고 정복하려는 역사적 시도의 실패를 나타낸다고 주장한다. 자기 자신의 약함에 압도당한 베네딕토는 침묵했고 머리를 숙였다. 내가 보기에는 자기 자신의 무능력을 인정하는 것이야말로 그의 용기의 최고 표시였다.

그러고 나서 다른 일이 일어났다. 종파적 폭력, 보수적 오만함, 경제적 탐욕이 거의 모든 곳에서 우위를 차지했을 때 새로운 사람이 성 베드로 성당의 창문에 나타나 군중들에게 간단한 저녁 인사를 건넸다. "안녕하세요."

나는 신자가 아니며, 나의 무신론은 2013년 3월의 그날들에 교황 선거 회의에 모인 고위 성직자들에게 성령이 빛을 던져주었다는 생각을 받아들이기 어렵게 만든다. 그러나 적어도 인간의 지혜가 그들로 하여금 새로운 교황, 즉 인종 폭력과 정치적 억압 및 경제적 착취에—홀로—맞서는 것처럼 보이는 프란치스코 교황을 선출하도록 이끌었다.

나로서는 프란치스코 교황의 설교가 지닌 신학적 의의를 적절히 해석한다고 내세울 수 없으며 그럴 의도도 없다. 그러나 나는 그의 행동과 말의 철학적 함의를 역사적 관점에서 이해하고 싶다. 2015년 4월 11일, 프란치스코는 '자비의 희년'을 열기 위해 〈자비의 얼굴(Misericordiae Vultus)〉을 발표했다. 이 문서는 진리에 대한 연민의 우월성을 주장하는, 진리와 연민의 관계에 대한 명시적 재정의다.

우리는 여기서 '연민'이란 단어를 '공감'이라는 말로, 또한 '연대'라는 단어로 대체할 수 있다.

스스로 '세계의 끝'에서 왔다고 말하는 교황은 교회를 군대 야전 병원으로 파악해야 한다고 선언했다.

> 오늘날 교회가 좀더 필요로 하는 것은 상처를 치유하고 신자들의 마음을 따뜻하게 해줄 수 있는 능력, 가까움입니다. 저는 교회를 군대 야전 병원으로 봅니다. 심각한 상처를 입은 사람에게 콜레스테롤 수치가 높은지 묻는 것은 쓸모없습니다. 그의 상처를 치유해야 합니다. 그러고 나서 우리는 다른 것에 대해 이야기하고자 합니다. 상처 치유는 우리의 사명이며 …… 우리는 아래로부터 출발해야만 합니다.[1]

인상적인 것은 희망의 담론을 포기할 수 있는 교황의 지적인 용기다. 그렇게 함에 있어 그는 우리 시대의 지배적 정서, 즉 미래에 대한 희망 없는 지각을 해석한다. 하지만 그는 이러한 희망 없음을 자비와 연민 그리고 우정의 관점에서 번역한다.

그리스도교 어법에서 믿음이 없으면 희망은 불가능하다. 그리고 믿음은 끝난 것처럼 보인다. 지난 세기 말에 공산주의, 민주주의, 사회 진보가 무너졌기 때문이다. 자본주의만이 살아남았다. 그러나 자본주의에 대한 믿음도 마찬가지로 지금의 금융적 오만과 불안정한 노동의 시대에 붕괴했다. 1990년대에 자본주의는 사회적 삶의 보편적이고 궁극적인 모델로 선언되었고, 박약한 많은 좌익 지식인들의 마음을 정복했다. 겨우 20년 만에 자본주의는 그 신뢰성의 거의 모든 것을 상실했지만, 멈출 수 없는 자동 기계로서 지배하고 있다. 그것은 더 이상 동의의 힘에 의한 승리가 아니다. 그것은 힘으로 영혼과 신체를 예속시키고 있다.

그렇게 믿음은 끝났다.

나는 신자가 아니다. 나는 신도 이데올로기도 신뢰하지 않는다. 그래서 나는 믿음의 종언이 나쁜 것이라고 생각하지 않는다. 반대로 나는 우리가 믿음에서 자유로워질 때 시대의 실제적 경향을 파악할 수 있으며, 그런 경향이 가져오는 가장 흥미로운 기회를 붙잡을 수 있다고 생각한다.

그러나 가능한 것을 붙잡아 그것을 실현하기 위해 우리는 우정과 연대, 행복과 육체적 관계에서 즐거움을 취할 수 있는 능력을 필요로 한다. 이것은 우리가 오늘날 결여하고 있는 것이다. 희망이 아니라, 믿음이 아니라 우정이 참으로 결여되어 있는 바로 그것이다. 이것이야말로 인류가 전쟁과 자살의 구렁텅이에서 비틀거리고 있는 이유다.

프란치스코의 말에 대한 나의 해석은 불경한 것으로 읽힐 수 있지만, 그것이 의도한 의미와 모순되는 것은 아니다. 하느님은 우리의 전쟁, 우리의 공해, 우리의 착취 또는 우리 노동의 불안정성을 돌보기 위해 여기에 있지 않다. 그는 아마도 더 긴급한 일로 매우 바쁠 것이다—누가 알겠는가? 우리는 그의 도움 없이 해내야 한다.

따라서 우리는 희망을 포기해야만 한다. 세계 기계는 제어할 수 없으며, 인간의 의지는 무능력하다. 오직 우정만이 남아 있다. 이것이 내가 프란치스코 교황의 말을 이해하는 방식이다.

〈빛나는 붉은 별 아래 프란치스코 교황〉이라는 제목의 매혹적인 텍스트에서 페데리코 캄파냐는 2013년 선출된 교황의 행동을 1503년에 선출된 교황 율리우스 2세, 즉 "'갑옷을 입은 교황', 자신의 삶을 '야만족을 물리치기' 위해 싸우는 데 보낸 전사(戰士) 대사제"의 행동과 비교한다.

캄파냐는 사회 활동가를 소환하고 공산주의 혁명 붕괴 이후 다른 정치적 대표를 갖지 못한 일부 세계 인구가 참조할 만한 프란치스코 교황의 메시지에 대한 정치적 해석을 제안한다.

나로서는 프란치스코의 설교가 정치적 의도와 효과를 지닌다는 점을 부인하지 않는다. 그러나 이것이 그 사람의 가장 중요한 메시지라고 생각하지는 않는다. 나의 변변찮은 생각에 가장 중요한 것은 그리스도께서 정의를 부과하기 위해서가 아니라 우정과 연민을 설교하기 위해 이 땅에 오셨다는 그의 제안이다—어쨌든 그와 비슷하게 존재의 단독성과 우주적 게임을 조화시킬 수 있는 유일한 방법으로서 대자대비에 대해 이야기한 싯다르타 고타마와 마찬가지로 말이다.

1978년 9월 10일, 알비노 루치아니(Albino Luciani: 요한 바오로 1세—옮긴이)라는 이름의 교황은 "신은 아버지라기보다는 어머니다"라고 선언했다. 그는 추문 같은 이러한 주장을 내놓고 겨우 몇 주 후에 사망했다.

그리스도가 진리의 엄격성이기보다는 오히려 자비로운 사랑이라고 말함으로써 프란치스코 교황은 루치아니의 개념을 고쳐 이야기했다. 그는 자비에 자신의 주의를 집중함으로써 아버지답게 법에 사로잡히기보다 인간 피조물의 연약함에 대한 하느님의 어머니다운 배려를 강조한다.

분명히 우리는 이것을 정치적 용어로 읽어야만 한다. 그리스도인은 그들의 종교적 믿음 때문에 많은 나라에서 살해당한다. 그러나 프란치스코는 십자군을 요청하지 않는다. 반대로 그는 이슬람에 대한 서구 권력의 공격적 행동을 이유로 그들을 거듭해서 비난했다.

우리는 자비에 대한 그의 강조를 그리스 사람들의 삶과 미래를 파괴하고 있는—그들의 것만 파괴하는 것은 아니다—금융적 폭력과 유럽의 긴축이라는 맥락에서 읽을 수 있다. 우리는 또한 자비에 대한 교황의 강조를 시리아, 이라크, 아프가니스탄같이 무제한적인 서구의 전쟁에 의해 심연으로 밀려니는 나라를 빠져나가는 이주자를 받아들이길 거부하는 유럽 나라들의 이기심과 관련해 읽을 수 있다.

내세에서의 구원을 기대하지 않기 때문에 나는 절망이 이 시대에 유일하게 적절한 지적인 자세라고 생각한다. 그러나 나는 또한 절망이 지적인 마음의 기분인 데 반해 기쁨은 신체에 구현된 마음의 기분인 까닭에 절망과 기쁨이 화해할 수 없는 것은 아니라고 생각한다. 우정은 절망을 기쁨으로 변형시키는 힘이다. 이것이야말로 '세계의 끝'에서 온 사람에게서 내가 배운 교훈이다.

2부

권력

2부에서 나는 가능성이라는 분야의 결정론적 구조에 대한 환원으로서 의도된 권력의 현대적 변형들을 이해하고 설명하려 한다.

우리 시대에 정치적이고 경제적인 힘의 모습은 무엇인가?

우리는 권력을 결정을 내리고 자기 의지를 강요하는 인간 행위자와 점점 더 동일시할 수 없다. 우리는 그것을 자동화의 기술-기호학적(techno-semiotic) 사슬과 점점 더 동일시할 수 있다.

하지만 이러한 권력의 자동화는 1989년 이후 서구 지도 계급의 꿈이었던 제국적 질서의 완성으로 이어지고 있지 않다.

제국적 세계 지배 프로젝트는 실패했다. 테러와 지역 전쟁은 국제 질서에 대한 G7(또는 G8이나 G20)의 구상을 위태롭게 하고 있다. 사회적 신체로부터 사회적 두뇌의 분리는 원심력적인 충돌의 폭발을 야기했다. 권력은 자동화와 동시에 테러에 토대한다.

자동화는 연결 두뇌의 전개에 내장된 추상의 규칙이며, 테러는 두뇌 없는 행동의 효과다. 사회적 재구성의 전망과 합리적 정치 전략을 상실한 셀 수 없이 많은 서로 충돌하는 행위자들은 결국 정체성의 궁극적 요인인 폭력, 공격, 전쟁에 의존하게 된다.

2부에서 나는 권력을 인지적 자동 기계의 구성 과정으로 설명할 것이다. 가위개미의 신경학은 살아 있는 두뇌의 기술적 예속이라는 현대적 프로젝트의 예증으로 여겨진다. 금융 경제와 돈과 코드의 진화하는 형식들은 인지적 자동 기계의 실행 분야로 간주된다.

04

자동화와 테러

우리는 역사 과정을 문제와 해답의 관점에서 묘사할 수 없다.

문제 풀이는 수학 분야에만 존재한다. 인간 세계에서 문제는 치유 과정이 끝없기 때문에 풀릴 수 없다. 문제 상황은 진화하고, 지평을 변화시키고, 결국 새로운 문제 상황이 나타나 형상을 취할 때 사라진다.

사회 진화는 풀릴 수 없는 수수께끼, 떠오르는 가능성, 진동하는 흔들림의 연속과 마침내 여러 가능성 중 하나의 선택과 집행으로 묘사할 수 있다. 그것은 접속된 삶의 무한한 복잡성을 풀지도 안정시키지도 않는 잠정적인 해결이다.

나는 여러 가능성 중에서 선택을 실행하는 일시적 조건을 권력이라고 부른다. 나는 가시성과 비가시성의 체제, 즉 가시성의 공간으로부터 다른 가능한 연쇄를 배제하는 것을 권력이라고 부른다.

하나의 형식이 여러 가능한 형식들로부터 떠오르고, 그런 다음 그것이 하나의 형태, 주위 현실에 대한 지각의 포맷으로 전환된다. 형태는 지각 코드, 즉 형식들을 낳는 하나의 형식이다.

이러한 것이 권력이다.

권력이 오늘날 취하고 있는 정치적 형식을 묘사하고 싶다면, 우리는 신자유주의적인 세계화와 디지털 기술이 세계의 구조에 미치는 영향에서 출발해야 한다. 산업적 근대성으로부터 현재의 세계화 네트워크로의 이행은 푸코가 사회화한 신체의 규율적 종속으로 정의한 모델로부터 들뢰즈가 그의 논문 〈통제 사회에 대한 후기(Postscript on the Societies of Control)〉에서 윤곽을 그리고 있는 통제 모델로의 변화로 개념화되어왔다.

들뢰즈는 다음과 같이 쓴다. 통제란

> 버로스가 새로운 괴물을 위한 용어로 제안하는 이름, 푸코가 우리의 직접적인 미래로서 인식하는 이름이다. 폴 비릴리오(Paul Virilio: 프랑스의 문화 이론가—옮긴이)도 닫힌 체계의 시간 틀 속에서 작동하는 오랜 분야를 대체한 자유롭게 떠다니는 통제의 초고속 형식을 지속적으로 분석하고 있다. 여기서 엄청난 제약(製藥) 생산물, 분자공학, 유전자 조작을 인용할 필요는 없다. 이것들이 새로운 과정으로 진입할 예정이지만 말이다.[1]

윌리엄 버로스(William Burroughs: 미국의 소설가·수필가—옮긴이)의 제안에 따라 들뢰즈는 '통제 사회'를 외부 명령에 대한 순종이라는 오랜 원리를 대체하는 행동 자동화 원리의 널리 퍼져 있는 체현이라고 확인한다.

> 기업이 공장을 대체함에 따라 종신 훈련이 학교를 대체하고 지속적 통제가

시험을 대체하는 경향이 있다. 학교를 기업에 양도하는 가장 확실한 방법은 어떤 것인가? 규율 사회에서 사람들은 언제나 다시 출발했다(학교에서 병영으로, 병영에서 공장으로). 반면 통제 사회에서 사람들은 어느 것에서도 결코 다 마무리되지 않는다—준안정적인 기업, 교육 체계, 군대는 형태를 변화시키는 보편적 체계처럼 하나의 동일한 조음(modulation, 調音)에서의 공존을 진술한다.[2]

권력이 지금 취하고 있는 사회적 형식을 묘사하고 싶다면, 우리는 마르크스의 자본과 노동의 관계에서 형식적 지배와 실제적 지배 사이의 구별을 상기해야 한다.

《자본》의 (출간되지 않은) 여섯 번째 장으로 알려진 텍스트에서 마르크스는 형식적 포섭을 노동 시간을 연장함으로써 잉여 노동을 추출하는 것을 목표로 하는 강박적 관계로 정의한다.

몇 쪽 뒤에서 마르크스는 실질적 포섭을 이렇게 정의한다.

자본 아래로의 노동의 실질적 포섭은 절대적 잉여 가치와는 구별되는 것으로서 상대적 잉여 가치를 발생시키는 모든 형태로 발전한다.

자본 아래로의 노동의 실질적 포섭과 함께 생산 양식 그 자체에서, 노동의 생산성에서 그리고 자본가와 노동자의 관계에서 완전한 〔그리고 항구적이고 지속적이며 반복적인〕 혁명이 일어난다. 자본 아래로의 노동의 실질적 포섭의 경우 노동 과정 그 자체에서의 모든 변화가 실제로 효력을 발휘한다. 노동의 사회적 생산력이 발전하고, 노동과 더불어 대규모로 과학과 기계의 직접적 생산에 대한 적용이 이루어진다. 한편으로는 자본주의 생산 양식이 물질적 생산의 형태를 변화시킨다. 다른 한편으로 이러한 생산의 물질적 형태의 변화는 자본 관계의 발전을 위한 토대를 형성하며, 따라서 적절한 형태에서의 자본 관계는 노동 생산력의 특정한 발전 수준에 상응한다.[3]

형식적 포섭의 차원에서 노동 과정은 그것이 자본가의 경제적 지배에 종속된다 할지라도 변화하지 않는다. 상대적 잉여 가치(단위 시간에 생산한 잉여 가치의 양)를 늘리기 위해서 자본가는 노동 과정에 기술적 변화를 도입해 착취 강도와 결국은 잉여 가치의 양을 증대시킨다. 이러한 변형은 형식적 포섭에서 실질적 포섭으로의 이행을 나타낸다. 첫 번째 단계에서 자본가는 노동자에게서 노동의 산물을 빼앗는다. 두 번째 단계에서 자본가는 생산 리듬을 강화하기 위해 노동 과정을 변형시킨다.

실질적 포섭은 그 기능이 노동 생산성을 강화하고 물질적 변형의 육체적 행위를 대체하는 것인 기계의 도입과 일치한다. 자동화는 인간의 시간이 흐름에 의해 자동적으로 포획되는 까닭에 포섭의 궁극적 형식이다.

오늘날 자동화는 바로 그 인지(기억과 학습 및 결정) 영역에 침투하고 있으며, 그래서 포섭의 궁극적 형식, 곧 내가 '정신적 포섭'이라고 부르는 것을 위한 길을 닦고 있다. 이런 점에서 권력은 그것이 사회적 삶 그 자체의 신경 조직에 체현되어 있는 까닭에 생명 권력의 형식을 취한다.

그러나 이러한 생명 권력의 출현 과정은 직선적이거나 논쟁의 여지가 없는 것이 전혀 아니다. 기술이 디지털 네트워크의 벙커화한 공간에서 두뇌들 사이의 연쇄를 포섭하고 재구성하는 반면, 지구의 살아 있는 신체는 그 벙커 외부로 뻗어 있는 물리적 공간에 거주한다. 이러한 분리는 사회적 의식의 상실, 사회적 연대의 해소 그리고 결국 소속과 공격 그리고 전쟁의 정치에 이른다.

이하에서 나는 현대에 권력이 취하는 형식들, 즉 한편으로는 언어와 상호 작용의 자동화한 패턴이 새겨지는 것과 다른 한편으로는 어리석은 형식의 자살 행동이 폭발하는 것의 개요를 설명할 것이다.

활발한 변이

먼저 호모 사피엔스의 생활 공간에 바이러스-언어(virus-language)를 새겨 넣는 데 얼마나 오래 걸렸을까? 언어적 변이를 취하는 데 얼마나 오래 걸렸을까?

언어가 인류를 정의하기에 충분할 만큼 뿌리내리고 일관성 있게 되기 위해 얼마나 많은 세월이 필요했을까?

그 이후로 쓰기—또한 정보와 생각과 감정을 공간과 시간을 가로질러 전달할 수 있는 기술—가 생각과 의사소통, 생산과 정치권력을 형성하기에 충분할 만큼 확립 및 보급되는 데 얼마나 오래 걸렸을까?

함무라비 법전으로부터 구텐베르크에 이르기까지 우리는 4000년을 헤아릴 수 있다. 언어는 사회의 출현, 즉 환경으로부터 인간의 분화를 가능케 했으며, 파올로 비르노(Paolo Virno: 이탈리아의 철학자·기호학자·활동가—옮긴이)에 따르면 부정의 능력에 의해 가능해진, 자기의 기존 현실 너머로의 도약을 가능케 했다. 언어의 공간에서 부정과 상상의 이중적 과정이 가능해졌다.

20세기에서 21세기로 나아가는 가운데 우리는 이전의 두 변이에 못지않게 깊은 함축으로 가득 찬 새로운 변이에 들어섰다. 이러한 최신 변이는 디지털 네트워크로의 언어 포획과 포섭 및 통합에 토대한다. 우리가 인간이라고 부르는 그러한 의미의 대리인들(agents)을 연결하는 포획은 30년, 아마도 50년 사이에 전개되었다. 매우 짧은 시간 사이에 모든 것, 즉 노동과 감정 및 지각이 불안정해졌다. 바로 그 인지 양식이 흔들리고 재형성되었다. 인터넷 내부에서 태어난 세대의 기억과 주의(attention), 지향성과 상상력이 너무 근본적으로 수정됨으로써 세대 간 상호 교류가 망가지고 방해받으며 아마도 비활성화할 것이다.

디지털 영역은 인지적 변이, 연쇄의 접속 양식으로부터 연결 양식으로의 이행을 낳고 있다. 우리는 새로운 조건을 '신인간(neo-human)'이라 부를 수 있을 것이다.

나는 기호의 의미가 맥락 속에서 발생하는 의미화 행위에 근거하는 언어 양식을 '접속적(conjunctive)'이라고 부른다. 구문론적 규칙이 언명(enunciation, 言明)에서 작용한다 할지라도, 의미화 규칙이 의미화에 선재하지 않는 언어 양식이다.

접속은 임의의 미리 제작된 모델에 상응하지 않고 안에 새겨진 구조에 따라 행동하지 않는 불규칙적인 신체들의 연쇄다. 접속적인 신체들은 미리 포맷되어 있지 않다. 그들은 언어적 교환이 일어나는 차원을 선택할 수 있다. 그들은 우연적 방식으로 교환의 수준을 정의할 수 있다. 그리고 그들은 이 계획을 대체할 수 있으며, 맥락 속에서 의미화하는 언명 과정에 외적인 어떤 구문론적 질서를 존중하지 않고서 그것을 깨뜨릴 수 있다.

연결은 의미화 과정을 의식적 신체들이 우연적 패턴에 따라 결합하는 차원으로부터 신체들이 코드, 즉 교환의 디지털 형식에 적응하는 차원으로 바꾸어놓는다.

접속적 실천은—의미의 교환이 디지털 의미화의 자동화한 절차에 대한 순응을 전제하는 까닭에—그 실용적 효력을 상실한다.

연결적인 유기체(신인간)의 행동은 조작적인 정치 도구를 통해 이해할 수도 통제할 수도 없으며, 또한 과거의 휴머니즘과 비판 시대로부터 물려받은 도덕적 범주들을 통해 판단할 수도 없다. 이 범주들은 연결 이전의 인지 패턴에 연계되어 있기 때문이다.

신인간은 섬세한 형식의 상호 작용을 처리하고, 이전 세대가 저장했던 것과 비교할 수 없을 만큼 우세한 정보량을 저장할 수 있다. 그러나 종합과 동화 양상은 공감적 의식과 양립할 수 없는 노선을 따른다.

연결 상태에서 신인간 단위들(육체적으로는 다르지만 인지 수준에서 상호 연결된 유기체들) 사이의 상호 작용은 자동화하는 경향이 있다. 연결적인 신인간은 군집 행동을 통해 점점 더 통합되는 경향이 있다.

개인의 인지 활동은 점점 더 메타-기계(meta-machine)에 연결된다. 각 개인은 그 자신의 상태를 날카롭게 의식하고 있다. (또는 의식할 수 있다.) 그러나 그는 더 이상 그것을 통제하거나 변화시킬 수 없다. 상호 작용이 더 이상 윤리적이거나 정치적인 의지가 아니라 자동 기계의 규칙에 의존하기 때문이다.

현세대의 젊은 불안정 노동자들은 자신이 경험하고 있는 비참, 자신이 겪는 착취와 자신이 분리되어 내몰려 있는 고독을 민감하게 의식하고 있다. 하지만 그들의 의사소통은 점점 더 타인의 신체라는 물리적 현존이 아니라 디지털 연결에 토대한다. 그들은 더 이상 그들 자신의 언어를 말하고 있지 않다. 그들은 그것에 의해 말해진다.

2015년, 옥스퍼드 영어 사전이 뽑은 올해의 단어는 그림 문자 😂, 공식적으로 '기쁨의 눈물을 흘리는 얼굴'이라 불리는 이모지(emoji: '그림 문자'라는 뜻의 일본식 영어 표현—옮긴이)였다. 기계에 의해 표준화한 그림 문자는 인간 연쇄의 주된 기호다. 우리는 우리 자신을 표현하기 위해 점점 더 적은 것을 필요로 한다. 광범위한 디지털 이모티콘이 우리의 감정을 표현할 수 있는 데 반해, 디지털 생체 인식의 진보는 감정 인식을 위한 길을 닦고 있다.

자기-지각(self-perception)은 어떠한가? 감정적 생성은 어떠한가?

무능력과 정신적 고통 및 윤리적 질병의 정서는 어떻게 재흡수되고 치유 또는 적어도 제거될 수 있는가?

내가 말하는 '자동 기계'는 기계가 아니라 감각적 단독성들을 가로지를 수 있지만 그것들에 의해 가로질러질 수는 없는 초개인적 생물-정보 유기체다. 생물-정보 초유기체는 디지털 기계에 순응하는 규칙에 따름으로써 의미를 산출하며, 연결의 기호학적 우주 안에서만 효과적으로 작용할 수 있다.

자동 기계는 분화의 효과적 전략을 추구하고, 따라서 자기의 환경을 변화시킬 수 있는 민감하고 의식적인 개별 유기체를 대신한다. 그것은 알파벳적인 순차적 의사소통 영역에서 정치의 의미였다.

그와 반대로 금융 행위자는 그의 전략이 자동 기계의 전략에 순응하는 경우에만 효과를 산출한다.

접속적 언명은 연결적 연쇄의 영역에서는 효과적일 수 없다. 그것은 연결 기계의 기술적 구문론에 접근할 수 있는 코드를 소유하고 있지 않기 때문이다.

연결 논리와 호환할 수 있는 언명만이 기능해 실제적 효과를 산출할 수 있다. 이것이야말로 정치적 의지, 특히 민주적 결정 과정이 금융 권력에 맞설 수 없는 이유다. 사회적 삶과 금융 체계 사이의 관계는 자동화하고, 거버넌스(governance)의 기술적 네트워크 안에 새겨져 있다.

자동 기계에 반항하는 사회적 신체는 무능력과 자살 사이에서 선택하지 않을 수 없다. 연결 거버넌스로 대체된 접속 신체는 무능력으로 환원된다. 놀랄 것도 없이 자살률은 지난 40년에 걸쳐 증가해왔다(세계보건기구에 따르면 60퍼센트). 자살 테러가 확산하고 있는 것도 놀랄 일이 아니다.

대중의 해소

《파시즘의 대중 심리(Mass Psychology of Fascism)》에서 빌헬름 라이히(Wilhelm Reich)는 어려운 물음은 왜 사람들이 파업과 반란이 아니라 다른 방향으로 나아가는가, 라는 질문이라고 썼다. 왜 사람들은 항상 파업을 하지 않는가? 왜 사람들은 억압에 저항하지 않는가?

우리 시대에, 즉 공산주의적 희망의 부상과 몰락으로 특징지어지는 세기 이후에 우리는 이 물음에 대한 여러 대답 가운데 선택을 할 수 있다.

사람들은 저항할 수 없고 저항하려고 하지 않는다. 그들은 현재의 노동 조직과 연계되어 있는 불안정과 염려 그리고 경쟁 때문에 자율과 연대로 가는 길을 보지 못하기 때문이다. 노동의 탈영토화와 사회적 신체의 기술적 분열은 효과적인 연대 네트워크를 창조할 수 없는 무능력과 갑작스럽고 무작위적인 분노 폭발에 의해서만 깨지는 광범위한 고독을 결과한다. 이것이 하나의 가능한 대답이다.

두 번째 대답은 권력이라는 물리적 정체성의 해소다. 권력은 어디에도 없는 동시에 어디에나 있으며, 거버넌스라고 불리는 기술적-언어적 자동 작용에 내면화하고 그 안에 새겨져 있다. 최근의 반란 물결은 물리적 중심이 존재하지 않는 까닭에 금융 지배의 물리적 중심에 맞선 투쟁에 집중할 수 없다는 것을 입증했다.

영토적 가까움의 종식과 노동자들 사이에 널리 퍼져 있는 불안한 경쟁 정서를 함축하는 노동의 불안정화는 장 보드리야르(Jean Baudrillard: 프랑스의 철학자·사회학자—옮긴이)가 1970년대 후반부터 예측한 사회적 연대의 해소를 불러일으켰다.

산업 문명으로부터 디지털 문명으로의 바로 그 이행 시기에 개념적 분야뿐만 아니라 지식의 분과 소직에서도 변화가 일어났다. 이러한 분과적인 개변은 수십 년간의 신자유주의적 개혁과 그것의 디지털 기술과의 교차에서 일어난 전환을 반영한다.

1980년대 이후 대중심리학이라는 학문 분야는 사회학, 심리학, 사이버네틱스〔cybernetics: 생물 및 기계를 포함하는 계(系)에서 제어와 통신 문제를 종합적으로 연구하는 학문—옮긴이〕, 문화 연구, 미디어 이론 같은 광범위한 분과들로 대체되었다. 나는 이러한 소멸과 대체의 학문적 동기와 함의를 조사하고 싶지 않다. 나는 사회적 존재의 동질적 신체로서 대중이 근대적 무대로부터 실제로 사라진 것에 초점을 맞추고자 한다.

대중은 실제로 쇠퇴하고 거의 사라지고 있다. 네트워크로 연결된 의사소통을 위한 포스트 대중매체 기술의 출현은 군중을 쫓아내고 그것을 원자들을 연결하는 불규칙한 확산으로 전환시켰다. 반면 노동의 불안정화는 노동자들의 물리적 가까움을 허물어버린다. 사회적 불안정성은 실제로 노동자들이 계속해서 자신의 위치를 변화시킴으로써 어느 누구도 같은 장소에서 누군가를 두 번 다시 만나지 못하게 될 조건으로 묘사될 수 있다. 물리적 가까움이 없는 협력은 구석구석까지 보급된 생산성과 짝을 이룬 실존적 외로움의 조건이다.

노동자들은 자기 자신을 더 이상 살아 있는 공동체의 부분으로서 지각하지 못한다. 오히려 그들은 외로움이라는 조건에서 경쟁하지 않을 수 없다. 비록 동일한 자본주의적 실체에 의해 동일한 방식으로 착취당하긴 하지만, 그들은 더 이상 하나의 사회 계급이 아니다. 왜냐하면 그 물질적 조건에서 그들은 더 이상 같은 장소에 살며 동일한 운명을 공유하는 사람들의 공동체라는 집단적 자기의식이나 자발적 연대를 산출할 수 없기 때문이다. 그들은 지하철이나 고속도로에서, 또는 통행의 유사한 장소에서 되는 대로 함께하는 것이 무작위적이고 일시적이기 때문에 더 이상 '대중(masses)'이 아니다.

대중심리학은 대중 자신이 적어도 사회적 마음의 자기 지각에서 해소되고 있기 때문에 해소되고 있다. '대중' 개념은 보드리야르가 1970년대 말에 출간한 《침묵하는 다수의 그늘 아래서(In the Shadow of the Silent Majorities)》에서 쓴 것처럼 모호하고 정의하기 어렵다.[4]

'대중' 개념은 관심과 행동 및 의식을 공유하는 사람들의 집합인 마르크스주의의 '사회 계급' 개념과 다르다. 노동 계급의 존재는 존재론적 진리가 아니다. 그것은 공유된 상상력과 의식의 효과다. 그것은 그 말의 강한 의미에서 신화, 현재와 가능한 미래에 대한 이야기다. 그 이야기는 산업 생산의 사회적 조건 및 공장 공간에서 노동자의 육체적 모임의 종언과 함께 사라졌다. 지난 30년에 걸쳐 계급적 자기 지각을 위한 문화적 상태는 자본주의의 후기 산업적 전환에 의해 부정되었다.

사회의 이러한 대중적 차원의 해소는 불안정화의 시대에 노동자의 극단적 개인화 및 경쟁적 기질과 연계될 수 있다. "시뮬레이션 장치, 즉 극(poles)의 붕괴, 모델의 궤도적인 순환과 함께 모든 것이 바뀐다. 〔이것은 모든 내파(implosive, 內破) 과정의 매트릭스이기도 하다.〕"

계속해서 그는 이렇게 쓴다.

> 자극과 메시지와 텍스트에 폭격을 받은 대중은 단적으로 빛 스펙트럼—통계 및 조사와 동등한 복사(radiation) 스펙트럼—분석에 의해서만 알려지는 성간 가스(stellar gas) 집단 같은 불투명하고 맹목적인 계층이지만, 정확히 그러하다. 그것은 더 이상 표현이나 표상의 문제가 아니라 다만 표현될 수 없었고 표현된 적 없는 사회적인 것의 시뮬레이션 문제일 수 있을 뿐이다.[5]

가타리가 해방을 위한 도구로서 정보라는 기술적 리좀(rhizome)에 끌렸던 데 반해, 보드리야르는 네트워크의 어두운 측면, 즉 사회적 에너지의 소실, 주관성의 내파, 시뮬레이션 논리에 대한 정신적 활동의 종속과 관련한 인식을 표현했다.

가타리는 네트워크(reseau) 개념에 관심을 기울였다. 거기서 사회적 행위자의 자기 조직화 과정과 미디어 활동가 운동의 조건을 보았기 때문이다. 그러나 보드리야르는 신자유주의의 우산 아래서 출현하고 위계적인 피라미드의 낡은 형식이 아닌 네트워크 형식을 취하고 있던 새로운 포스트 사회 권력의 효과를 예견했다.

사회적 자율과 신자유주의적 규제 철폐는 어느 정도 서로를 함축하는 2개의 동시적 과정이다. 리좀 개념은 위계적인 규율 사회의 폭발과 노동의 불안정화 및 사회적 연대의 해소를 위한 길을 닦은 자본주의적 규제 철폐 과정의 지도를 그려주는 개념이다.

대처와 보드리야르

보드리야르는 마거릿 대처가 보수당의 당권을 장악하고, 1979년 전국 선거에서 승리를 준비하는 과정을 시작하며, 우리가 신자유주의 개혁이라고 알게 된 프로젝트에 착수하던 것과 같은 시기에 《침묵하는 다수의 그늘 아래서》를 썼다. 1987년 인터뷰에서 대처는 보드리야르의 개념을 상기시키면서 다음과 같이 말했다.

> 지난 30년간 정치의 전반적 방향과 관련해 나를 분노하게 만든 것은 그것이 언제나 집단주의 사회로 향하고 있었다는 점입니다. 사람들은 개인의 안전에 대해 잊었습니다. 그리고 그들은 말합니다. 나는 인정받는가, 나는 중요한가? 이에 대한 짧은 대답은 '그렇다'입니다. 따라서 내가 경제 정책에 착수한 것이 아닙니다. 내가 실제로 착수한 것은 접근법을 바꾸는 것이고, 경제를 바꾸는 것은 그 접근법을 변화시키는 수단입니다. 접근법을 바꾸면 당신은 실제로는 국가의 마음과 영혼을 추구하는 것입니다. 경제는 방법입니다. 그 목적은 마음과 영혼을 바꾸는 것입니다.[6]

우리는 대처 혁명의 최종 목표가 경제가 아니라 정치적이고 윤리적이었다고, 거의 정신적이었다고 말할 수 있을 것이다. 신자유주의 개혁은 경쟁을 사회적 삶의 바로 그 영혼 안에, 사회 그 자체를 파괴하는 지점에 이르기까지 새겨 넣으려 했다. 미셸 푸코는 이러한 문화적 시도를 1979~1980년 세미나에서 명확하게 묘사했다. 〔이 세미나의 내용은 《생명 정치의 탄생(The Birth of Biopolitics)》이라는 제목으로 출간되었다.〕 기업의 정신에 대한 개인 활동의 종속, 경제적 임대 가능성의 관점에서 이루어지는 인간 활동의 전반적인 재코드화, 일상적 삶의 신경 회로에 경쟁을 삽입하는 것. 이것들이 푸코가 예견하고 묘사한 추세다.

경제적 이윤뿐만 아니라 더 나아가 경제적 전사로서 개인의 숭배, 인간의 근본적 외로움에 대한 가혹한 지각, 전쟁이 진화의 도정에서 살아 있는 유기체 사이의 유일하게 가능한 관계라는 냉소적인 용인. 이것들이야말로 신자유주의 개혁의 궁극적 의도다.

마거릿 대처는 말했다. "사회 같은 것은 없습니다. 개인적 남자들과 여자들이 있고, 가족들이 있습니다. 그리고 어떤 정부도 사람들을 통하는 것 외에는 아무것도 할 수 없으며, 사람들은 먼저 자기 자신을 보아야만 합니다."[7] 여기서의 개념은 흥미롭지만 정확하지는 않다. 사회는 결국 사라질 수 없다. 사회성은 해소될 수 있지만, 사회는 그럴 수 없다. 지난 30년에 걸쳐 사회는 일종의 피할 수 없는 의무와 상호 의존이라는 맹목적 체계, 공감이 결여되고 연대가 금지된 공동성의 감옥 같은 조건으로 바뀌어왔다.

사회적 공간은 개인이 접속이 아니라 기능적인 연결만을 경험할 수 있는 전 세계적인 자동 연결 체계로 변형되어왔다. 협력 과정은 멈추지 않는다. 그것은 오직 코드만이 해독되고 경제적 가치로 변형될 수 있는 정보 프랙탈의 추상적 재조합 과정으로 바뀐다. 서로의 상호 작용을 공공연히 부정하지는 않지만, 공감은 경쟁으로 대체된다. 사회적 삶은 계속되지만, 그 어느 때보다 더 광란적이다. 그것은 죽은 무의식적인 수학적 기능이 침투해 있는 살아 있는 의식적 유기체다.

미래는 미국적일까

새로운 세기의 처음 10년 동안 가장 중요한 이론적 저작인 토니 네그리(Toni Negri)와 마이클 하트(Michael Hardt)의 《제국(Empire)》은 전 지구적인 통신망 질서와 세계 질서 사이의 근본적 구조 동일성이라는 가정에 토대했다.[8]

이 가정은 잘못된 것으로 입증되었다. 삶의 세계는 디지털 통신망에 의해 이어지지만, 그와 동시에 통신망 그 자체의 한계 너머로 폭발한다.

그 책에서 네그리와 하트는 개별 민족 국가를 중심으로 한 제국주의의 '근대적' 현상으로부터 '제국'이라고 명명된 초국가적이고 탈국가적인 지배 권력 가운데서 창출된 새롭게 떠오르는 포스트모던적인 구조물로의 이행을 개괄적으로 그려 보였다.

이 세기의 처음 15년간 역사는 이러한 테제와 완전히 달랐다. 국가주의와 수없이 많은 비중심적인(acentred) 충돌의 잔여물이 네트워크로 연결된 세계화라는 제국적 질서의 경계에서 썩어가고 있으며, 지구라는 물리적 신체의 부패는 제국적인 시도를 넘어서고 뒤엎으면서 제국의 개념이 단지 유토피아일 뿐임을 증명했다. 이러한 고찰은 그 책의 중요성을 폄훼하려는 게 아니라 자동화와 테러 사이의 모순적이고 상호 보완적인 관계에 토대한 세계의 포스트모던적인 되어감에 대한 새로운 이해의 길을 닦기 위한 것이다.

《제국》의 함축적인 가정과 반대로 미국은 더 이상 전 지구적인 지정학적 주인이 아니다. 단편화한 전 지구적 내전은 초강대국이 군사적으로 통제할 수 없다.

버락 오바마는 유라시아 지역에서 미국의 개입주의가 '어리석은 짓거리'가 되리라는 것을 명확히 이해하고 설명했다. 부시의 10년 이후 미국의 지정학적 패배는 너무도 명백하며, 도널드 트럼프의 과장된 수사학은 이러한 점을 확인시켜준다. "미국을 다시 위대하게 만들자"는 제국적 기능의 포기, 근본적으로 고립주의적 선택을 함의한다.

'미국 우선주의'는 제국으로부터의 후퇴 선언을 의미한다.

그러나 미국은 단지 하나의 국가나 정치적 존재인 것만은 아니다. 그것은 또한 무엇보다도 우선 기술과 문화로 구현된 트랜스-휴먼적인(trans-human) 변형의 문화적 과정이기도 하다.

미국의 정치적 능력이 돌이킬 수 없게 쇠퇴함에 따라 기술의 탈영토화한 권력은 전 지구적 행동과 전 지구적 마음 및 전 지구적 무의식을 변형시키고 있다. 전 지구적 실리콘밸리의 기술자와 미래주의자, 과학자와 기업가들은 지속적으로 지구의 마음 정경(mindscape)을 변형시키고 있다. 이 수준에서는 어떠한 역전도 가능하지 않을 것이다.

국가로서 그리고 군사적 권력으로서 미국은 소비에트 제국 붕괴 이후 흔들릴 수 없는 것처럼 보였던 자기의 지배적 지위를 결코 되찾지 못할 것이다. 그것은 미국이 쇠퇴하고 있으며 21세기가 미국적이지 않을 것이라는 걸 의미하는가?

만약 우리가 '미국'을 더 잘 정의하려 한다면, 만약 우리가 하느님의 집을 오랜 대륙에서 새로 발견한 땅으로 옮겨놓고자 한 건국의 아버지들의 원래 결정으로부터 출발한다면, 우리는 '미국'이 하나의 영토 이름이 아니라 오히려 탈영토화한 이름이라는 것을 인정할 수 있다.

미국 문화에 대한 청교도적 각인은 유럽 종교 전쟁의 역사에 대한 종교적 이의 제기의 흔적인 것만이 아니다. 그것은 또한 과거의 찌꺼기 더미로부터 미래를 정화하는 프로젝트이기도 하다. 청교도주의는 실제로 역사와 문화로부터 정화되고 현실 자체와는 구별된 공간에서 새로운 세계를 창조하고자 하는 욕망의 이름이다. 이러한 종교적 공간에서 가상화(virtualization)가 잉태되었다.

이것이야말로 〔미합중국(United States)이 아니라〕 미국(America)이 세계의 미래인 이유다.

미국은 디지털 비(非)정체성의 탈영토화한 차원이다. 가상적이고 재조합적인 비정체성.

미국인이기를 욕망하는 동시에 미합중국을 증오하는 것은 수많은 세계 인구의 역설이다.

그리하여 수백만 명의 사람이 그들 자신의 하위적(subaltern) 상상에 반항하고자 한다. 그들은 성공할 수 없다. 그들은 마음속으로 식민화해 있기 때문이다. 미국의 탈영토화한 지배를 멈추게 할 수 있는 유일한 방법은 세계 그 자체를 파괴하는 것이다. 이것이 이슬람 근본주의의 정치 프로젝트다.

인지적 자동화 아니면 궁극적으로 모든 것을 파괴하는 전쟁. 또는 둘 다.

베스트팔렌 질서의 쇠퇴

1990년대에 공개된 인터뷰에서 카터 행정부의 전 국가안보보좌관이자 미국의 저명한 지식인 즈비그뉴 브레진스키(Zbigniew Brzezinski)는 소비에트 연방의 붕괴라는 역사적 사건이 이슬람 광신주의의 부상보다 비교할 수 없을 정도로 더 중요하다고 말했다.

브레진스키는 냉전 시기에 적합한 해석 모델을 채택해 서구 문명의 궁극적인 적이 군사적 수준에서 그것을 반영하긴 하지만 자본주의에 대한 이데올로기적 대안의 씨앗을 담고 있는 소비에트 제국의 중앙 집권화한 능력이라고 생각했다. 그러한 해석 모델은 지정학적 서방이 승리했을 때 이미 들어맞지 않았다. 실제로 몇 달 후 제1차 걸프 전쟁이 새로운 비대칭적 차원의 충돌을 열었고, 유고슬라비아 전쟁이 발발했다. 양극 시나리오는 비중심화한 충돌의 확산 시나리오로 대체되었다.

1989년 이후 미국의 정치적이고 군사적인 헤게모니는 논란의 여지가 없는 것으로 보였지만, 2001년 9월 11일에 이러한 견해는 극적으로 변했다. 25년 후 미국이 아직도 헤게모니적 능력을 지닌다고 주장하기는 어렵다.

냉전에서 승리한 후 미국은 부시 행정부가 싸우기로 선택한 모든 열전에서 패배했다. 조지 부시 2세는 알카에다의 자살 공격 이후 분명히 그 자신의 자살적인 돌진에 들어섰다. 15년간의 냉혹한 '테러와의 전쟁'이 거둔 결과를 살펴보면, 우리는 딕 체니와 조지 부시의 전략적 목적이 미국의 위대함을 파괴하려는 것이었다고 생각할 수 있다. 하지만 역사적 과정을 설명하려 할 때 우리는 무지와 오만함과 근시안을 과소평가해서는 안 된다. 무지와 오만함과 근시안이 부시 패거리를 빈 라덴이 파놓은 함정으로 이끌었다.

미국 지배 계급의 거대한 백치 같은 행위가 그 나라의 환상적인 전략적 자기 무효화라는 결과를 가져왔다. 알카에다는 그 엄청난 능력을 그 자신에게로 향하도록 밀어붙였다. 그것은 미국의 헤게모니를 파괴할 수 있는 유일한 방법이었다. 10년이 넘게 지난 후 저승에서 오바마 행정부의 정치적 무능력을 점검한 오사마 빈 라덴은 정당하게 '미션 완수'를 말할 수 있을 것이다.

부시 패거리가 시작한 끝없는 전쟁은 미국의 거대한 군사력을 서로 모순되는 방향으로 이끌었다. 수니파와 시아파 간 전쟁을 개시한 미국은 자기의 치명적인 적들 가운데 하나를 강화했다. 그 싸움에 가담하지 않은 이란의 신정 정치가 이라크 전쟁의 승리자로 떠올랐고, 바그다드를 좌우했다. 미국인들이 바샤르 알 아사드(Bashar al Assad)에 대항한 반란을 무장시켰을 때, 그들은 지하드주의자들이 칼리프 나라(Caliphate)의 기초를 놓는 것을 도운 셈이다. 기타 등등.

지정학적 관점에서 상황을 살펴보면, 우리는 미국이 국가적 능력으로 볼 때 스스로 패배했다고 결론지을 수 있다.

하지만 미국은 국민 국가 이상을 의미한다. 북미 국가(North American State) 창설의 특수성과 기술 혁신의 문화적 기원 덕분에 미국은 본질적으로 포스트 영토적인 권력 모델을 근거 지은 인간학적 차원이다.

미국의 문화적 공간(내가 의미하는 것은 미합중국의 영토가 아니다)에서 심미적이고 인지적인 변형자로서 디지털 기술은 세계 변형의 주요 행위자로 전환되었다.

이것이 바로 미국 능력의 전략적 쇠퇴에도 미래가 미국적인 것이 될 가능성이 있다고 생각하는 이유다.

미국의 문화적 공간을 체현하는 기호학적 기업들(semio-corporations)은 포스트 지구 역사의 행위자다. 반면에 지구는 물리적 부패를 증대시킬 운명인 것처럼 보인다. 기호 생산(semio-production)의 전 지구적 기업들은 지구를 넘어선 미래의 마음 정경을 형성하고 있다.

지정학적 해석에 따르면 미국은 쇠퇴할 상황인 것처럼 보이지만, 지정학적 기준은 이러한 전환의 가장 깊은 과정을 완전히 설명하기에는 절대적으로 불충분하다.

베스트팔렌 조약에 의해 확립된 국가 주권의 원칙은 해체되고 있다. 베스트팔렌 조약에서부터 빈 회의를 거쳐 베르사유 조약에 이르기까지 근대 세계의 정치적 진화는 정보의 흐름을 관리하고 통화를 발행하며 군대를 가지고 영토를 통제할 권리를 지닌 법적 존재인 국민 국가의 확고한 주장에 토대해왔다. 포스트 베스트팔렌의 힘들이 떠오르고 있다. 칼리프 나라는 이슬람 자살 돌격의 견인차로서 행동할 태세다. 러시아는 반(反)유럽 국가주의 전선의 견인차가 될 자세를 취하고 있다.

1977년 시몬 노라(Simon Nora)와 알랭 밍크(Alain Minc)—각각 엔지니어와 사회학자—는 발레리 지스카르 데스탱 프랑스 대통령에게 보낸 보고서에서 국가 주권이 퇴조하는 미래의 윤곽을 그려 보였다. 그들이 전망하기에 이러한 퇴조는 정보의 흐름, 특히 금융 흐름에 대한 통제의 상실에 그 뿌리가 있었다. 〈사회의 정보화(L'informatisation de la societé)〉라는 제목이 붙은 그들의 보고서는 텔레매틱스(telematics: 전화와 정보 기술의 연결)를 포스트 국가적인 미래의 열쇠로 지목했다.

그 보고서의 출판에 이은 수십 년 동안 통화 흐름의 탈영토화는 금융 분야에서 국민 국가의 권위 상실을 야기했고, 반면에 대기업은 대부분의 국민 국가보다 훨씬 더 방대한 양의 자본을 관리하고 있다.

더 나아가 노동 시장의 세계화는 더 이상 어떤 국민 국가의 관할권 아래 있지 않은 수억 명의 동원과 이동을 불러일으켰다. 마침내 자기 영토에 대한 군사적 통제는 점점 더 국민 국가의 특권이 아니다. 민간의 군사 대행업체가 지구의 넓은 구역을 통제하고 있으며, 반면에 알카에다와 다에시 그리고 국제 나르코-마피아〔narco-mafias: narco는 '마약 밀거래'를 뜻하는 에스파냐어 narcotraficante의 약자—옮긴이)〕같은 다국적 군대는 전체 인구의 일상생활을 파괴할 수 있을 만큼의 군사적 권력을 지니고 있다.

국민 국가의 지정학적 모델은 더 이상 삶의 일상적 용무를 설명할 수 없다. 해석의 새로운 모델이 필요하며, 그것은 디지털 기술 전환에 토대해야만 한다.

다만 분명히 국민 국가는 권력의 보유자다. 그들은 영토를 통제한다. 그러나 우리 시대의 진정한 행위자는 디지털 추상화와 금융 자동화 및 인지 활동의 자동화 과정이다.

사회적 두뇌의 활동을 포섭하는 가운데 금융 시장 세계화와 온라인 경제는 권력을 국민 국가로부터 거버넌스 행위자들로 옮겨놓는 경향이 있다. 탈영토화한 권력 영역들이 전 지구적인 단편적 전쟁에 빠져 있는 권력을 상실한 영토 행위자를 대체하고 있다.

점점 더 국가는 사회적 통제의 행위 주체가 아니다. 점점 더 사회적 통제는 생물공학 영역으로 통합된다. 정치도 군사력도 모두 다 네트워크로 연결된 세계에서 확산하고 있는 삶의 형식과 사회적 지식 및 생산성의 증대하는 복잡성을 지휘할 수 없다. 통제는 신체 자체로, 신체들 사이의 관계로 옮겨져야만 한다. 이것이 바로 우리가 생명-권력(bio-power)에 대해 말하는 이유다.

개인들 사이의 관계는 유선으로 엮이고 자동 연결에 종속된다. 따라서 정치권력은 삶과 인지(cognition) 그리고 생산의 모든 공간의 자동화를 향해 나아가는 기술적-언어적 자동 작용 시스템으로 대체된다.

마르크스는 형식적 지배와 실질적 지배를 구별했다. 형식적 포섭을 그는 개인들로 하여금 절대적 잉여 가치 추출의 원초적 조건에서의 착취를 받아들이도록 강요하는 잔인한 힘으로 정의했다. 생산성 증가와 상대적 잉여 가치 추출을 가능케 하는 산업 기계의 발전 덕분에 시스템은 실질적 포섭의 체제에 들어선다. 명령은 기계에 체현되고, 예속화 행위는 자동화한다.

우리가 산업 기계에서 정보 기계로 이행할 때, 생산 행위에 대한 규제는 더 이상 기계적 자동화에 의존하는 것이 아니라 언어와 인지에 통합된다. 이 시점에서 우리는 자기 안에 정신적 포섭, 즉 마음의 포획과 재포맷화를 함축하는 과잉-실질적(hyper-real) 포섭에 대해 이야기할 수 있을 것이다.

"통신망은 배수의 상징이다. 그로부터 자신을 웹 전체에 걸쳐 펼치는 군집 존재—분산된 존재—가 나오며, 그리하여 어느 부분도 '나는 나다'라고 말할 수 없다. ……그것은 컴퓨터와 자연 모두의 힘을 전달하며, 그 둘은 역으로 이해에 앞서 권력을 전달한다."[9]

케빈 켈리는 여기서 거의 신비적인 용어들로, 의식적인 정치적 통제가 개인 유기체 내부와 초유기체 내에 내장된 순종(compliance, 順從) 규칙의 분포로 대체되는 것에 대한 철학적 비전의 윤곽을 그려 보인다.

> 매우 방대한 웹이 '만들어진 세계'에 침투하면서 우리는 그 통신망에서 출현하는 것, 즉 살아 있고 진화하는 기계, 신(新)생물학적인 문명을 최초로 언뜻 보게 된다. 거기에는 전 지구적 마음이, 또한 네트워크 문화에서 나타나는 감각이 존재한다. 전 지구적 마음은 컴퓨터와 자연, 전화기와 인간의 마음 등의 결합이다. 그것은 그 자신의 보이지 않는 손에 의해 지배되는 불확정적인 형태의 매우 방대한 복잡성이다. 우리 인간은 전 지구적 마음이 숙고하는 것에 대해 무의식적일 것이다. 이것은 우리가 충분히 똑똑하지 않기 때문이 아니라, 마음의 디자인이 부분들로 하여금 전체를 이해할 수 있도록 허락하지 않기 때문이다. 전 지구적 마음의 특수한 사고(와 그에 이어지는 행동)는 우리의 통제를 벗어날 것이며, 우리의 이해 너머에 있을 것이다.[10]

켈리는 현재의 변이를 신생물학적 문명의 출현으로 볼 수 있는 좋은 위치에 있다. 생성의 이중 과정에서 신체는 의사소통의 흐름에 전자 장치가 삽입됨으로써, 그리고 생물학적 복잡성의 네트워크에 도입된 기계에 의해 유선으로 연결되고 자동화한다. 자동 기계와 사이보그는 이 과정의 두 가지 서로 다른 현현(manifestation, 顯顯)이다. 자동 기계는 지능 있는 신체로서 행동하는 기계이며, 반면에 사이보그는 전사 장치를 통합하고 있는 인체다.

켈리의 비전에서 통신망의 창조는 개인들을 군집과 합체되도록 이끄는 보이지 않는 손으로서 작용하는 전 지구적으로 상호 연결된 마음의 창조로 수렴한다. "벌집은 그 부분의 어느 것도 소유하지 않는 많은 것을 소유한다. 꿀벌 두뇌의 작은 점 하나는 6일간의 기억을 가지고서 일한다. 전체로서 벌집은 평균적인 꿀벌이 사는 기간의 2배인 3개월의 기억을 가지고서 작동한다."[11]

세계 자본주의 전략이 규제 철폐와 복지 국가 해체로 방향을 바꾸던 1970년대에 사회생물학이라는 개념이 이데올로기 논쟁에 들어왔다. 다윈주의의 자연선택 개념은 문화적·경제적 영역으로 옮겨졌고, 생물학적 자기 조절이 사회 진화의 패러다임으로 채택되었다.

에드워드 윌슨(Edward Wilson)은 이런 종류의 사회다윈주의의 저명한 이론가 가운데 한 사람으로, 《초유기체(Superorganism)》 같은 곤충의 사회사에 관한 책들에서 자신의 사회생물학적 개념을 발전시켰다.

> 일개미의 두뇌에 있는 어떤 것도 사회 질서의 청사진을 표현하지 않는다. 자기 머리에 그런 종합 계획을 담고 있는 감독자나 두뇌 카스트도 존재하지 않는다. 그 대신 군체 생활은 자기 조직화의 산물이다. 초유기체는 그것을 구성하는 유기체들의 분리된 프로그램화한 반응에 존재한다. 유기체들이 따르

는 회합 지침은 발달 알고리즘이며, 그것은 카스트를 창조한다. 그것은 카스트 구성원의 순간순간마다의 행동에 대해 책임 있는 행동 알고리즘과 함께 카스트를 창조한다. 카스트 발달과 행동의 알고리즘은 초유기체의 구성에서 첫 번째 수준이다. 두 번째 수준의 구성은 알고리즘 그 자체의 유전적 진화다. 천문학적으로 수많은 사회 패턴을 발생시키는 가능한 모든 알고리즘으로부터 적어도 이론적으로는 극소수의 단편만이 실제로 진화했다. 살아 있는 종들과 관련해 각각 유일무이한 실제로 실현된 알고리즘 집합이 자연선택의 무대에서 승자들이다. 그것들은 각각의 종의 진화 역사를 통해 환경에 의해 부과된 압력에 대응해 출현한 선택 집단으로서 세계에 존재한다.[12]

가위개미(남미와 중미 그리고 북미의 열대 지역에 살고 있는 여러 종의 개미)에 대해 말하면서 윌슨은 다음과 같이 쓴다.

가위개미 군체들은 단일한 목적을 지닌 복잡한 유기적 구조로서 더 잘 이해할 수 있다. 그 목적은 식물 생활을 좀더 많은 가위개미 군체로 전환시키는 것이다. 그것은 자신의 피할 수 없는 죽음 이전에 가능한 한 많은 복사물로 그 자신을 복제하고자 하는 자연선택에 의해 디자인된 문명이다. 그것은 동물들에서 알려진 가장 복잡한 의사소통 시스템 가운데 하나뿐만 아니라 가장 정교한 카스트 시스템, 공기 조절 둥지 건축물 및 수백만의 개체를 소유하고 있는 까닭에 지구의 궁극적인 초유기체로서 인정받을 만하다. ……다른 별 체계에서 온 방문자가 인류가 부상하기 전인 수백만 년 전에 지구를 방문했다면, 그들은 가위개미 군체들이 이 행성이 산출할 수 있는 가장 진보된 사회라고 결론지었을 것이다.[13]

개미와 꿀벌, 말벌과 흰개미는 우리가 알고 있는 사회적으로 가장 진보된 비인간 유기체 가운데 하나다. 생물 자원과 생태계에 미치는 영향에서 그들의 군체는 적어도 5000만 년 동안 대부분의 육지 서식지의 지배적 요소였다. 사회적 곤충 종은 이전에 그와 동등한 기간 동안 존재했지만, 상대적으로 훨씬 덜 일반적이었다. 특히 개미의 일부는 오늘날 살고 있는 개미와 비슷했다. 그들이 부주의하게 그들의 둥지를 짓밟은 많은 공룡을 쏘거나 그들에게 포름산을 살포했다고 생각하는 것은 즐거움을 준다. 현대의 곤충 사회는 오늘날 우리에게 가르쳐줄 수 있는 것이 엄청나게 많다. 그들은 페로몬을 가지고 복잡한 메시지로 '이야기하는' 것이 어떻게 가능한지 보여준다. 그리고 그들은 수천 가지 사례를 통해 작업 집단의 최적의 효율성을 달성하기 위해 유연한 행동 강령을 지닌 노동 분업이 어떻게 만들어질 수 있는지 보여준다. 협력하는 그들 개체의 네트워크는 컴퓨터에서의 새로운 디자인을 제시했고, 뇌의 뉴런이 마음의 창조에서 어떻게 상호 작용할 수 있는지에 대해 빛을 던져주었다.[14]

기호를 발견하고 해석할 수 있는 능력, 의사소통하고 군체의 요구와 양립하는 과제를 성취할 수 있는 능력은 개미의 신경학에 새겨진 자동 작용에 의해 추동되는 사회적 삶의 예다.

작고 단명한 마음들의 결합된 작동에서 어떻게 초유기체가 발생하는가?

가위개미의 고도로 조직화한 협력적인 먹이 찾기는 정보 전달과 사회적 의사소통에 달려 있다. ……여러 행동 연구는 가위개미에게서 냄새에 인도된

> 행동의 풍부한 다양성과 놀라운 향기 민감성을 밝혀냈다. ……감각 뉴런은 향기 분자에 관한 정보를 대뇌의 일부인 더듬이엽(antennal lobes)으로 전달하며 …… 거기서 감각 뉴런은 투사 뉴런(projection neuron)과 연결된다.[15]

마르크스는 〔《강요(Grundrisse)》 서론에서〕 인간의 해부학이 원숭이 해부학의 진화를 이해하기 위한 열쇠라고 말한다. 이 지점에서 우리는 개미와 꿀벌의 신경학이 현재의 인간 진화를 이해하기 위한 열쇠라고 말할 수 있을 것이다. 인지 자동화를 위한 장치의 삽입과 인간 두뇌의 생물 발생적이고 정신약리학적인 프로그래밍은 인간 권역을 군집과 같은 초유기체로 전환시키고 있다.

1970년대에 스스로를 사회생물학이라고 부르는 탐구 노선이 철학적 무대에 나타났다. 그것은 스스로를 인간의 자연적 진화를 포함해 진화의 전반적 논리에 대한 묘사로서 제시했다. 묘사로서 그것은 거짓이었고, 자연선택을 인간사에서 주어진 사건으로 가정했다. 하지만 사회생물학 그 자체는 오히려 하나의 프로젝트, 하나의 정치 전략이었으며, 이런 의미에서 우리는 그것이 성공적이었다고 인정해야 한다.

오늘날 사실상 정치적 주의(attention)가 단편적인 전 지구적 내전에 의해 포착되고 있는 데 반해, (벙커의) 분리된 영역에서 생물-정보 초유기체는 생물공학적이고 인지적인 자동화의 접점으로 떠오르고 있다. 그것은 사회적 두뇌의 심리적-문화적 구성에 새겨져 있는 자연선택으로 이어진 사회공학 프로젝트의 구현이다.

그러나 사회생물학적 비전을 구현하는 이 과정은 충돌과 고통 그리고 괴로움이 없는 것이 아니다.

근대 후기는 자아의 세기(世紀)로 설명할 수 있다.[16] 현재의 군집으로 이행에서 자기-지각(self-perception)에는 무슨 일이 일어나고 있는가?

자아의 재형성은 정신병적 행동의 유행과 진행 중인 군집 생성에 수반되는 정신약리학의 폭등하는 경제와 연계되어 있다. 이는 우리 시대에 정신분석학적이고 신경학적인 반성을 위한 중심 연구 분야가 될 것이다.

파열하는 자아

2015년 4월 19일 자 〈뉴욕타임스〉에 약물에 관한 기사 2개가 실렸다.

앨런 슈워츠(Alan Schwarz)가 쓴 첫 번째 기사 〈알약으로 생산성을 추구하는 노동자들이 ADHD 약물을 남용하고 있다〉는 미국 전문가들 사이에서 애더럴(Adderall)의 확산을 묘사했다. 애더럴은 뇌와 신경에 영향을 미치고 과잉 행동과 충동 조절을 일으키는 두 가지 중추신경계 자극제인 암페타민과 덱스트로암페타민의 조합을 포함한다.

최근 수십 년 사이 수백만 명의 미국 어린이가 ADHD(주의력결핍과잉행동장애) 진단을 받았고, 리탈린(Ritalin)이 치료법으로 권장되었다. 이제는 주의력 시장에서 일하는 젊은 인지 노동자 차례다. 그들은 경쟁하기 위해 자기의 정신적 수행을 가속화할 필요가 있기 때문에 애더럴을 복용한다. 앨런 슈워츠는 그들 가운데 몇 명과 인터뷰했다. "20대 후반의 롱아일랜드 출신 엘리자베스는 경쟁자들이 애더럴을 복용할 때 그렇게 하지 않는 것은 나무 라켓으로 테니스를 치는 것과 같을 거라고 말했다."

같은 날 같은 신문에 실린 〈당신의 모든 헤로인 수요 충족〉이라는 제목의 특집 기사는 샘 퀴노네스(Sam Quinones)가 쓴 것으로 "미국에서 치명적인 헤로인 과다 복용이 3년 사이 거의 3배가 되었다"고 지적하며 계속해서 미국 도시들에서 헤로인 유통의 '정상 상태화(normalization)', 즉 퀴노네스에 따르면 "피자 배달과 유사한" 시스템을 묘사한다.

2015년 11월 10일 자 〈뉴욕타임스〉는 전 세계적인 ADHD 확산에 관해 캐서린 엘리슨(Katherine Ellison)이 쓴 놀라운 기사 〈ADHD 비율은 전 지구적으로 상승하지만, 공감은 종종 뒤처진다〉를 게재했다.

> ADHD에 대한 전 지구적 진단은 증가하고 있지만, 이 장애에 대한 공공의 이해는 보조를 맞추지 못해왔다. 진단의 타당성과 그것을 치료하기 위해 사용하는 약물을 둘러싼 논쟁—오랫동안 미국인을 양극화시켜온 것과 동일한 것—이 지금 북유럽과 동유럽으로부터 중동과 남아메리카에 이르기까지 펼쳐지고 있다.
>
> 여러 국가에서 나온 데이터는 급격한 변화를 이야기해준다. 독일에서 ADHD 진단 비율은 1989~2001년 381퍼센트 증가했다. 영국에서 ADHD 약물 치료 처방은 2007년 42만 건에서 2012년에는 65만 7000건으로 5년 만에 50퍼센트 넘게 높아졌다. 이스라엘에서 ADHD 의약품 소비는 2005~2012년 2배로 늘어났다.
>
> 의약품 사용의 급증으로 인해 ADHD 약물에 대한 110억 달러 규모의 국제 시장에서 이윤을 추구하는 제약 회사들이 전 지구적 진단 증가를 밀어붙이고 있다는 회의론이 일어났다. 2007년 미국 이외의 나라들은 전 세계 리탈린 사용의 17퍼센트만을 차지했다. 2012년까지 이 수치는 34퍼센트로 증가했다.

나는 대상에 초점을 맞출 수 있는 능력과 언명의 일관된 흐름을 산출할 수 있는 능력에 영향을 미치는 이런 종류의 질병을 자아의 외부화에 의해 특징지어지는 심리적 변이 과정의 신호로 간주할 수 있다고 생각한다. 정보 자극 흐름의 단편화와 가속화, 멀티태스킹 효과, 그리고 정보 영역의 리듬을 따라갈 수 있는 능력과 연결되어 있는 경쟁 압력은 중심 잡힌 자아의 파열과 일종의 정신병적 주의(attention)의 탈영토화를 불러일으킨다.

정보 흐름의 강화는 기호를 감지하고 해석하는 인지 능력에서의 혼란을 야기하지만 동시에 우리를 마음의 기능화라는, 군집 같은 자동화로 밀어붙인다. 자아는 외부 세계로부터 압박받는 동시에 다른 마음들의 주위 세계에 의해 복제된다. 정보 자극을 해석하는 행위가 더 빨라지면 빨라질수록 해석 과정을 그만큼 더 많이 공유하고 동조가 이루어진다. 군집 변이는 외부 세계와 다른 마음들과의 상호 작용 모두로부터 진행되고 있다.

05

죽음의 자본주의

전 지구적 내전?

지난 세기의 정치 이론은 세계의 진화를 설명하기 위해 대체로 두 가지 해석 모델에 의지했다. 첫 번째는 게임에서의 영토적 행위자들, 즉 국민국가와 군사 동맹 그리고 민족·종교·국적에 의해 정의된 지리적 공간에 토대한 지정학적 모델이었다. 두 번째는 갈등의 동기가 경제적 이해관계에 있고, 행위자는 사회 계급이나 사회 조직 프로젝트를 추구하는 정당이라는 가정에 토대한 사회-이데올로기적 모델이었다. 그 이론이 작용할 수 있었던 것은 지난 세기 동안 역사 과정을 앞서 언급한 모델들의 상호작용으로 묘사할 수 있고 행위 전략을 그 근거 위에서 구상할 수 있었기 때문이다.

마르크스에 따르면 계급 투쟁을 국가적 프로젝트와 동일시할 수 없음에도, 러시아 혁명은 세계 노동자 운동의 운명을 소비에트연방이라는 새로운 국가의 수립에 연계하고 종속시켰다. 혁명에 이은 70년 동안 계급 투쟁은 지정학적인 것과 분리될 수 없게 연계되어왔다. 서구 자본주의와 소비에트 사회주의는 영구적으로 충돌하는 2개의 군사 블록으로 전환했고, 모든 사회 투쟁은 최초 사회주의 국가—그 영향력이 1989~1991년의 최종 붕괴 시점까지 줄어든 권위주의 국가—의 지정학적 운명에 종속되어왔다.

그것이 노동자의 사회적 역동성과 자율적 운동을 제국적 권위주의 국가의 운명에 종속시켰기 때문에, 1917년의 레닌주의적 결정과 그에 이은 계급 투쟁의 군사화는 공산주의와 국제주의 그 자체의 패배의 시작으로 이해할 수 있다.

마침내 소비에트 제국이 무너졌을 때, 그 해체는 공산주의 프로젝트와 전 세계 노동자 운동의 효과적인 붕괴를 초래했고, 신자유주의적인 공세를 위한 길을 닦았다.

러시아와 이전 제국의 다른 영토들에서 수립된 공산주의 체제의 노멘클라투라(nomenklatura: 구소련이나 동유럽 사회주의 국가의 지배자 또는 최고위 조직에 속한 사람들을 일컫는 말—옮긴이)는 그 자신이 사회 서비스와 생산 구조를 민영화하는 범죄자임이 판명되었다.

소비에트 제국의 종언 이후 계급 투쟁이 포기된 것은 결코 아니다. 그 대신 그것은 일상생활과 급여 그리고 지난 2세기에 걸친 근대적 진보에 의해 수립된 사회 문명에 대한 일방적인 전쟁으로 전환했다. 그러나 최근 수십 년 사이 노동자들은 어찌할 도리 없이 신자유주의적인 총살 집행 부대에 직면해왔다.

사회주의의 전 세계적 패배에 이은 탈연대화의 영향으로 사회 갈등 개념에 토대한 해석 모델은 은밀히 옆으로 밀려났고, 지정학적 모델이 역사 과정을 가장 잘 묘사하는 것으로 주도권을 장악했다.

그러한 갈등에 연루된 살아 있는 주체들은 스스로의 사회적 차원에 대한 의식을 잃어버렸고, 자기 자신을 국가적이거나 종교적인 소속의 관점에서 다시 정의했다. 유고슬라비아 전쟁 이후 국민 국가들은 민족적이고 종교적인 정체성에 따라 다시 움직였다. 이러한 경향은 미국이 벌인 전쟁들과 그에 이은 이슬람 지하드주의의 부상으로 더욱 악화했다. (내가 이 고통스러운 책을 쓰기 시작한) 2015년 말에는 세계대전 이야기가 공적인 담론과 언론에서 되풀이되고 있었다.

전쟁의 민영화

현재 상태를 지난 세기 충돌의 경우처럼 '세계대전'이라고 명명하는 것은 부적절할 것이다.

현재의 어렴풋이 보이는 전쟁 원인은 지난 200년간 세계 인구 대다수의 식민지 빈곤과 굴욕, 신자유주의 경쟁 철학 그리고 전쟁 그 자체를 포함한 모든 것의 민영화에 놓여 있다.

전쟁은 정상 상태화하고 있다. 주식 시장은 더 이상 대량 학살에 반응하지 않는다. 그 대신 시장의 주된 걱정은 세계 경제의 임박한 불황이다. 이슬람주의자나 백인우월주의자, 즉흥적인 무작위 살인자나 잘 훈련받은 살인자에 의한 모든 무장 공격 후에 미국 국민들은 더 많은 무기를 사기 위해 달려간다. 이용 가능한 무기 공급은 국가 권력의 병기고뿐만 아니라 보통 가정의 부엌과 침실에서도 증가하고 있다.

2015년 12월 라스베이거스의 공화당 주의회 의원 미셸 피오레(Michele Fiore)는 페이스북에 성탄 축하 인사를 올렸다. 언뜻 보면 여느 축제일 카드처럼 보인다. 크리스마스트리 앞에 서 있는 빨간 셔츠와 청바지 차림의 3세대. 그러나 다시 살펴보면 여러분은 피오레와 그녀의 성인 딸들, 그녀들의 남편들 그리고 손주들 가운데 한 명이 총기를 손에 들고 있는 것을 볼 수 있다.

전쟁의 민영화는 신자유주의 규제 철폐의 명백한 특징이며, 동일한 패러다임이 할리버튼(Halliburton: 미국의 다국적 기업으로 세계에서 가장 큰 석유 채굴 기업 중 하나—옮긴이)과 시날로아 카르텔(Sinaloa Cartel: 멕시코 북서부의 시날로아주에 근거를 둔 마약 조직—옮긴이), 블랙워터(Blackwater: 미국의 사설 경비, 경호, 군사 훈련 사업체—옮긴이)와 다에시를 발생시켰다. 폭력 비즈니스는 세계 경제의 주요 분과 가운데 하나이며, 금융 추상화는 범죄 수익을 차별하지 않는다.

외부화와 민영화 과정은 이제 스스로를 먹이로 하고 있는 전 세계적 내전을 불러일으키고 있다. 니컬러스 크리스토프(Nicholas Kristof: 미국의 언론인, 정치 평론가—옮긴이)에 따르면 "지난 4년 동안 미국에서는 한국과 베트남, 아프가니스탄과 이라크 전쟁에서 사망한 미국인을 합친 것보다 더 많은 사람이 (자살과 사고를 포함한) 총기로 인해 사망했다".[1]

우리는 제3차 세계대전으로 향하고 있지 않다. 선전 포고는 없을 것이다. 그러나 수없이 많은 전투 지역의 확산이 있을 것이다. 전선의 통일은 없을 것이다. 그러나 일반적인 전략적 비전을 지니지 않는 단편적인 소규모 충돌과 기괴한 동맹이 있을 것이다.

'세계대전'은 우리가 현재 처해 있는 이러한 매우 고유한 형식의 종말에 대한 올바른 용어가 아니다. 나는 그것을 '단편적인 전 지구적 내전'이라고 부른다.

단편들은 수렴하고 있지 않다. 왜냐하면 전쟁은 어디에나 있기 때문이다. 전임 미 국방장관 애시 카터(Ash Carter)에 따르면 "점점 더 큰 규모의 파괴력이 점점 더 작은 규모의 인간 집단에게로 넘어간다".[2]

전쟁 민영화의 조건에서는 어떠한 지정학적 세계 질서도 상상할 수 없으며, 충돌하는 종교적 부족들 사이에서 어떠한 동의도 추구할 수 없다. 시작도 없고 끝도 없다. 왜냐하면 이 전쟁은 빈 라덴이 놓은 함정에 기꺼이 빠져 들어간 조지 부시와 딕 체니가 2001년에 공표했듯 끝이 없기 때문이다. 빈 라덴은 그가 확실히 머물고 있을 낙원에서 현재 출현하고 있는 죽음의 칼리프 나라를 보며 미소 짓고 있을 것이다. 지금까지는 알라의 군대가 전쟁에서 승리하고 있다고 그는 주장할 수 있다.

일부 미국 공화당원은 정기적으로 발생하는 자발적인 살해 사건이 정신병의 산물이라고 말한다. 얼마간은 그들이 옳다. 그러나 그들은 정신병이라고 딱지 붙인 것을 잘못 범주화한다. 이 정신병은 일부 고립된 사회적 탈락자의 드문 질병이 아니다. 그것은 공황과 우울증, 불안정과 굴욕의 광범위한 결과다. 이것들이 현대의 단편적인 전 지구적 전쟁의 핵심에 놓여 있으며, 식민주의의 유산과 일상의 광란적 경쟁에 뿌리박힌 채 모든 곳에서 퍼지고 있다.

신자유주의적 규제 철폐는 전 세계적으로 죽음의 경제(necro-economy) 체제를 탄생시켰다. 도덕적 처방과 법적 규제는 모든 것을 포괄하는 경쟁

법률에 의해 무효화되었다. 맨 처음부터 대처의 철학은 개인들 사이에 전쟁을 처방했다. 사회 문명의 종언, 평화의 종언을 개념화하기 위해 홉스(T. Hobbes)와 다윈 그리고 하이에크(F. A. Hayek: 오스트리아 출신의 영국 경제학자. 신자유주의 입상에서 모든 계획경제에 반대했다—옮긴이)가 소환되었다.

대규모 폭력의 행위자들에 대한 종교적·이데올로기적 딱지에 대해서는 잊어버리고 그들의 참된 본성을 보라. 시날로아 카르텔과 다에시를 블랙워터 및 엑손 모빌과 비교해보라. 그들은 훨씬 더 많은 공통점을 지닌다. 그들이 공유하는 목표는 현대 경제에서 가장 흥미로운 제품, 즉 테러와 공포 그리고 죽음에 대한 투자로부터 최대한의 돈을 끌어내는 것이다.

전 지구적 노동 구성: 벙커의 안과 밖

2013년 말 베이에어리어〔Bay Area: 유튜브, 구글, 페이스북 등 첨단 IT 기업이 입주해 있는 샌프란시스코 만안(灣岸) 지역〕 활동가 집단이 그 도시의 일상적 인지노동자들을 구글의 마운틴 뷰(Mountain View) 본사로 실어 나르는 개인 버스들에 대한 항의 캠페인을 시작했다. 이 버스들은 통신망 기업의 노동자들이 이동 사무실로 사용하는 덩치 큰 운송 수단이다. 사실 그들은 언제나 삶의 궁극적 가상화와 벙키화를 향한 최종적인 발걸음의 주역이라는 즐거운 인식을 지닌 채 일하고 있다. 항의의 직접적 동기(사적 운송의 침입에 대항한 공적 공간의 보호)는 제쳐두고, 이러한 갈등은 노동의 새로운 성층화(stratification, 成層化)에 빛을 비추며, 새로운 개념적 도구를 요구한다. 현대의 전 지구적 사회의 구성은 벙커 내부의 사회 영역과 벙커 외부의 사회 영역이라는 근본적인 분리를 중심으로 구조화해 있다.

벙커는 그 안에서 금융 계급과 인지 노동자가 살며 일하는 영역이다. 이 영역은 기술적 환경이나 도시 입지와 관련해 그 윤곽을 그릴 수 있다. 여기는 주된 연결과 재조합 기능, 즉 전체 생산 주기를 지배하고 활용하는 금융 결정 기능과 대체로 불안정하지만 순전히 자본 축적에 필요한 까닭에 어느 정도 보호받는 인지 노동 기능이 놓여 있는 곳이다.

이 두 가지 기능은 모두 내부적으로 성층화하고 분화된다. 하지만 그 기능인 모두가 그 안에서 살고 생산하는 영역은 더욱더 유선으로 연결되고 가상화 및 봉인되고, 벙커 외부에서 살아가는, 즉 산업 노동자가 공장에서 노동하고 점차 증대하는 빈곤과 주변화 영역이 자리 잡고 있는 영토적 사회로부터 분리된다.

벙커 외부 영역은 네트워크로 연결된 권역 내부에 자리를 갖고 있지 못한 모든 사람으로 이뤄진다. 그들이 분명 사적인 삶과 행동을 위한, 유선으로 연결된 기술적 장치를 소유하고 사용할 수 있긴 해도 그들의 생존은 생산의 물리적 물질과의 직접적 관계에 토대한다. 이는 대도시의 보호받지 못하는 영토, 즉 산업 노동자, 실업자, 이주자, 난민이다.

오랜 산업 부르주아도 영토의 물리적 구별을 보존하는 데 관심이 있었다. 부르주아는 하층 계급과 분리되어 있었지만 동일한 도시 공간에 살았고, 사회 전체의 진보와 공동체의 미래 소비로부터 이윤을 기대했다.

금융 자본은 벙커 외부 공간과 접촉이 없는 까닭에 영토나 공동체의 미래에 관심이 없다. 금융 이윤은 동시성과 가상 교환의 차원에서 실현된다.

금융 계급은 군사적으로 보호받는 게이트 커뮤니티(gate community)에 거주하며, 군대가 지키는 가상의 장소에서 휴일을 보낸다. 거기서는 눈도 가짜고, 산도 가짜이며, 바다도 가짜고, 인간들도 가짜 감정을 표현한다. 게다가 금융 자본은 어떠한 미래도 계획하고 있지 않다. 왜냐하면 미래는 지금, 즉 가상적 가치의 순간적인 가치화와 물리적 영토라는 방사형(radial) 공간의 황폐화에 있기 때문이다.

인지 노동자는 실제로 어중간한 조건에서 살고 있다. 일을 하고 있는 한 그들은 벙커 내부에서 산다. 그러나 연결된 스크린과의 교통을 중지하자마자, 그리고 통신망 기업의 보호받는 사무실로부터 나오자마자 그들도 역시 대도시의 정글 안으로 가라앉는다.

네트워크로 연결된 영역이나 금융 분야에서 직접 일하지 않는 사람들은 벙커 외부에서 살고 있다. 산업 노동자들은 그 수가 감소하지 않았다. 노동 시장의 세계화가 새로운 대량의 노동자를 물리적 생산 과정 안으로 이끌어 들였기 때문이다. 그러나 그들은 정치적이거나 연합된 권력을 잃어버렸다. 그들은 탈지역화 과정에 의해 끊임없이 위협받고 있으며, 결정을 내리고 실행하는 벙커에 접근할 수 없는 까닭에 의사 결정 과정에 개입할 가능성이 없다.

궁극적 비즈니스

벙커 밖에서 (벙커에 종속되어 있음에도) 죽음의 경제는 그 범위와 경제적 중요성을 증대시키고 있다. 죽음의 노동(necro-work)은 그 현실적 제품이 죽음인 기업을 위해 이윤을 산출하는 활동이다.

《고모라(Gomorrah)》라는 책에서—이는 놀랄 만한 문학적 성취이자 나폴리 지역에서의 범죄 활동에 관한 상세한 기록 문서다—로베르토 사비아노(Roberto Saviano)는 현대의 '죽음의 경제학'의 기초를 그려 보였다.

> 이윤, 사업, 자본. 그 밖의 다른 것은 없다. 사람들은 일정한 역동성을 결정하는 권력이 모호하며, 따라서 모호한 존재, 즉 중국 마피아로부터 생겨난 게 틀림없다고 생각하는 경향이 있다. 모든 중간 단계와 금융 이전 및 투자를 제거하는 종합—범죄적인 경제 집단을 강력하게 만드는 모든 것…….
> 당신은 가격 경쟁에서 이기고 있다. 동일한 품질이지만 4, 6, 10퍼센트 할인. 어떤 영업 사원도 제공할 수 없는 할인율. 이 할인율은 가게를 열거나 문 닫게 하고, 새로운 쇼핑센터를 탄생시키며, 보장된 수익을 가져오고, 그와 더불어 은행 대출을 확보하게끔 해준다. 가격은 더 낮아야 한다. 모든 것이 신속하고 비밀리에 이루어져야 하며, 어떻게든 매매되어야 한다.[3]

범죄 활동의 중요성은 세계의 도시 주변 지역에서 점점 더 많은 젊은이가 경쟁과 소비자지상주의 종족(consumerist race)에 의해 내팽개쳐지고 굴욕당하며 격분함에 따라 점점 더 증대하고 있다.

테러와 죽음의 기업이 전 세계적으로 확산하고 있다. 두 가지 눈에 띄는 사례가 멕시코의 마약 사업과 다에시, 즉 시리아 및 이라크의 칼리프 나라다.

'엘 차포(El Chapo: 땅딸보)'로 더 잘 알려진 호아킨 구스만(Joaquin Guzmán)은 경쟁자인 걸프 카르텔의 오시엘 카르데나스(Osiel Cárdenas)가 체포된 후 2003년 멕시코 최고의 마약 두목이 되었다. 그는 미국 재무

부가 "세계에서 가장 강력한 마약 밀매업자"로 여기는 인물이다. 2009~2011년까지 3년 동안 〈포브스〉는 구스만을 세계에서 가장 강력한 인물 가운데 한 명, 각각 40위, 60위, 55위로 꼽았다. 이것이 그를 카를로스 슬림(Carlos Slim: 멕시코의 통신 재벌로, 2010년 세계 최대 부자로 선정되었다—옮긴이)에 이어 멕시코에서 두 번째로 가장 강력한 인물로 만들었다. 그는 2011년 약 10억 달러의 순자산을 가진, 멕시코에서 10번째(그리고 세계에서 1140번째) 부자였다. 놀랄 것도 없이 그 잡지는 엘 차포를 자기 자본을 최악의 비즈니스에 투자하는, 규제를 벗어난 기업가로 간주했다.

댄 윈슬로(Dan Winslow)는 멕시코의 카르텔들, 특히 마약 사업의 역사에서 탁월한 중요성을 지니는 시날로아 카르텔에 대한 글을 폭넓게 썼다.

2014년 말, 지옥 같은 멕시코 상황이 국제 언론에 널리 알려졌다. 아요치나파(Ayotzinapa) 사범대학교의 대학생 43명이 마약 사업과 연계된 지역 정치인들과 결탁한 경찰에 의해 납치된 사건이었다.

이탈리아 언론인 페데리코 마스트로조반니(Federico Mastrogiovanni)에 따르면 멕시코 범죄 산업을 '마약'과 동일시하는 것은 잘못이다. 왜냐하면 범죄 활동의 실제적 범위는 마약 밀매와 생산에 국한하지 않고 몸값부터 매춘에 이르기까지, 노예 노동 착취부터 셰일 가스 추출에 이르기까지 펼쳐져 있기 때문이다. 자신의 책 《살아 있는 것도 죽은 것도 아닌(Ni vivos ni muertos)》에서 마스트로조반니는 특히 사람들을 감금하고 고문하는 사업에 초점을 맞추며, 마약 사업이 이 시장뿐만 아니라 셰일 가스에 대한 특별한 관심 같은 다른 시장들로 발전 및 확장하는 것을 목표로 삼고 있다고 주장했다. 셰일 가스를 추출하기 위해서는 쿠엔카데부르고스(Cuenca de Burgos) 같은 지역에 살고 있는 마을 사람들을 쫓아낼 필요가 있다. 마스트로조반니에 따르면, 이 목적을 달성하기 위해 이 지역에서 대량 학살이 자행되었다.

테러 노동

멕시코 카르텔이 그 나라의 가장 가난한 마을로부터 젊은 실업자들을 끌어들이고 있다면(우리는 그들을 마약-프롤레타리아라고 부를 수 있다), 그와 마찬가지로 칼리프 나라도 런던과 카이로, 튀니스와 파리 교외에서 젊은이들을 모집한 다음, 사람들을 무작위로 납치하고 학살하도록 그들을 훈련한다.

그리하여 '죽음의 노동자들'의 군대가 전 세계로 팽창하고 있다. 이 젊은 실업자들은 매일같이 자기의 목숨을 급여와 바꾸고, 폭력과 고문 및 살인의 전문성을 개발하고, 자기의 범죄 기술에 대한 보수를 받는다.

다에시는 월급으로 450달러를 지불하는 한편, 인질에 대한 몸값과 석유 수익 및 수백만 명의 수니파 인민에게 부과한 세금으로 기금을 마련한다. 그들은 탈근대적 중세(postmodern Middle Age)를 산출한다. 그러나 이것은 결코 뒤로 향한 것이 아니다. 이것은 미래의 선취다.

이슬람국가, 곧 IS의 광고 대행사 두비크(Dubiq)는 다른 광고 스타일의 비디오 〈이 제품을 사면 행복할 것이다〉를 공개했다.[4] 다중 카메라 앵글, 매끄러운 그래픽, 슬로모션 재생 및 심지어 인공 바람이 영상 전체에 좀더 극적인 느낌을 제공한다.

알라의 군대에 가입하면 당신은 친구와 따뜻함, 참된 삶을 찾을 것이다. 지하드는 우울증에 가장 좋은 치료법이다.

그것은 마음이 연약한 사람들, 고통을 겪고 있으며 우정과 소속의 따뜻함과 강함을 갈망하는 사람들을 위한 메시지다. 그것은 우리 자신의 도시 거리에서 매일 볼 수 있는 광고와 그리 다르지 않으며, 다만 자살이라는 주제에 대해 좀더 진지할 뿐이다. 이 비디오에서는 자살이 결정적이다. 두비크에 따르면 미군에서는 매년 6500명의 군인이 자살한다. 미국인은 분노와 절망으로 죽는다. 반면 신의 군사들은 낙원에서 그들을 기다리는 70명의 처녀들을 만나길 열망하며 죽는다.

> 일부 젊은이들이 IS에 끌리는 주된 이유는 그들이 일자리를 찾고 있고 거기에 가입하기가 쉽기 때문이다. IS는 바그다드 남부에서 팔루자(Fallujah) 변두리까지 이어지는 지역에서 수니파에게 문을 열고 좋은 급여를 제공함으로써 …… 팔루자가 함락된 이후 좀더 많은 젊은이들이 IS에 합류하면서 사정이 변했다. 〔그 후로〕 그들의 의무는 일상적이고 오직 전투에 관한 것이 되었다. 〔그 대가로 그들은〕 400~500달러의 월급을 받는다. 그러나 월급은 간헐적이며 안정적이지 않다.[5]

다에시가 프랑수아 올랑드(Francois Hollande: 제24대 프랑스 대통령—옮긴이)의 수사적 연설이나 융단 폭격으로 근절되지 않을 것이라는 점은 쉽게 이해할 수 있다. 그들의 잠재적인 모집 지역은 실제로 방대하다. TV 화면에서 아부그라이브의 이미지를 보았을 때 열 살이었고, 이제 런던과 파리, 카이로와 튀니스의 변두리에서 무일푼인 수백만 명의 젊은 무슬림들이 급여를 대가로 기꺼이 거기에 가입해 서구인들의 목을 자를 준비가 되어 있다. 왜 아니겠는가? 사업은 사업이다.

새로 생겨나고 있는 노동의 구성 요소는 놀라운 방식으로 변화하고 있다. 폭력은 더 이상 사회적 억압을 위한 주변적 도구가 아니라 정상적 생산 양식, 자본 축적의 특수한 순환이다.

탈출구는 있는가

2015년 11월 13일 파리 중심부에서 공격이 있은 후 신경이 곤두선 프랑스 대통령은 선언했다. "안보 협정이 안정 협정보다 우선한다. 프랑스는 전쟁 중이다."

빈 라덴의 꿈은 그 순간에 성취되었다. 광신자들의 작은 집단이 전 지구적인 내전을 불러일으켰다. 이제 그것을 멈출 수 있을까?

신흥 시장이 붕괴하고 있다. 유럽연합이 마비되고 있다. 약속했던 경제 회복이 어려움에 봉착했다. 오래 지속되는 경기 침체의 현 상황에서 이 악몽으로부터 깨어나길 기대하기는 어렵다. 이러한 지옥에서 벗어나는, 유일하게 상상할 수 있는 길은 금융자본주의의 종언이다. 하지만 이것은 가까이 있는 것 같지 않다.

그럼에도 이것은 우리가 이 무지몽매의 시대에 추구할 수 있는 유일한 전망이다. 그것은 노동자의 신체들 사이에 연대를 창조하고, 지식을 종교적 도그마와 경제적 도그마로부터 해방시키기 위해서 인지 노동자들의 협조를 위한 기술적-시적(techno-poetical) 플랫폼을 형성하는 것이다.

지구화는 현대 보편주의의 말살을 초래했다. 자본은 자유롭게 모든 곳에 흐르고 노동 시장은 전 지구적으로 통일되었다. 하지만 이것은 여성과 남성의 자유로운 어울림으로 이어지지 않으며, 세계의 보편적 이성에 대한 긍정으로도 이어지지 않는다. 오히려 그 반대 현상이 일어나고 있다. 사회의 지적 에너지가 추상적인 금융 네트워크에 포획됨에 따라 인지 노동이 가치화의 추상적 법칙에 예속되고, 인간의 의사소통이 탈신체화한 디지털 행위자들 사이의 추상적 상호 작용으로 전환함에 따라 사회적 신체가 일반 지성으로부터 분리된다. 추상적인 기업 왕국에 의한 일반 지성의 포섭은 살아 있는 공동체로부터 지성과 이해 및 정서적 감정을 박탈하고 있다.

그리고 뇌 없는 신체가 반응한다. 한편으로는 정신적 고통의 거대한 파도가, 다른 한편으로는 우울증(즉 광신과 파시즘 그리고 전쟁) 때문에 많이 광고하는 치료법이 있다. 그리고 그 모든 것의 끝에는 자살이 있다.

흑색토

죽음의 노동은 전 지구적 경제의 본질적 부분이며, 테러는 현재의 신자유주의적 세계에서 권력의 결정적 특징이다. 현대 권력의 두 번째 특징은 위험과 두려움 그리고 종말에 대한 지각에 토대한 전체주의의 한 형식이다.

티머시 스나이더(Timothy Snyder)는 《블랙 하트: 역사와 경고로서 홀로코스트(Black Heart: The Holocaust as History and Warning)》라는 책에서 폭력적인 전체주의적 운동이 현대의 어렴풋한 종말론적 위험에 대한 관측의 결과로서 다시 나타날 수 있다고 주장한다. 사실 그러한 감각은 지구온난화의 결과로 나타나는 환경 파괴로 인해 실제로 확산하고 있다.

> 지구는 삶과 공간 및 시간에 대한 히틀러적인 묘사를 좀더 그럴듯하게 만들 수 있는 방식으로 변화하고 있다. 이 세기에 예상되는 지구의 평균 기온 섭씨 4도 상승은 지구상의 많은 곳에서 인간의 삶을 변형시킬 것이다. ……히틀러는 19세기 말의 제국적 전조 아래 생겨난 최초의 세계화의 자녀였다. 우리는 20세기 후반의 자녀, 즉 두 번째 세계화의 자녀들이다. ……20세기의 1920, 1930, 1940년대에 많은 유럽인이 경험했듯 전 지구적 질서가 붕괴할 때, 히틀러의 경우와 같은 극도로 단순한 진단이 생태학적이고 초자연적이거나 음모론적인 것을 언급함으로써 전 지구적인 것을 해명할 수 있는 듯 보인다. 정상적인 규칙이 깨진 것으로 보이고 기대가 산산조각 났을 때, 누군가(예를 들어 유대인)가 자연을 적절한 도정으로부터 어떻게든 전환시켰다는 의심이 형성될 수 있다. 기후 변화같이 그 규모 면에서 참으로 전 지구적인 문제는 분명히 전 지구적인 해결책을 요구한다. 그리고 한 가지 명백한 해결책은 전 지구적인 경제를 정의하는 것이다.

스나이더에 따르면 나치즘에 대해 이야기할 때 우리는 역사와 경고, 즉 독일에서 대량 학살 폭력이 발발한 역사적 사건과 공동체가 적을 확인함으로써 쉽게 통일될 수 있는 결정적인 위험 상황에서 극단적인 전체주의와 폭력이 나타날 수 있다는 일반적 함축을 구별해야 한다. 신자유주의 세계화의 효과와 그에 이어지는 가속화한 탈영토화 과정 그리고 고삐 풀린 공격적 경쟁은 사람들을 소속 공동체와 맹렬히 동일시하는 데로, 그리고 민족적이거나 종교적인 소수자를 적대시하는 데로 이끌 수 있다—실제로 그렇게 이어진다. 내가 작금 세계사의 되어감에서 감지하는 무서운 추세는 세계 지도에서 경제적, 문화적, 민족적 경계를 휩쓸고 있는 탈영토화에 대한 쇠퇴하는 백인종의 반동이다.

미국 정치에서 트럼프의 출현, 유라시아 대륙에서 국가주의 체제의 확산은 도널드 트럼프와 블라디미르 푸틴, 야로스와프 카친스키와 빅토르 오르반, 마린 르 펜과 보리스 존슨을 통합하는 반(反)지구화 전선의 형성으로 읽을 수 있다. 이 전선은 금융 지구화에 패배한 백인 노동 계급의 압력의 표현이며, 신자유주의 엘리트에 대한 전면적인 반대로 향하고 있다.

06

통화 코드와 자동화

신자유주의 이데올로기는 자유지상주의 문화의 표현으로서 규제 철폐를 강조해왔다. 그야말로 참이다. 1980년대 이래로 우리는 두 가지 동시적인 과정을 목격해왔다. 첫째는 기업, 특히 자신의 투자를 세계의 규제받는 지역에서 규제가 철폐된 지역으로 옮기고 있던 전 지구적 기업의 활동에 대한 법적 제한의 폐지 또는 약화다. 그러나 전 지구적 기업의 자유는 일반적으로 노동자의 삶과 급여 조건이 악화하고 자연과 도시 환경이 파괴되는 원인이었다.

더 나아가 경제적 규제 철폐는 시민, 특히 노동하는 시민을 위한 더 많은 자유를 함의하지 않았다. 압박은 특히 금융과 암호 계약의 기술적-언어(techno-language)에서, 법적인 영역으로부터 언어적 영역으로 조금씩 옮겨갔다. 금융 윤리는 법률과 도덕 규칙 또는 정치적 명령의 문제가 아니다. 오히려 그것은 시스템에 접근하기 위해 반드시 준수해야만 하는 기술적 규칙 안에 새겨져 있다.

경제적 영역에서 화폐의 팽창하는 침투는 기호-자본(semio-capital)이라고 부를 수 있는 현대 금융자본주의의 단적인 특징이다. 기호(sign)가 생산 과정에서 두드러진 위치를 차지하기 때문이다. 화폐는 확실히 기호이며, 역사가 있는 기호다. 과거의 산업자본주의에서 그것이 일정한 양의 물리적 사물을 대표하는 지시 기호였던 데 반해, 오늘날 그것은 사회적 생산력을 동원하는 동시에 해체하는 권력을 획득한 자기 지시적(self-referential) 기호다. 고정 환율 체제의 종언 이래로 자의적인 금융 투기 게임은 세계 경제에서 중심적 위치를 차지해왔다. 그 결과는 사물들 간 모든 관계에서의 무작위성과 사람들 사이의 모든 관계의 불안정화다. 하지만 동시에 금융은 사회적 삶에 추상적인 자동적 형식의 규제를 새겨 넣는 일반적 힘으로 성장했다. 특히 부채의 역동성은 사회에 침투해 궁극적으로 그 사회를 예속시켰고, 사람들로 하여금 은행 시스템과 상호 작용하고 투자의 언어를 수용하지 않을 수 없게끔 했다.

일정한 시점에, 특히 2008년 9월의 금융 붕괴 여파로 나처럼 금융과학에 특별한 관심이 없는 많은 사람이 금융 기관의 이해하기 어려운 단어들을 어떻게든 이해해야만 했으며, 금융적 추상이 우리의 구체적 삶에 대해 자행한 공격에 어떻게든 저항하지 않을 수 없었다.

새로운 세기의 시작에 이른바 닷컴 주식 폭락은 1990년대에 통신망의 창조와 확산을 가능케 했던 인지 노동자와 벤처 자본 사이의 동맹이라는 환상을 와해시켰다. 2000년 가상 경제가 최초의 위기를 겪은 이후, 권력을 상실한 인지 노동자들은 불안정화의 사이클에 들어섰다. 그 이후 사회 전체가 형이상학적 부채라는 위협에 공격을 받았다.

1990년대 말에 장 보드리야르는 다음과 같이 썼다.

> 부채는 결코 갚아지지 않을 것이다. 어떠한 부채도 결코 갚아지지 않을 것이다. 최종적 계산은 결코 발생하지 않을 것이다. 시간이 계산되면, 사라진 돈은 계산을 넘어선다. 미국은 이미 사실상 갚을 수 없지만, 이것은 전혀 아무런 결과도 지니지 않을 것이다. 이러한 가상적 파산에 대한 심판의 날은 없을 것이다. 더 이상 어떠한 참조점도, 즉 측정 기준으로서 이바지할 어떠한 참조 세계도 없기 때문에, 어떠한 책임으로부터도 자유로워진 기하급수적이거나 가상적인 양식이 충분히 단순하게 들어설 수 있다.[1]

보드리야르의 예측은 틀린 것으로 입증되었다. 부채의 궤도화는 실패했다. 궤도에 있던 부채는 붕괴했고, 경제를 괴롭히고 있다. 부채의 탈궤도화에 직면해 금융 계급은 무(無)로부터 가치를 창조하고자 하는 자기의 시도를 증대시켰다. 그러나 그렇게 하기 위해 금융 계급은 사회 노동의 산물을 무(無)로 전환시키고 있다. 사회가 형이상학적인 부채를 갚음에 따라 일종의 블랙홀이 지난 200년 동안 생산한 부를 삼키기 시작했으며, 특히 유럽에서 그러했다. 신용 파생 상품 시장은 파괴가 생산을 대체하는 장소다. 규제를 철폐한 시장에서 '미래'가 상투어가 된 1980년대 이래로 금융 기관은 자기의 돈을 역설적으로 투자하기 시작했다. 이기면 그들은 돈을 번다. 지면 보험을 통해 신용 부도 스와프와 그 밖의 다른 금융 기법으로 더 많은 돈을 번다.

오랜 산업적 축적 모델은 M-G-M〔화폐(Money)-상품(Goods)-더 많은 화폐(more Money)〕 순환에 토대했다. 새로운 금융적 축적 모델은 M-P-M〔화폐(Money)-약탈(Predation)-더 많은 화폐(more Money)] 순환에 토대한다. 이는 다음과 같은 것을 함의한다. 화폐-사회적 빈곤-더 많은 화폐. 이것은 산업 노동의 유산을 신속하게 소비하는 블랙홀의 기원이자 바로 현대 문명의 구조다. 미래의 날개이자 파괴자로서 금융자본주의는 에너지와 자원을 포획해 그것들을 화폐 추상으로 변형시킨다. 2008년 미국 파생 상품 시장의 붕괴와 리먼 브라더스의 파산 후 금융 긴급 사태가 선포되었다. 그 결과 금융 동역학에 의해 초래된 무모한 비용을 지불하기 위해 사회 전체가 소환되었다.

언어와 화폐

현재의 경제 금융화는 화폐 시스템의 자기 지시성(self-referentiality)을 조건으로 요구한다. 사실 금융 축적은 본질적으로 금융 알고리즘과 생산 및 교환의 동역학 간 관계를 자동화하는 것에 토대한다. (예전에 자본주의의 일반적 이해관계에 의존했던) 금융 기능은 이제 경제의 자동화한 언어, 즉 현실 영역(생산과 교환)을 생산 그 자체의 원리에 고유하지 않은 수학적 원리에 종속시키는 초(超)코드화가 되었다.

미국 달러를 보편적 고정 환율 체제로부터 해방시킨 1971년 닉슨의 결정은 금융 변수가 어떤 지시 대상으로부터 독립적이며 오직 자기 규제와 자기주장의 자의적 권력에 토대할 뿐이라는 개념을 주장했다. 디지털 웹의 창조는 금융 코드와 경제적 동역학 간 관계를 자동화하는 길을 닦았고, 그 이후 사회적 삶은 금융 기호화에 종속되었다.

촘스키(A. N. Chomsky)의 구조 이론은 언어적 기호를 공유된 구조의 은행에서 교환할 수 있다는 생각에 토대한다. 공동의 인지 능력이 교환을 가능케 한다. 따라서 언어는 화폐와 마찬가지로 일반적 등가물, 서로 다른 상품들의 보편적 변환자다. 우리는 모든 것을 단어와 교환할 수 있듯 모든 것을 화폐로 교환할 수 있다.[2]

그러나 화폐는 (물론 언어와 마찬가지로) 에너지 동원을 위한 도구, 자기 확장의 실용적인 행동이기도 하다. 금융자본주의 영역에서 화폐는 동원의 지표라기보다는 요인이다. 그것은 참여나 복종을 불러일으키기에 적합하다. 부채의 현실을 보라. 부채가 사회의 신체에서 불러일으키는 빈곤과 착취의 끔찍한 결과를 보라. 부채는 화폐를 협박으로 변형시킨 것이다. 가치 척도로 생각되던 화폐는 심적(psychic)이고 사회적인 예속을 위한 도구로 전환했다. 형이상학적 부채는 화폐와 언어 그리고 죄를 연결한다. 부채는 죄이며, 죄로서 그것은 무의식의 영역에 들어가 권력과 복종의 구조에 따라 언어를 형성한다.

언어와 화폐는 무언가 공통의 것을 지닌다. 요컨대 그것들은 물리적 세계에서는 아무것도 아니지만, 그럼에도 인간 역사에서 모든 것을 움직인다. 말은 사람들로 하여금 믿도록 하고, 기대와 목표를 추구해 행동할 수 있는 충동을 주조해낸다. 말은 설득과 심적인 에너지의 동원을 위한 도구다. 화폐는 종이 한 조각이 세계에서 사고팔 수 있는 모든 것을 대표한다는 신뢰와 믿음에 토대해 유사하게 작용한다.

《미디어의 이해(Understanding Media)》 14장, '화폐: 가난한 자의 신용카드'에서 매클루언(M. McLuhan)은 다음과 같이 쓴다.

> 화폐는 이야기한다. 화폐는 은유, 이전(transfer), 다리(bridge)이기 때문이다. 말과 언어와 마찬가지로 화폐는 공동으로 성취한 일과 기술 및 경험의 창고다. 하지만 화폐는 또한 글쓰기 같은 전문 기술이기도 하다. 그리고 글쓰기가 말하기와 실서의 시각적 측면을 강화하듯이, 그리고 시계가 시간을 공간으로부터 시각적으로 구분하듯이 화폐는 노동을 다른 사회적 기능들로부터 분리시킨다. 오늘날에도 화폐는 농부의 노동을 이발사, 의사, 기술자 또는 배관공의 노동으로 변환하기 위한 언어다. 광대한 사회적 은유, 다리 또는 통역자로서 화폐는—글쓰기와 마찬가지로—교환을 가속화하고, 어떤 공동체에서든 상호 의존의 유대를 강화한다.[3]

화폐는 사회적 관계의 단순화를 위한 도구이며, 언명 행위의 자동화를 가능케 한다. 산업적 자동 기계가 기계적이고 열역학적이고 "노동자 자신이 단지 그것의 의식적 연계로서만 주조될 정도로 수많은 기계적이고 지적인 기관으로" 구성되어 있었던 데 반해, 디지털 자동 기계는 전기-컴퓨터적이며, 신경계를 포함하고, 전자적이고 신경적인 연결 네트워크로 펼쳐진다.[4] 생물-정보적인 자동 기계는 디지털 자동 기계를 사회적-언어적 상호 작용의 흐름에 삽입한 산물이다.

추상과 자동화

지난 세기 동안 추상은 예술과 언어 및 경제 분야에서 일반적 세계사의 주요 경향이었다. 추상은 일련의 실제적 경험들로부터 개념을 정신적으로 추출하는 것으로 정의할 수 있다. 그러나 그것은 또한 신체적 과정으로부터 개념적 동역학의 분리로 정의할 수도 있다. 마르크스가 구체적 사물의 유용한 생산에서 분리된 것으로서 노동 활동을 가리키기 위해 '추상적 노동'을 이야기한 시대 이래로 우리는 추상이 강력한 엔진이라는 것을 알고 있다. 추상 덕분에 자본주의는 가치화 과정을 물질적 생산 과정으로부터 분리했다. 생산적 노동이 정보 생산 과정으로 전환하면서 추상은 축적의 주요 원천과 자동화의 조건이 된다. 자동화는 사회적 삶의 기계 장치에 추상을 삽입하는 것이고, 결과적으로 이는 (물리적이고 인지적인) 행동을 기술적인 엔진으로 대체하는 것이다. 문화사의 관점에서 보면, 20세기 전반부는 엄격하게 지시적 기능으로부터 기호의 해방에 의해 표시된다. 이것은 근대 후기의 일반적 추세, 즉 문학과 예술 및 과학과 정치에서의 지배적인 경향으로 파악할 수 있다.

하지만 20세기 후반부에 화폐적 기호는 자기의 자율을 다시 요구한다. 닉슨의 결정 이래로, 즉 화폐적 규제 철폐 과정 이후 화폐적 동역학의 자의적인 자기 정의가 확고하게 수립되었다. 화폐가 지시적 의미화로부터 자기 지시적 의미화로 이행한 것이다. 이것은 화폐 영역의 자동화를 위한, 그리고 이런 추상 영역에 대한 사회적 삶의 복종을 위한 조건이다.

전자적인 자동화는 물리적 노동이 아니라 프로그래밍된 지식을 표현한다. 노동이 정보의 단순한 움직임으로 대체됨에 따라 노동의 축적으로서 화폐는 신용의 정보적 형식과 융합한다.[5]

교환 상품에서 대표 화폐와 표준 가치를 거쳐 전자적 추상에 이르기까지 화폐의 역사를 추적하면서 매클루언은 다음과 같이 쓴다.

구텐베르크의 기술은 광대한 새로운 문자 공화국을 창조했으며 문학 영역과 삶의 영역 간 경계를 둘러싸고 커다란 혼란을 불러일으켰다. 인쇄 기술에 토대한 대표 화폐는 금·은괴의 불활성 덩어리 및 상품 화폐와 전혀 일관되지 않은 새롭고 신속한 신용 차원을 창조했다. 하지만 모든 노력은 신속한 새로운 화폐로 하여금 느린 금·은괴 마차처럼 움직이도록 하는 데 열중했다. J. M. 케인스는 《화폐론(A Treatise on Money)》에서 이러한 정책을 진술했다. 그리하여 상품 화폐의 오랜 세월은 마침내 대표 화폐의 세월 앞에서 결국 지나가 버렸다. 금은 개인의 손이 물질적 요소를 붙잡는 한 그 가치가 사라질 수 없는 주조 화폐, 저장물, 부에 대한 명백한 요구이기를 그쳤다. 그것은 훨씬 더 추상적인 것—오로지 가치 표준이 되었다. 그것은 일군의 중앙은행들 사이에서 매우 소량으로 수시로 나뉨으로써 이러한 명목상의 지위를 유지할 뿐이다.[6]

화폐가 추상적일 때(즉 지시 대상과 분리되고 탈육체화할 때)에만, 화폐적 역동성이 자동화하고 의미화의 비지시 영역의 규칙과 가치 귀속에 내맡겨질 수 있다. 정보가 사물을 대신하고—한때 생산 프로젝트가 자본을 만날 수 있고, 자본이 생산 프로젝트를 만날 수 있는 영역이었던—금융이 물리적 생산의 제약으로부터 스스로를 해방시킨다. 즉 자본 가치화 과정(투자된 화폐의 증가)은 더 이상 사용 가치 창출을 통과하지 않는다. 시시 대상이 제거되고 금융 축적이 단순한 화폐 순환으로 가능해지면서 재화의 생산은 금융적 팽창에 불필요해진다. 추상적 가치의 축적은 부채에 대한 인구의 예속과 기존 자원의 약탈에 달려 있다. 이렇게 자본 축적이 유용한 물건의 생산으로부터 해방되는 것의 결과는 사회 복지의 소멸 과정이다.

금융 경제 영역에서 순환과 가치화의 가속화는 생산물의 구체적 유용성의 제거를 함축한다. 정보가 더 빠르게 순환하면 할수록 가치가 더 빠르게 축적되기 때문이다. 순수하게 금융적인 정보가 가장 빠른 반면, 재화의 생산과 분배는 느리다. 자본 실현 과정, 즉 재화와 화폐의 교환은 화폐 축적의 속도를 늦춘다. 의사소통 분야에서도 똑같은 일이 일어난다. 메시지는 의미가 적으면 적을수록 더 빠르게 움직인다. 의미의 생산과 해석에 시간이 걸리는 데 반해, 의미 없는 순수한 정보의 순환은 즉각적이기 때문이다.

지난 20년 동안 컴퓨터, 전자 거래, 다크 풀(dark pool), 플래시 주문(flash order), 다중 거래, 대체 거래소, 직접 액세스 중개인, 장외 파생 상품 및 초단타 거래자는 금융의 경관, 특히 인간 사업자와 자기 주도 알고리즘 자동 기계 사이의 관계를 완전히 바꿔놓았다. 물리적 사물, 즉 물리적 자원과 신체에 대한 지시를 제거하면 할수록 금융 흐름의 순환은 그만큼 더 가속화할 수 있다. 이것이야말로 이러한 추상 가속화 과정의 끝에서 가치가 노동과 사물의 물리적 관계로부터가 아니라 오히려 무와 무의 가상적 교환의 무한한 자기 복제로부터 나오는 이유다.

규칙의 새김

사회 활동가 집단뿐만 아니라 일부 열린 마음의 기술적-금융 행위자들도 대안 통화가 금융 올가미를 내부로부터 해체하는 데 유용한 도구가 될 수 있다는 생각을 선전하고 있다.

열린 마음의 금융 행위자들은 경제 영역이 국가와 중앙 집중화한 화폐 통제로부터 자유로워야 한다는 자유지상주의적인 설득에 고무된다. 그들은 금융 영역의 민주화 가능성을 찾고 있다.

나는 과연 화폐의 기능을 타파할 수 있는지 또는 과연 사회적 삶과 생산을, 현재 화폐 동역학을 지식과 노동을 예속시키기 위한 도구로 사용하는 금융자본주의로부터 풀어놓기 위한 도구로 화폐를 사용할 수 있는지 알지 못한다.

경험에 따르면 화폐는 사회적 삶을 자동화하는 것으로서, 즉 그것을 궁극적으로 자동화하는 것으로서 작용할 수 있다. 경험은 우리가 화폐 교환과 코드화(파산, 비화폐적 교환)에 의해 살고 있는 공간을 제거하는 것이야말로 자율을 위한 공간을 창조하는 방법임을 보여준다.

파산은 사회를 체계적으로 파괴하는 금융 협박에 저항하는 가장 효과적인 방법이다. 그러나 조직된 파산은 오직 사회적 연대가 강할 때에만 가능하며, 현재 상황에서 연대의 유대는 약하다.

거리에서 대중의 저항이 있긴 했지만, 사람들은 최근 연대를 오랫동안 유지하지는 못했다. 이것이 바로 파산—부채와 부당한 세금 부과에 대한 지불 적극 거부하기, 기본 서비스에 대한 지불 거부하기, 공간과 건물의 영구적 점령 그리고 긴축에 대한 사보타주—이 지난 몇 년간 사회적 무대에 현실적으로 뿌리를 내리지 못한 이유다.

지역적 교환을 위한 대안 통화의 초보적인 형태가 최근 유럽 전역의 많은 곳에서 나타났고, 시간과 기본 서비스 및 재화 공유 같은 경험이 더해졌다. 그러나 공동체 통화는 사회적 연대가 신뢰와 상호 협조를 키우기에 충분할 만큼 강할 때에만 의미 있는 교환 형식이 될 수 있다.

좀더 정교한 형태의 대안 통화가 고도의 숙련된 프로그래머들에 의해 진척되어왔다. 비트코인이 이들 가운데 가장 잘 알려진 것이다. 화폐를 창출하는 것은 기술적 문제다. 그러나 금융 화폐를 대안 화폐로 대체하는 것은 신뢰의 문제다.

대안 통화는 게임 체인저로서 이바지할 수 있다. 이것은 전적으로 가능하며, 일정한 지점에 이르기까지 이미 발생하고 있다. 그러나 이러한 대안이 사회적 연대성의 좀더 근본적인 결여에 대한 대용물로 어떻게 작용할 수 있는지는 명확하지 않다.

하지만 알고리즘 화폐는 자동화, 즉 행동과 언어와 관계의 자동화, 가치 평가와 교환을 위한 궁극적인 도구로서 작용할 수 있다. 즉 행동, 언어, 관계, 평가 및 교환의 자동화다. 비트코인 채굴자의 의도와는 상관없이 그들의 화폐 행동은 사회적 교환 영역에서 자동화의 수준을 높일 것이다.

내게 흥미로운 것은 사람들 사이의 관계에 대한 기술적-언어적 자동화다. 경제적이고 금융적인 관계는 더 이상 윤리적 교섭이나 정치적 결정의 대상이 아니다. 그것은 일정한 서비스나 직업을 가질 수 있는 일정한 가능성 등등에 접근할 수 있게끔 해주는 코드에 점점 더 많이 새겨진다.

인격적 관계를 프로그래밍 언어 안으로 코딩하는 것이 현재의 경향이다. 암호 화폐와 암호 계약은 점점 더 사람들 사이의 관계를 프로그래밍의 실행으로, 다음 단계에 접근하기 위해 수행해야만 하는 일련의 행위로 변형시킨다. 법의 규범적 기능은 단순히 조작적일 뿐인 기능으로 축소된 인간 행위자의 자동적 함축으로 대체된다. 산업 시스템의 극복은 물리적 행위를 정보로 변환함으로써 가능해졌다. 언어적 상호 작용의 자동화와 인지적이고 정서적인 행위를 알고리즘 연쇄와 프로토콜로 대체하는 것이 현재 변이의 주된 추세다.

3부

가능성

3부에서 나는 가능성에 대해 이야기한다. 나의 기본 가정은 다음과 같다. 즉 현재의 어둠에도 불구하고, 어렴풋한 전쟁과 널리 퍼진 원한에도 불구하고, 정치적 의지의 무능력에도 불구하고 현재 세계의 구조적 구성 체제에는 가능성이 놓여 있다. 그것은 해방과 부유함 및 평화의 가능성이다. 이 가능성은 세계 지식 노동자들 사이의 협력에 비축되어 있다. 이 가능성의 내용은 인간의 시간을 노동의 제약으로부터 해방하는 것과 인간의 노동 시간을 기술로 완전히 대체하는 것이다. 이 해방은 단지 사회관계의 개선, 급여와 자원의 재분배 그리고 대량 실업의 종언을 가져오는 것만이 아니다.

그것은 또한 사회적 에너지를 경제 분야와 (종종 쓸데없고 해로운) 재화의 생산으로부터 돌봄과 자기 배려 및 교육 분야로 옮겨놓기 위한 가능성을 창조할 것이다. 현재의 사회적 병리 현상은 주로 착취와 경제적 경쟁 및 급여의 불안정성으로 인한 결과로 파악할 수 있다. 인간의 노동 시간을 기계로 대체하는 것은 가까이 놓여 있는 가능성일 뿐만 아니라 환경 파괴를 경감하고 사회적 삶과 세계 평화를 질식시키는 신경 스트레스를 줄이기 위한 긴급한 필요성이다.

가능성은 사회적 두뇌에, 즉 지식과 문화의 사회적 조직에 놓여 있다. 우리가 상상할 수 있고 발명할 수 있는 한, 우리가 권력으로부터 독립적으로 생각할 수 있는 한 우리는 패배하지 않을 것이다. 문제는 어둠의 힘이 생각과 상상력과 지식을 탐욕의 지배와 전쟁의 통치 아래 억압하려 하고 있다는 점이다.

그들이 지식을 이윤과 폭력의 논리에 내맡기는 데 성공한다면, 그들은 모든 걸 파괴할 것이다. 그들이 그런 의도를 성공시키지 못한다면, 어둠의 힘이 아무리 얼마나 많은 파괴를 초래한다 할지라도 세계의 인지 노동자들은 평등주의와 사회적 자율 그리고 행복이라는 오랜 꿈을 부활시킬 수 있는 에너지와 창조성을 발견하게 될 것이다.

07

수수께끼

가상적인 것은 그저 물질 속에 숨어 있는 잠재력이 아니다. 그것은 잠재적인 것의 잠재력이다. 해킹하는 것은 추상적인 것을 생산하거나 그것을 정보에 적용하고 필연성 너머 새로운 세계의 가능성을 표현하는 것이다.

–매켄지 워크(McKenzie Wark), 《해커 선언(Hacker Manifesto)》

자본주의는 죽었고, 우리는 그 시체 내부에서 살며 썩어가는 부패물로부터 빠져 나가는 길을 미친 듯이 찾고 있으나 그것을 발견하지 못하고 있다.

지금까지는.

이윤 축적과 성장의 순환은 급여 노동과 교환 및 가치화로 변환된 사용 가치의 생산에서 잉여 가치를 추출하는 데 토대한다. 그 순환은 고갈된다. 사용 가치가 생산되지만, 유용한 것은 더 이상 잉여를 생산하지 않는다.

GDP 성장은 더 이상 현대 경제의 건강을 측정하는 특별히 유용한 방법이 아니다. 현대 경제에서 가장 중요한 발전의 많은 것은 공식 GDP 수치에 거의 기여하지 못한다. 위키피디아를 훑어보고, 유튜브에서 동영상을 보며, 구글에서 정보를 검색하는 것은 사람들의 삶에 가치를 더하지만, 이것들은 가격이 제로인 디지털 상품이기 때문에 공식 GDP 수치는 일관되게 그 영향을 무시한다. 비용을 절감하는 효율성 개선은 GDP에 부정적 영향을 미친다. 태양 전지판을 생각해보라. 그것을 설치하면 처음에는 GDP를 밀어 올리지만, 그 이후 석유나 가스가 절약되면 GDP를 감소시킨다.[1]

자본주의는 활동과 창안 모두를 포함하지만 유용한 모든 것을 화폐 가치로, 그리고 생산의 모든 구체적 행위를 추상으로 변형시키는 틀이다. 자본주의는 구체적 활동을 추상적 가치로 변환하는 기호 코드이며, 변환은 구체적인 경험 세계가 고갈된다는 것을 함축한다.

자동화

1968년경 이탈리아의 정치 조직 포테레 오페라이오(Potere operaio: 노동자의 힘—옮긴이)에서 젊은 투사가 된 이래로 나는 기술 혁신이 인간 노동을 대체하게끔 되어 있으며, 노동자 운동의 주요 목표는 노동 시간 감축을 위해 싸우는 것이라고 설득해왔다.

급여 노동은 이윤 지향 경제에 대한 활동의 종속을 함의하며, 사회적 투쟁의 역사는 유급 노동의 뒤얽힌 관계로부터 자율에 대한 탐색으로 읽을 수 있다.

사실 1968년 전후에 서구 세계와 특히 내 나라를 뒤흔든 투쟁과 사회적 동원의 긴 파도는 다음과 같은 몇 마디로 요약할 수 있을 것이다. 즉 노동자들은 덜 일하고 더 많이 벌고 싶어 한다.

생산성을 높이고 또한 사보타주와 반란을 통제하기 위해 자본가들은 기술에 투자하고 생산 과정을 자동화하는 기계를 도입하고 있다.

> 자동 기계는 반복적 작업을 수행할 수 있다. 그것들은 또한 비록 이전에 인간이 예견한 상황에 비추어서일 뿐이기는 하지만 '결정'을 할 수도 있다. 우리는 반복적 업무를 수행하고 일정한 종류의 '결정'을 내리는 그 자신의 분야 내로 자동 기계를 제한하는 것에 대해 논의할 것을 제안한다. 자동화의 발전은 엔지니어의 기술적 지식, 자동 기계를 제작하는 비용, 자동 기계에 대한 수요 및 그러한 기계를 디자인하고 제작하고 조작할 수 있는 훈련된 전문가의 능력에 의해 제한된다. 순전히 기술적인 관점에서 자동 기계가 반복적인 작업을 인간 노동자보다 더 빠르게, 더 정확하게 그리고 더 조심스럽게 수행하도록 고안할 수 있다는 것은 의심의 여지가 없다.[2]

1960년대 말에 나는 전자공학과 로봇공학의 기술적 진보가 노동의 의무로부터 사회적 삶의 해방을 위한 길을 닦고 있다고 확신했다.

50년 후 나의 예측이 잘못이었다는 것은 너무도 명백하다.

이제 21세기의 두 번째 10년에 나는 사람들이 30년 전보다 훨씬 더 많이 일하고 돈은 훨씬 덜 번다는 것을 인정하지 않을 수 없다. 사실 노동자 운동의 정치적 힘은 대부분 사라졌다.

나의 예측은 틀렸다. 왜냐하면 나는 노동으로부터의 해방 전망에 대한 문화적 저항, 세계 서로 다른 지역들의 경제 발전 불균형, 이윤 지향 경제에서 전 지구적 경쟁의 영향, 그리고 마지막이지만 앞의 것들에 못지 않은 것으로 산업 노동자들의 운동, 특히 세계의 많은 지역에서 공산당과 노동조합이 수행한 모순적인 역할을 고려하지 못했기 때문이다.

그럼에도 나는 나의 초기 이론적 움직임을 포기하지 않았다. 내 예측이 철저히 잘못된 것으로 드러났지만, 문제는 여전히 전보다 더 많이 존재한다.

노동과 과학 그리고 기술은 노동 생산성을 엄청나게 증가시킨 자동화를 확대하는 지점까지 협력함으로써 필요 노동 시간의 대규모 감축을 위한 길을 닦았다. 그러나 이것은 여전히 사람들이 자신의 삶에서 급여 노동에 바치는 시간을 줄이는 것으로는 이어지지 못했다. 반대로 산업 노동자와 인지 노동자 모두 오늘날 1960년대와 1970년대보다 훨씬 더 많이 일하고 있다. 실업과 불안정에 관한 수치는 증가하고 있지만, 노동 시장의 세계화는 노동 시간에 대한 오랜 규제와 제한을 파괴했다.

지난 몇십 년 동안 리프킨(J. Rifkin)이나 고르츠(A. Gorz) 같은 사상가들은 기술 발전의 직선적 결과로서 노동의 종말을 예언했지만, 현실은 그들의 예측과 모순되었고, 상황은 매우 다른 방향으로 나아갔다. 노동자 상태의 개선이 아니라 악화, 해방이 아니라 불안정한 노예화 형식의 복귀, 권력 부여가 아니라 광범위한 무력감—바로 이것이 20세기 후반기의 사회학적 상상력과 비교한 현재의 노동 현실이다.

1998년에 출판된 《노동 이후(Post-Work)》라는 책에서 편집자 스탠리 아로노위츠(Stanley Aronowitz)와 조너선 커틀러(Jonathan Cutler)는 미국에서 노동 시간 역사가 밟아간 일반적인 노선을 되돌아보았다. 더 짧은 노동 시간을 위한 투쟁은 노동자 운동의 의제에서 가장 중요한 항목들 가운데 하나였다. 19~20세기를 관통해 노동 시간의 꾸준한 감소는 노동조합의 진보적 행동이 거둔 주요한 성과였다.

그 이후 지난 세기말에 생산성을 엄청나게 촉진시키고 기호학적 노동이라는 새로운 차원을 창조한 디지털 기술의 성취와 역설적인 동시성에서 어떤 일이 벌어졌다.

자본의 세계화, 다국적 기업의 창설, 국경의 침식이 노동 시장의 전적인 탈영토화로 이어지고 노동을 전 지구적인 규모에서 그 자신과 경쟁하도록 한 데 반해, 노동조합과 (공산주의자를 포함한) 진보 정당들은 대부분 국경 안에 갇혔으며, 세계화의 위험이나 노동 시장의 규제 철폐를 보지 못했다. 그 후 노동 운동의 가장 중요한 성취—노동 시간 단축과 그에 따른 자기 배려와 교육 및 즐거움을 위한 사회적 에너지의 해방—가 뒤집혔다.

커틀러와 아로노위츠의 책에서 〈노동 이후 선언(The Post-Work Manifesto)〉은 "삶의 표준은 증가하지 않고 있으며, 양질의 여가 시간을 누리지 못하고, 스트레스와 그 사회적 발현이 만연하고 있으며, 우리 모두가 계획하고 있던 황금빛 미래가 빠르게 무너지고 있다"고 설명한다.[3] 더 많은 노동 시간은 더 많은 스트레스, 더 적은 자기 배려, 아이들을 위한 더 적은 시간과 교육을 위한 더 적은 시간을 불러일으킨다. 더 나아가 더 많은 노동 시간이 일반적 실업을 초래한다는 것은 분명하다. 노동 인구 일부가 그들의 노동 시간을 늘리도록 강제되는 데 반해, 점점 더 많은 사람이 실업 상태로 밀려나고, 어떤 종류든 불안정한 일자리를 받아들이도록 강요당한다.

미국에서 몇 년간의 사회적 위기와 실업률 증가 이후 오바마의 양적 완화 정책은 실업 추세를 역전시켰고, 고용의 급상승은 경제학자들로부터 폭넓은 호응을 얻었다.

그러나 이것은 정말로 사회적 삶을 위한 개선인가? 그 대답은 프랭크 브루니(Frank Bruni)가 쓴 〈뉴욕타임스〉의 한 칼럼에 나온다. "새로운 일자리는 오랜 일자리만큼 튼튼하게 느껴지지 않는다. 같은 돈을 벌거나 같은 생활 양식을 지탱하는 데 더 많은 시간이 걸린다. 학생들의 빚이 쌓이고 있다. 상향 이동성은 점점 더 신기루, 신화처럼 보인다."[4]

이 시대의 일반적 추세는 "같은 돈을 벌거나 같은 생활 양식을 지탱하는 데 더 많은 시간이 걸린다"는 이 문장에 잘 표현되어 있다.

이것은 전체로서 인류에 대한 퇴보를 나타낸다.

수수께끼

자본주의 경제 조건하에서 노동과 기술 그리고 자동화 사이의 관계는 수수께끼로 묘사할 수 있다.

우리는 이러한 개념적 미로를 평이한 용어로 다음과 같이 설명할 수 있다. 즉 지적 능력을 노동 과정에 적용하면 생산성이 증가하고, 따라서 사회적 생존에 필요한 재화 생산에 드는 노동 시간을 단축할 수 있다.

인구가 (지난 40년쯤에 걸쳐 그랬듯) 증가하더라도, 세계 인구의 육체적이고 문화적인 필수품이 (전 세계에 걸친 시장의 확장과 산업적 소비에 대한 인민 대중의 접근 덕분에 지난 몇십 년 동안 그랬듯) 팽창한다 하더라도, 산업 작업의 자동화에 의해 가능해진 생산성 증가는 대체로 각 개인의 노동 시간을 줄이기에 충분하다.

그럼에도 이러한 설명의 평이한 용어는 자본주의 경제의 동역학과 일치하지 않는다. 생산 과정의 내용(수작업, 과학적 지식, 기술적 숙련, 산업 작업 자동화, 인지 작업 자동화)은 그 용기(container), 즉 그 특징들이 추상적인 기술적 가능성의 적용을 형상화하고 모델링하는 자본주의 경제와 관련해 평가해야 한다.

여기서 나의 초점은 내용과 용기 사이의 관계에 맞추어져 있다.

주의하라. 용기는 단지 용기인 것만이 아니다. 그것은 기호화하는 것, 즉 경제적 이해관계, 문화적 규범과 기대, 정치적 제도, 군사적 구조 등에 의해 형성되어온 형식적 패러다임이다. 기호화하는 것으로서 용기는 내용(일상생활, 언어, 지식, 기술)을 조직하기 위한 기호학적 모델을 만들어낸다.

사회적 상상력은 용기에 의해 형성되므로 사회 활동의 내용은 축적과 성장의 패러다임에 따라 모델링되지만 내용(지식, 노동, 창의성)은 용기를 초과하는 가능성을 만들어낸다.

기호화하는 것과 살아 있는 내용 사이의 관계는 수수께끼이며, 비밀로서가 아니라 불가해한 것으로서 조사해야 한다.

비밀은 실제로는 곤경의 숨겨진 진리다. 비밀에서 당신은 비록 숨겨져 보호받고 있다 할지라도 참된 대답이 존재한다는 것을 알고 있다. 상자의 열쇠를 찾아내면 당신은 그 안에서 참된 대답을 발견할 것이다.

대조적으로 수수께끼는 불가사의하다. 거기에는 발견해야 할 중심적인 숨겨진 진리, 물음에 대한 결정적인 대답이 존재하지 않는다. 수수께끼는 문제의 경우처럼 수학적 해결책이 아니라 윤리적-심미적 직관 행위에 의해서만 결정될 수 있는 무한한 곤경이다.

무한 퇴행의 인간학적 의미에 대해 이야기하면서 파올로 비르노는 사람들이 충분히 소사해왔다고 느끼며 결정하는 순간이 있다고 쓴다.[5]

윤리적 질문과 판단의 불가해한 특징은 다음과 같은 것에 존재한다. 즉 진리는 없으며, 그 문제에 대한 해결책은 없고, 엄격히 말해서 아무런 문제도 없다. 오로지 가능성의 공간에서 방황하는 진동의 조건만 있을 뿐이다.

사회 분야에서 결정자는 무력(force)이다. 자본주의의 기호화하는 것이 힘을 지니는 데 반해, 형식적 용기 안에 담겨지고 쥐어 짜내지며 밀어 넣어지고 압착된다고 느끼는 삶의 형식은 용기를 부수고 깨트리기에 충분한 힘을 갖고 있지 않다.

불안정한 시대의 노동 거부

'노동 거부'라는 표현은 1960년대 말 이후로 이탈리아 노동자주의 문학에서 광범위하게 유포되었으며, 이 나라 남부 지역에서 북부 산업 도시로 젊은이들이 대규모로 이주하는 특수한 인간학적 상황을 반영하고 있었다. 그 사람들은 자기 삶의 변화에 분개했다. 지중해 연안에서 보낸 어린 시절의 느긋하고 화창한 날들로부터 어두운 공장 공간의 연기와 소음 속으로 뛰어든 그들은 불안감과 불편함을 느꼈다. 그들이 학생들의 대도시 문화와 접촉했을 때, 노동에 대한 그들의 혐오는 소외에 대한 문화적 항의로 전환되었다.

그들의 물음은 "이것이 삶인가?" 하는 것이었다.

아니었다. 무의미한 몸짓의 이 의미 없는 반복은 삶이 아니고, 삶이 아니었다.

노동 거부는 문화적 태도와 실존적 기대가 폭발하고 있던 대중 교육의 시기에 성장한 노동자 세대의 특수한 조건에 토대해 이루어진 권태와 슬픔에 대한 전쟁 선언이었다.

그렇더라도 노동 거부 개념을 그러한 역사적 상황에 한정하는 것은 잘못일 것이다. 왜냐하면 그것은 더 넓은 의미를 지니기 때문이다. 노동에 대한 저항은 그것이 노동 시간 단축을 가능케 하기 때문에 기술 혁신의 원천이다.

지난 세기 후반부의 특유한 상황에서 사회적 의식과 기술 진화가 동시에 일어났고, 지식의 능력은 급여 노동으로부터 삶의 해방에 문호를 열었으며, 그리하여 디지털 네트워크가 해방의 궁극적인 힘으로서 환영받을 수 있었다. 그러나 노동으로부터의 해방은 순수하게 기술적인 과정이 아니다. 그것은 정치적 인식과 문화적 기대의 깊은 변화를 전제한다. 둘 다 이루어지지는 못했다. 노동조합은 노동 절약 기술의 도입에 반대했고, 그 대신 자신의 에너지와 영향력을 일자리와 기존 노동 조건의 방어에 쏟아부었다. 그들은 자기의 정체성을 노동의 산업적 구성에 연결했고, 혁신에 반대하는 보수적 힘으로 전환해 금융 자본가들만이 기술적 기회를 이용할 수 있도록 했다.

사회적 의식과 기술 진화는 그 시점에 갈라졌고, 바로 그 순간 우리는 기술 야만의 시대로 들어섰다. 혁신은 불안정성을 불러일으켰고, 풍요는 대량의 비참을 창조했으며, 연대는 경쟁이 되었고, 연결된 두뇌는 사회적 신체로부터 떨어졌으며, 지식의 능력은 사회 복지와 분리되었다.

그렇더라도 일반 지성의 능력은 여전히 활동적이고 훌륭하다. 하지만 사회적 해방 과정에 방아쇠를 당길 수는 없다. 왜냐하면 신체들 간의 접속이 점점 더 불안정하고 취약해진 데 반해, 신체로부터 분리된 두뇌들 사이의 연결은 영구적이고 모든 것을 포괄하며 강박적인 것이 되어 삶을 도처에 존재하는 스크린 위로 유령처럼 투사함으로써 삶을 대체하는 지점에까지 이르렀기 때문이다.

지난 수십 년 동안 기술 혁신은 노동 생산성을 엄청나게 향상시켜 잠재적으로 재화가 넘쳐나는 상황을 창조했다.

이것이 자본주의의 우월한 효율성의 증거인가? 전혀 그렇지 않다. 그것은 전 세계 수백만 명의 인지 노동자가 협력해 이룬 성취다. 그것은 창조성과 지식의 효과다. 그것을 가능하게 만든 것은 기술자, 디자이너, 철학자들이다. 우리가 사용 가치를 고려해 그것을 살펴보면, 그들은 일상적 삶을 풍요롭게 만들고 개선했다.

우리가 혁신을 경제의 언어로 변환한다면, 우리가 '사용 가치'를 가치화와 자본 축적의 논리로 대체한다면, 모든 것이 다른 모습을 취하게 된다.

유용한 재화와 서비스의 우주가 엄청나게 팽창했음에도, 부의 분배는 너무도 불평등하고 불균형해서 풍요로움이 퇴보하는 것으로 보이고 삶은 점점 더 악화하고 있는 것으로 보인다.

사실 경제 용어에서 성장은 가치와 화폐 재산의 관점에서 국민총생산의 증가를 의미한다. 자본주의 코드는 유용한 것의 팽창을 금융 축적과 일상적 삶의 빈곤화로 변형시킨다. 문화적 모델로서 성장의 규정은 왜곡을 불러일으키고 가능한 풍요로움을 현실적 비참함으로 변형시키는 기호학적 뒤얽힘으로 사회적 생산에 작용한다.

2015년 세계 석유 생산량은 배럴당 가격이 전례 없는 낮은 수준으로 떨어질 만큼 풍부해졌다. 철강 생산에 대해서도 마찬가지 얘기를 할 수 있다. 같은 시기에 세계 모든 나라에서 수요가 감소했다. 이러한 사태는 전 세계 경제의 전반적 붕괴, 즉 과잉 생산, 디플레이션, 실업을 예상한 경제학자들에 의해 재앙으로 묘사되었다. 그러나 이것은 자본주의가 유용성의 현실 세계를 가치의 추상적 세계로 변환하고, 풍요를 비참으로, 풍부함을 부족으로, 능력을 무력함으로 다시 코드화한다는 증거였다.

가짜 회사

화창한 평일 오전 9시 30분, 프랑스 릴(Lille)의 말끔한 사무용 가구 납품업체 칸델리아(Candelia)의 전화가 전국의 고객들과 스위스와 독일로부터의 주문으로 끊임없이 울렸다. 복사기가 리드미컬하게 찰칵거리는 동안 10여 명의 노동자가 주문을 처리하고 공급업체와 협의해 책상과 의자를 선적하도록 했다.

회계 부서에서 근무하는 사빈 드 뷔제(SAbine de Buyzer)는 컴퓨터에 닿을 듯 다가가 일련의 번호를 스캔했다. 칸델리아는 잘 운영되고 있었다. 그 주(week)의 수익은 세금과 급여를 포함한 경비를 능가하고 있었다. "우리는 이윤을 거둬야 해요"라고 드 뷔제는 말했다. "모두가 성공할 수 있도록 최선을 다하고 있습니다."

이것은 상사가 듣고 싶어 하는 감정이었다. 하지만 이 경우 전체 사업은 가짜다. 가구를 주문하는 회사부터 배송하는 운송업체까지 칸델리아의 고객과 공급자는 가짜다. 칸델리아가 대출을 받는 은행조차도 진짜가 아니다.

오늘날 프랑스에서는 칸델리아 같은 번지르르한 회사가 100개 넘게 운영되고 있으며, 유럽 전역에는 수천 개 이상이 존재한다. 파리 외곽의 센생드니(Seine-St.-Denis)에서는 '동물의 왕국'이라 부르는 반려동물업체가 개 사료와 개구리 같은 제품을 판매한다. 리모쥬(Limoges)의 아트림(ArtLim)은 멋진 도자기를 팔고 있다. 오를레앙의 프레스티쥬 코즈메티크(Prestige Cosmetique)는 향수를 취급한다. 이 모든 회사의 상품은 상상의 것들이다.

프랑스에는 반려동물 전문 매장인 '동물의 왕국'같이 일자리 없는 노동자가 훈련을 받는 100개 이상의 가짜 회사가 있다. 이 회사들은 모두 평행 경제 세계(parallel economic universe)로서 효과적으로 운영되는 정교한 훈련 네트워크의 일부다. 몇 년 동안 목표는 다른 산업으로 옮겨가고 싶어 하는 학생과 실업자를 훈련하는 것이었다. 이제 그들은 유럽의 오랜 경제 위기에서 나타나는 가장 급박한 문제들 가운데 하나인 장기간 실업의 놀라운 증가와 싸우기 위해 이용되고 있다.

드 뷔제는 칸델리아가 유령 기업이라는 것에 신경 쓰지 않았다. 그녀는 2년 전에 비서직을 잃었으며, 안정된 일자리를 찾을 수 없었다. 하지만 1월 이후 그녀는 매일같이 일찍 일어나 화장을 하고 사무실에 갈 준비를 했다. 오전 9시까지 이 나라에서 실업률이 가장 높은 곳 가운데 하나인 릴리 인근의 저소득 지역에 있는 작은 사무실에 도착한다.

급료를 받지는 못하지만, 41세인 드 뷔제는 규칙적인 일상적 일들을 환영한다. 그녀는 칸델리아가 어디에도 가지 못했던 수없이 많은 검색과 인터뷰 후에 실제 일자리로 인도해주길 기대한다.[6]

이 믿을 수 없는 이야기는 필립 딕의 소설처럼 읽힌다. 그것은 사람들이 아침 일찍 일어나 아무것도 생산하지 않고 급여도 지불하지 않는 곳에서 일하기 위해 가는 세계에 관한 이야기다. 그러나 그것은 소설이 아니다. 그것은 그 자신의 선입견, 주로 급여 노동과 경제 성장의 도그마에 의해 눈이 먼 사회에 대한 묘사다.

사람들은 일이 정체성과 존엄성의 근거라고 믿도록 교육받아왔다. 그들은 스스로 일하는 환경의 맥락에서만 사회화했으며, 그리하여 자기의 일이 더 이상 필요하지 않다는 것을 깨닫고서는 우울해한다.

우울증은 정체성과 노동의 강박적인 융합의 결과이자 생존과 자기 삶의 박탈 사이 고리를 내면화한 결과다. 이 고리를 우리는 급여라고 부른다. 그러나 우리의 숙련과 지식의 유용성은 추상적인 교환 가능성으로 환원될 수 없다. 수백만 인지 노동자의 유용한 활동은 인간 노동을 대체하는 보편적 기계로 실제로 물질화한다.

이 기계를 부인하고 숨기고 망각할지라도 그것은 사회적 무의식에 결과를 산출한다. 그리고 사회적 무의식은 우리가 생존을 위해 삶을 포기하도록 강제하는 기계의 불합리를 느낀다.

08

미신

상식

2016년 2월 〈가디언〉에 실린 기사 〈세계 시장은 더 이상 경제 상식에 따르지 않는다〉에서 마크 블리스(Mark Blyth)는 다음과 같이 썼다. "적어도 지금까지 2016년의 가장 이상한 것들 가운데 하나는 세계 경제에서 무슨 일이 벌어지고 있는지 설명할 수 있는 모든 종류의 방법들로 경제 상식이 어떻게 엮여지고 있는가 하는 것이다."

상식이란 무엇인가? 특히 경제 영역에서 상식은 무엇을 의미하는가? 상식은 경험의 산물이다. 하지만 상식은 경제학자가 연구하고 있는 과정(생산, 교환, 기술, 노동……)이 우리의 과거 경험에서 발전한 개념적 도구를 가지고서 더 이상 파악할 수 없을 정도로 깊이 변화했기 때문에 오늘날에는 들어맞지 않는다.

이러한 개념은 주위 현실을 왜곡하는 오래된 안경과 같으며, 사회로 하여금 역설적 효과를 산출하는 행위를 수행하도록 설득한다.

이른바 '양적 완화'에 대해 생각해보자.

막대한 양의 돈을 은행 시스템에 쏟아 넣는 효용은 무엇인가? 노동시장 세계화의 영향으로 수요가 감소할 때 기업으로 하여금 돈을 투자하도록 밀어붙이는 효용은 무엇인가? "세계화와 정치적 우파에 의한 30년 동안의 일치된 행동은 더 높은 임금을 요구할 수 있는 노동의 능력을 죽였고, 그리하여 기록적인 불평등과 초저 인플레이션이 나타났다."[1]

사람들의 노동 산물이 필요하지 않고 요구되지도 않으며, 가장 중요하게는, 기계에 의해 생산할 수 있을 때 그들로 하여금 점점 더 많이 일하지 않을 수 없게끔 하는 것의 효용은 무엇인가?

경제 지식의 기본 개념은 오해의 소지가 있다. "이제 우리는 1.5퍼센트의 성장, 0.5퍼센트의 인플레이션 그리고 일부 지역에서 마이너스 0.25퍼센트의 이자율에도 오랜 수법이 더 이상 작동하지 않는 위기 이후의 세계에 처해 있다."[2]

현대 경제는 자원과 생산, 기술과 삶에 대한 우리 관계의 기호학적 코드화에 토대한다. 사회적 상상력은 미신의 임박한 협박에 의해 형성된다.

변환(재코드화) 행위가 경제에 새겨지며, 이러한 재코드화는 단지 언어적 행위인 것만은 아니다. 그것은 금융 약탈, 엄청난 양의 재화와 자원의 황폐화, 부의 분배에서의 불평등 증가의 원천이다.

사회관계의 지명(nomination)은 자본주의를 자연적 형식으로 내면화하는 과정의 일부다. 우리는 일정한 종류의 인간 활동을 급여와 교환된 시간, 자본 축적의 근원인 '노동'이라 부른다.

활동은 즐겁고 풍요로울 수 있지만, 그것이 노동으로 변환하면서 의미를 박탈당하고 반복으로 전환된다. 급여 노동이 되기 위해 활동은—그 자체로 아무리 창조적일 수 있을지라도—반복적인 규칙에 복종해야만 한다.

기술은 사회적 경험의 증대를 가능케 하고, 특히 덜 일하고 더 많이 즐길 수 있게 한다. 그러나 경제적 용어로 변환되자마자 기술은 한편으로는 광란적인 과다 활동과 경쟁을, 다른 한편으로는 실업을 촉진한다.

경제적 언어는 자본주의 코드를 사회적 형태, 즉 미리 포맷된 형식의 발생자(generator)로서 작용하는 지각 도식(perceptual scheme)으로 변환하는 것에 토대한다. 유용한 현실의 경제적 지명은 지각의 변형자(transformer)로서 작용하며, 이윤과 성장 및 축적을 사물 방출의 코드로 전환시킨다.

노동과 급여, 축적과 교환-가치는 자연적으로 주어진 것이 아니라 사회적-기호학적인 관습이다. 하지만 관습은 그저 현실적 삶을 사후적으로 표시하는 기호일 뿐만 아니라 우리의 기대와 상호 작용 방식을 미리 형성하고 포맷하는 의미화의 틀이기도 하다.

노동은 기호-경제적 형태의 키워드다. 우리는 우리 삶의 활동을 노동과 동일시하도록 유혹당하며, 생존을 위해 급여 노동에 의존하도록 강제된다.

경쟁은 헤게모니적인 신자유주의 종교의 만트라(mantra: 기도나 명상할 때 외는 주문—옮긴이)다. 더 많이 일하기 위해 경쟁하라. 경쟁하기 위해 더 많이 일하라. 경쟁하기 위해 급여를 낮추고, (더 적은) 급여를 받기 위해 경쟁하라.

왜 더 많이 일하는가? 세계는 이미 물체들로 포화되어 있다. 하지만 우리는 경제적 미신 때문에 더 많은 쓸모없고 밉살스러운 것들의 생산을 멈출 수 없다. 게다가 우리가 필요로 하는 재화는 점점 더 적은 노동으로 생산할 수 있을 것이다.

지식과 기술의 능력을 자본주의 경제의 언어로 번역하는 것은 수백만 명의 인지 노동자를 이윤과 성장이라는 과거의 이론적 원리에 예속시키는 것을 의미한다.

풍요의 현실은 결핍의 기호학적 격자로 번역할 수 있다.

> 과잉 노동과 관련한 오늘날의 의식(ritual)은 육체적 필요에 묶인 어떤 것이라기보다는 완전히 만들어진 팩트다. 나아가 사회적 밈(meme)으로서 그것은 삶의 거의 모든 다른 영역을 식민화했다. ……이윤을 위한 회사는 관련자 대부분을 위한 그 유용성보다 더 오래 살아남은 시대에 뒤떨어진 사회 제도다. 사회는 그것을 뒤에 남겼다. 바로 이것이야말로 그것이 우리를 그토록 강하게 붙들고 있는 이유다. 자본주의와 그것의 사유 재산에 대한 물신화가 조류에 맞서 헤엄치고 있다.[3]

생산 과정이 본질적으로 물질의 기계적 변형에 토대했던 오랜 산업 세계에서 가치는 생산품의 제조에 필요한 시간의 관점에서 쉽게 정의할 수 있었다. 이제 가치의 정의는 무작위적이고 휘발성이 되었다. 왜냐하면 정신노동은 동일한 시간적인 기준으로 번역하기 어렵기 때문이다. 기호학적 생산 분야에서 가치화의 오랜 규칙은 해소되고 있으며, 가치의 귀속은 시뮬레이션과 기만과 단적인 폭력에 놓여 있다.

부조화

혁신의 동역학은 생산 기술과 지식을 축적과 성장의 원리에 따라 해석하고 조직하는 자본주의의 기호학적 코드와 점점 더 조화를 이루지 못하게 되었다.

그러나 역사적 공산주의의 붕괴와 사회적 연대의 해체는 자본주의에 대한 어떠한 대안도 생각할 수 없게끔 만들었다.

근대 후기의 정신에 깊이 자리 잡은 무한한 확장에 대한 기대는 함정이다. 기술적 환경의 재코드화에 토대한 새로운 기대만이 사회적 유기체가 오래 지속되는 비(非)성장 조건에 적응하도록 할 수 있을 것이다. 부의 재분배와 평등, 절제와 연대와 우정—이것들이 가능하고 필요한 문화적 전환의 키워드다. 그러나 세계의 대부분 정부들은 이러한 가능성과 필요성을 보지 못하는 것 같다. 왜냐하면 그들은 노동과 급여, 급여 노동이라는 경제적 미신의 압도적 힘에 의해 눈이 멀었기 때문이다.

미신: 이것은 실제 사건에 대한 지각을 불구화하고 불합리한 행동을 불러일으키는 근거 없는 믿음, 기만이다. 과거 산업 시대에 급여의 범주는 결핍 상황하에서 인간의 활동을 의미할 수 있었다. 그 상황이 종종 근대 초기 영국의 인클로저(enclosure) 경우에서처럼 인위적으로 발생하기도 했지만 말이다. 그러나 오늘날 결핍 체제는 끝났다. 지난 수십 년간의 (그리고 예측할 수 있듯이 다음 수십 년 동안의) 기술적 진화가 다르게 분배해야 할 풍요로움을 가져온 전례 없는 생산성 증가를 가능하게 했기 때문이다.

디지털 변이와 전 지구적 금융은 오랜 산업 시스템을 관장해온 규칙들을 파괴했다. 가치와 노동 시간 사이 또는 화폐 동역학과 기업의 생산적 기능 사이의 관계가 무너진 것이다. 불안정성은 모든 형식의 협조를 훼손한다. 우리는 보드리야르가 부동하는 가치의 무작위 영역으로 상상한 것에 들어섰다. 이 영역에서 가치는 더 이상 노동 시간에 토대할 수 없다. 세계 경제가 성체되는 반면, 자동화를 향한 새로운 추진력이 연구자와 개발자로부터 나온다. 인공지능과 통신망의 교차는 새로운 세대의 자동 기계에 문을 열고 있다. 이러한 새로운 세대는 반복에 토대한 기계적 노동뿐만 아니라 선택과 차이에 토대한 인지 노동도 대체할 것이다. 폴 메이슨(Paul Mason)이 경고하듯 "다가오는 자동화의 물결은 단지 생존하기 위해서만이 아니라 모두에게 버젓한 삶을 제공하기 위해 필요한 노동의 양을 대폭 줄여줄 것이다".[4]

이러한 추세는 불안을 조장하고 적대적인 정치적 반응을 불러일으키고 있다. 리처드 프리먼(Richard Freeman)이 지적한 것처럼 자동화에 대한 두려움이 물결치고 있다.

> 얼마 전까지 경제학자들과 그 밖의 사람들은 노동의 로봇화에 대한 이야기를 무시했다. 기계가 영구적인 실업을 만들어낼 것이라는, 전문 기술자들 사이의 불황 시대에 대한 두려움은 거짓으로 판명되었다. 1960년대의 거대한 자동화 공포는 결코 들어맞지 않았다. 대부분의 경제학자는 인간이 불확실하고 변화하는 환경에서 판단과 능란함을 요구하는 작업에서의 기계에 대한 우위를 결코 상실하지 않을 것이라고 믿었다.[5]

오늘날 그러한 자기 위안은 씻겨나갔다. 첨단 기술 기업들은 지능형 자동 기계 장치를 가지고 노동자를 대체하기 위한 연구에 막대한 투자를 하고 있다.

래리 페이지(Larry Page)는 노동 대체 기술의 다음 단계가 주당 40시간 노동과 거의 양립할 수 없다고 생각했다. 그럼에도 사람들은 저임금 과업을 수행하는 데 하루에 8~9시간을 소비하며, 실업률이 상승하는 동안 67세 이상까지 일하지 않을 수 없다.

1960년대와 1970년대 사회적 자율의 시대에 세계 많은 곳과 특히 유럽에서 자본주의 추세는 잠정적으로 일시 멈추거나 반전되기도 했다. 투쟁과 파업 그리고 협상 와중에 산업 노동자들은 주당 노동 시간을 최대 40시간으로 단축해냈다.

사회적 연대와 노동자 불복종은 기술자들로 하여금 시간 절약 기술을 개발하도록 해 전반적인 노동 시간을 단축시켰다. 그것은 양면적인 움직임이었다. 그것은 더 나은 삶의 상태로 나아가는 길을 닦았다. 그러나 그것은 또한 기존의 노동 구성에 대한 위협이기도 했다. 노동조합은 기술을 위험으로 지각했고, 그러한 노동 절약 장치의 구현에 반대함으로써 스스로가 기술적 변화에 대처할 수 없음을 증명했다.

이러한 동역학에 신자유주의 승리의 원천이 놓여 있다. 한편으로 규제를 철폐한 자본주의는 기술 혁신가들로 하여금 점점 더 지능적이고 생산적인 자동 기계를 구축하도록 고무한다. 다른 한편으로 그것은 노동자로 하여금 로봇에 대항한 불가능한 경쟁에서 점점 더 적은 돈을 대가로 더 빨리 일하도록 협박한다. 이러한 역설의 결과는 좀더 일반적으로 일과 삶의 불안정화다.

불안정성은 노동 관계의 일반적 형식이다. 노동이 일부 지점에서 불안정해지기 시작하면, 노동자들(특히 인지 노동자들) 사이의 경쟁이 연대를 대신하면서 불안정성에 대한 지각이 모든 곳으로 퍼져나간다. 모든 노동자는 자기 일자리가 기계로 대체될 수 있다는 것을 안다. 모든 노동자는 자기 급여를 내일 다른 노동자가 가져갈 수 있다는 것을 안다. 모든 사람은 다른 사람을 잠재적인 적과 잠재적인 위협으로 감지하게 된다.

문화 산업에서 일하는 젊은이들은 이러한 불안정한 협박에 대해 매우 잘 알고 있다. 아트 갤러리, 대학, 출판사, 잡지, 신문은 모두 인지 노동자를 공짜로 착취한다. 그들은 이것을 '인턴십' 또는 그와 비슷한 것이라 부른다. 인지 노동자들은 자신이 선택한 문화 활동에 자기 개성과 자기 문화, 자기 표현성의 가장 좋은 것을 투자하기 때문에 이러한 조건을 받아들이도록 유혹받으며, 그래서 협박은 성공한다. 스스로가 좋아하는 것을 공짜로 하는 것은 좋은 일일 수 있다. 그러나 문제는 그들이 집세를 내고 은행에서 대출한 대학 학자금을 갚아야만 한다는 것이다. 이는 끝없이 이어진다.

노동과 급여 사이의 연결 고리는 느슨해지고 있다. 하지만 급여로부터 시간의 해방이 급여 노동의 미신에 근거하는 한 오로지 자본가들만이 그 결과로서 일어나는 무작위성과 불안정성으로부터 이익을 얻는다.

관습과 미신 그리고 급여 노동

현실에 대한 미신적인 지각 때문에 우리는 디지털 생산을 오랜 산업적 패러다임에 따라 의미화할 수 있다고 고집스럽게 주장한다.

성장, 노동, 급여—이것들은 결핍 시대의 인간 활동을 기계적 인식론의 틀 안에서 설명하고 의미화할 수 있었던 범주들이다. 이 범주들은 풍요와 초과를 생산한 디지털 확산과 과잉 속도를 기호화할 수 없다.

노동과 급여, 성장 같은 개념은 기호적인 관습이다. 그러나 관습은 실제적인 삶을 나타내는 언어적 기호일 뿐만 아니라 우리의 기대와 우리의 상호 작용 방식을 형성하는 의미화 틀이기도 하다. 관습은 생존을 가능케 하는 교환 규약에 접근할 가능성을 제공하는 코드를 탄생시킨다.

그러나 확립된 관습에 토대한 코드는 그 이후 기술적 진보와 그 결과를 해석하거나 관리할 수 없게 되었다. 이 코드는 더 이상 작동하지 않는다. 그것이 디지털 영역에서 출현하는 삶의 형식들을 합리적으로 관리하는 것은 부적합하다.

생산이 기호학적인 재조합과 교환으로 바뀜에 따라 노동은 정신적 에너지의 투자로 전환된다. 정신적 시간은 이 분야에서의 생산성이 매우 휘발성 높고 무작위적인 까닭에 거의 가치로 환원될 수 없다. 가격은 일시적인 힘 관계(rapports de force)의 우연적인 지표로 밝혀진다. 급여는 마침내 미신으로 드러나며, 점점 더 종종 새로운 형식의 노예제와 힘 관계의 단적인 잔인함으로 대체된다.

급여는 기초가 부실한 성(城)을 지탱하는 미신이다. 그러나 이 미신은 우리가 새로운 자동화 물결이 생산 세계를 뒤덮고 있다는 것을 깨닫는다면 점점 더 약화하고 흔들릴 것이다.

우리는 노동하는 인조인간을 무서워해야 하는가

역사상 가장 거대한 기업인 구글은 연산 기계를 그 기계로 하여금 네트워크의 무한한 자원을 사용하도록 추동하는 검색 엔진과 연계시키는 목표를 추구하고 있다. 그렇게 함으로써 기계는 전례 없는 정도의 유연성을 획득해 고도로 복잡한 작업에서 인간을 대체할 수 있을 것이다. 노동하는 인조인간(working android)의 사용은 다가오는 몇십 년 사이에 확산할 것이다.

대부분의 보통 사람들은 조만간 누군가가 자신의 노동이 쓸모없다는 것을 알아채고 자신의 일자리가 사라질 것이라고 무서워한다. 그들이 자신의 일이 쓸모없다고 생각하는 것은 옳다. 현재의 일자리 대부분은 기계가 지금은 그렇지 않다 할지라도 다음 5년 정도 사이에 그 일을 더 잘할 수 있는 까닭에 불필요하다.

2015년 6월 10일 자 〈뉴욕타임스〉에 실린 기사에서 마틴 포드(Martin Ford)는 기술이 중국의 고용에 미치는 영향에 관한 몇 가지 인상적인 통계를 보여주었다.

> 2014년 중국의 공장들은 전 세계 산업용 로봇의 약 4분의 1을 차지했다. 이는 2013년에 비해 54퍼센트 증가한 수치다. 국제로봇공학연맹에 따르면, 중국은 2017년까지 어떤 다른 나라보다 많은 제조 로봇을 더 많이 설치할 것이다. 애플을 비롯한 다른 회사들을 위한 소비 가전제품을 만드는 폭스콘(Foxconn)은 3년 내에 공장 작업의 약 70퍼센트를 자동화할 계획이며, 이미 청두에 완전히 로봇을 이용하는 공장을 갖고 있다…….

따라서 중국의 공장 일자리는 미국과 다른 선진국들에서 그랬던 것보다 훨씬 더 빠른 속도로 증발할 수 있을 것이다.

1995~2002년 중국 제조업 전체 고용의 거의 15퍼센트인 약 1600만 개의 공장 일자리가 사라졌다. 이러한 추세는 가속화할 것이다.[6]

《자동화 신화(The Automation Myth)》에서 매슈 이글레시아스(Matthew Yglesias)는 기술이 지난 수십 년 동안 생산성을 증가시켰다는 것을 부인하면서도[7] 다음과 같이 인정한다.

무어의 법칙―대체로 2년마다 컴퓨터 칩의 능력이 2배가 된다고 하는 법칙―의 힘은 향후 5년 동안 디지털 진보의 가치가 원래 프로세서에서 앞선 5년보다 더 큰 도약을 수반하리라는 것이다. 적어도 우리가 언젠가 경제를 향상시키기 위해 필요한 인간의 노동량을 실질적으로 줄이기 시작하는 즉시 실제로 생산성에서 대규모 도약을 이룩하는 것은 가능하다.

그리고 이렇게 결론 내린다.

좀더 그럴듯한 결과는 덜 일하는 세계다. 그리고 그것은 우리가 두려워하기보다 환영해야 할 세계다.

그럼에도 지난 30년 동안 미국 노동자의 평균 급여는 약 5퍼센트 늘어난 데 반해, 그들의 평균 생산성은 약 80퍼센트 증가했다. 미국의 사회학자 줄리엣 쇼어(Juliet Schor)는 1992년 출간한 《과로하는 미국인

(Overworked American)》에서 그 세기의 마지막 20년에 걸쳐 평균적인 미국인의 노동 시간이 매년 한 달에 해당하는 만큼 증가했다고 썼다. "예상할 수 있듯이 노동자들은 자고 먹는 것과 같은 기본적인 것에 더 적은 시간을 보내고 있다. 부모는 아이들에게 관심을 덜 기울이고 있다. 스트레스는 부분적으로 일과 가정생활의 요구를 조화시키는 균형 잡힌 행동 때문에 상승하고 있다."[8]

줄리엣 쇼어가 1990년대에 강조한 추세는 거기서 그치지 않았다. 2013년 《24/7: 후기 자본주의와 잠의 종언(24/7: Late Capitalism and the End of Sleep)》이라는 책에서 조너선 크래리(Jonathan Crary)는 오늘날 평균적인 북미 성인이 하룻밤에 한 세대 전의 8시간과 (믿기 어렵겠지만) 20세기 초의 10시간보다 훨씬 줄어든 약 6시간 반을 잔다고 썼다.

이러한 광신적인 자기희생은 청교도적인 미국 문화가 삶의 즐거움에 대해 거의 알지 못하기 때문에 미국적인 삶의 특별한 특징이었다. 그러나 지난 30년 사이 이러한 광신주의는 전 세계에서 정책의 정언 명령으로 전환되었다.

급여

때때로 나는 미셸 푸코가 그의 가장 중요한 책, 즉 전형적인 근대 급여 노동의 계보학에 관한 책을 쓰는 걸 빠트렸다고 생각한다. 그리고—두 번째로 드는 생각인데—나는 감옥과 학교 그리고 파놉티콘(panopticon)과 고문(torture, 拷問)과 생명 정치에 관한 그의 모든 책의 일반적 주제가 정확히 다음과 같은 기념비적인 작업으로 수렴되고 있다고 이해한다. 사람들이 생존하기 위해 급여의 협박을 받아들이고 여전히 견디는 일은 어떻게 발생하는가?

우리가 노동과 자연의 산물을 즐길 권리와 교환하기 위해 자기 시간을 제공해야만 한다는 널리 퍼져 있는 신념은 명백한 것이 아니며, 자연스러운 필요에 토대하는 것도 아니다. 결핍이라는 조건에서 사람들은 기본적 생존을 위해 필요한 돈과 교환하기 위해 자기 시간을 양도하지 않을 수 없었다. 그러나 오늘날 결핍 체제는 불필요하다.

활동이 급여 협박에 종속되지 않는다면, 이 가운데 아무것도 문제가 되지 않을 것이다. 기술 혁신은 시간을 노동으로부터 해방시키며, 이 시간을 그 대신 건강관리, 자기 배려, 교육, 음식 준비, 애정 같은 진정한 활동의 어떤 것도 상실하지 않은 채 돈과 교환할 수 없는 사회적 활동에 바칠 수 있다. 기술 혁신은 가능성을 창조했다. 그러나 우리는 급여의 의심할 수 없음, 즉 노동 시간과 교환한 생존 때문에 그것을 현실화할 수 없다.

따라서 급여는 너무도 명확한 것, 노동이 생존을 위해 점점 더 필요하지 않다는 것을 보지 못하게끔 하는 미신으로 폭로되어야 한다. 급여와 관련한 협박은 기술 혁신을 사회의 비극으로 전환시킨다—경쟁을 위한 도구로 축소될 때 지식은 실업의 원인이 된다.

흥미롭게도 급여 형식의 노후화에 대한 자유로운 반성이 실리콘밸리의 이론적 집단에서 나타나고 있다. 전 지구적 인지 노동의 허브에서 일부 기술 지식인이 유용한 활동을 생존에 대한 접근으로부터 분리시킬 수 있는 기본 소득 또는 존재 수익이라는 아이디어에 대해 숙고하고 있는 것이다.

실리콘밸리에 기반을 둔 와이 컴비네이터(Y Combinator)의 젊은 회장 샘 앨트먼(Sam Altman)은 이 주제에 대한 흥미로운 아이디어를 가지고 있다.

"나는 기술이 계속해서 전통적 일자리를 없애고 막대한 새로운 부가 창출되면서 미래의 어느 시점에 우리가 국가적 규모에서 〔기본 소득의〕 일정한 버전을 보게 될 것이라고 정말로 확신하고 있다."[9] 앨트먼은 이렇게 썼다. 아주 흥미롭게도 이는 보편적 기본 소득을 정당화하기 위해 많은 급진적 좌익 사상가들이 사용하는 근거이기도 하다. '완전히 자동화한 호화로운 공산주의'라는 정말 마음에 드는 명칭으로 불리는 한 가지 견해에 따르면, 인류는 기계가 대부분의 노동을 하도록 하고 그 수익을 훨씬 적게 노동하는 국민에게 공평하게 분배함으로써 자본주의를 극복할 것이다.

존재 수익을 주변적 인민들에 대한 잠정적 지원으로 간주해서는 안 된다. 그것은 자유롭고, 따라서 공동체에 최선의 것을 제공하도록 하는 자극으로서 파악해야 한다.

인간의 노동이 기계로 대체되면, 우리는 마침내 우리가 정말로 좋아하는 것을 할 수 있게 될 것이다.

"사람들이 둘러앉아 비디오게임을 하거나 새로운 것을 창조하는가? 사람들이 행복하고 소망을 성취하는가? 먹을 수 없다는 두려움 없이 살아가는 사람들이 훨씬 더 많이 성취하고 사회를 훨씬 더 이롭게 하는가?"[10] 이 점은 결정적이다. 노동의 함정을 제거한다는 것은 이 경우 우리가 아무것도 하지 않는다는 걸 의미하지 않는다. 우리는 현대 사회가 더 많이 필요로 하는 것, 즉 돌봄, 교육, 애정, 환경 정화를 할 것이다.

가까운 미래에 우리는 서로 얽혀 있고 분명히 다루기 힘든 금융 위기와 환경 위기에 직면할 것이다.

이러한 추세에서 탈출하는 노선은 전적으로 집단 지성에, 즉 지적인 노동이 발전시킬 수 있는 기술에 놓여 있다. 자본주의적 탐욕과 신자유주의적 순응주의로 인해 이 행성은 다방면적인 종말에 직면했다. 그럼에도 급진적인 경로 변경 가능성은 제거되지 않았다. 이러한 가능성은 전 세계적 인지 노동자들의 협력에 새겨져 있다. 하지만 창조의 잠재력은 자본 축적과 급여 노동이라는 미신을 형성하는 인식론적이고 실천적인 제한을 제거할 때에만 실현할 수 있다. 이러한 제한은 그렇지 않았으면 자명한 사실들을 볼 수 있는 우리의 능력을 방해하는 일종의 맹목을 산출한다. 우리는 인간의 활동을 급여의 협박으로부터 해방시켜야만 한다. 이러한 해방은 정치적 의지보다 훨씬 더 깊은 수준에서 세계를 지배하고 있는 기술적-언어적 자동 작용의 재(再)프로그래밍으로 가는 길을 열어줄 것이다.

자본 축적으로부터 지식의 해방은 비록 우리가 지금으로서는 그 열쇠를 발견할 수 없는 것처럼 보일지라도 지옥에서 벗어나는 문을 열 수 있는 유일한 열쇠다.

09

풀어놓음

> 자유는 내용이다. 필연성은 형식이다.
>
> —톨스토이, 《전쟁과 평화》

형태 발생

변증법적 사고는 역사를 주체들 사이의 영구적인 모순의 영역으로 바라보고, 역사를 하나의 프로젝트에 따라 사회를 모델링하는 헤게모니적 주체의 최종적인 긍정으로 이어지는 과정으로서 파악한다.

비록 마르크스가 '계급 투쟁'이라는 표현의 의미를 명확하게 설명하지는 않았지만, 20세기를 통한 마르크스주의의 역사적 경험은 이러한 변증법적 가정을 배경으로 전개되었다.

하지만 우리 시대에 변증법적 방법론은 사회적 진화의 복잡성을 설명할 수 없게 되었고, 더 이상 정치적 행동을 위한 지침을 제공하지 못한다.

노동과 자본은 여전히 기본적 개념이며 대립적이다. 그러나 그것들은 역사적 주체, 즉 서로 싸우고 우월한 질서를 추구하는 일관된 존재로 환원될 수 없다. 나는 변증법적 방법론이 일생 동안 노동이 같은 장소에서 매일같이 함께 일하는 사람들의 통일된 집단이었을 때 주체화 과정을 묘사하는 데 유용했다는 것을 부인하지 않는다. 그러나 불안정화는 노동을 계급의 자기 지각을 위해 필요한 조건을 해소하는 지점에 이르기까지 분해했다.

불안정성의 맥락에서 주체화 과정을 다시 상상하기 위해 나는 역사에 대한 변증법적 시각을 형태 발생적 묘사로써 대체할 것이다. 나는 역사적 진화를 주체들 간의 대결 영역으로서보다는 형식들의 출현 과정에서의 얽힘과 풀어놓음의 연속으로 바라볼 것을 제안한다.

나는 형태 발생(morphogenesis)이라는 말을 생물학에서 빌려와 사회적 종 형성(speciation: 이전의 코드를 벗어나는 새로운 사회적 형식의 출현)으로 정의할 수 있는 것을 오로지 오랜 코드의 새로운 표현을 함의할 뿐인 종류의 사회적 변형과 구별하기 위해 이 개념을 사회적 진화 분야에 적용하려 시도할 것이다.

더 나아가 나는 출현 과정으로서 형태 발생과 발생 과정으로서 형태 발생을 구별할 것이다. 출현은 이전에 존재하지 않았던 연쇄가 표면으로 떠오르는 것이다. 그에 반해 발생은 코드에 따라 형식들을 생산하는 것이다. 발생 과정은 자동화한 형태 발생 과정인 데 반해, 출현은 전례 없는 형식의 자율적 표현이다.

지식은 현재의 세계 구성 체제에 코드화되어 있는 패턴을 인식하는 것이 목적일 수 있다. 그러나 지식은 또한 이전의 코드를 따르지 않고 설명을 통해 새로운 코드를 요구하는 본원적인 일련의 현상을 창조하는 것이 목적일 수도 있다.

가능성으로부터 현실적 존재로의 전환은 존재론적 영역을 좁히는 것을 함축한다. 가능한 사건들이라는 단 하나의 좁은 열(string)만이 무한하지는 않지만 많은 차원의 것인 가능성의 마그마로부터 출현할 것이다.

가타리는 이 과정을 '카오스모시스'라고 부른다. 잠정적인 질서가 가능한 마그마로부터 출현하고, 이 질서는 잠정적으로 다른 가능한 조합을 배제한다. 수많은 가능성을 그것들의 주체적 능력이 창조적 형태 발생을 풀어놓기에 충분하지 않기 때문에 놓치게 된다.

그리스어에서 모르페(morphé)는 질료가 생성 과정에서 취하는 불안정하고 변화하는 형상을 의미하는 반면, 에이도스(eidos)는 무한히 가능한 '형상화한' 객체를 발생시키는 본원적 형식이다.

에이도스는 형식의 능동적 속성인 반면, 모르페는 수동적인 수용적 형식이다. '형식'은 사실 존재의 가능한 연쇄의 잠정적 조직, 형상화되어 있음의 (수동적인) 효과를 의미한다. 하지만 이 단어는 또한 환경에 대한 (능동적인) 형상화, 객체에 형상을 부여하는 과정을 의미한다. 서양 철학사에서 에이도스 개념은 '관념(idea)' 개념으로 전개되었다. 내가 발생적 형식을 말할 때, 나는 관념의 관념론적 선행이 아니라 현재에 새겨진 발생적 정보의 전개를 언급하는 것이다. 형식을 발생시키는 형식은 형태(gestalt)로서 기능할 수 있다. 형태는 우리의 지각적 반응의 사전 선택(pre-selection)에 토대한 인지적 틀이다.

《기술에 관한 물음(The Question Concerning Technology)》에서 하이데거는 "기술의 본질은 결코 기술적인 것이 아니다. 기술은 탈은폐의 한 방식이다"라고 썼다.

'인지적 틀'은 세계를 틀 짓는다. 형태는 우리로 하여금 볼 수 있게 해주는 동시에 형태를 따르지 않는 어떤 것의 봄(vision)을 방해한다.

형태와 뒤얽힘

형태심리학자들〔베르트하이머(M. Wertheimer), 코프카(K. Koffka), 쾰러(W. Köhler)〕에 따르면, 지각은 우리가 주변 환경으로부터 받아들이는 지각적 자극과 우리의 마음속에 새겨진 발생적 형식 사이의 관계에 의해 형상화된다. 형태는 우리의 비전을 가능하게 하지만, 동시에 다른 것을 보는 우리의 능력을 엉클어지게 한다.

여기서 형태 발생은 발생에 대립되어 있다. 발생으로 내가 의미하는 것은 포맷에 따라 객체를 생산하는 과정이다. 형태 발생으로 내가 의미하는 것은 현재의 세계 구성 체제에 새겨져 있지 않은 형식의 출현이다.

발생은 현존하는 구조의 능력에 대한 내용의 종속을 함축한다. 권력은 형태의 지배, 즉 가능성의 상태에 존재하는 것을 보이지 않게 만드는 격자, 뒤얽히게 만드는 것이다.

가능성을 실현하기 위해서는 풀어놓는 능력이 필요하다. 능력은 주체가 그 구성에 새겨져 있는 가능성을 전개하고 기관 없는 신체를 조직할 수 있게 한다.

풀어놓음은 내용을 그것을 포함하는 형식으로부터 해방시키는 것이자 사회적 지식에 속하는 능력을 완전히 전개하는 것이다. (모순에 의해서가 아니라) 분해에 의해서만 서로 다른 형식이 마그마로부터 출현할 수 있다.

형태는 이중 구속(double bind)으로 파악할 수 있다. 그것은 우리에게 무언가를 볼 수 있는 능력을 주는 동시에 우리가 그 밖의 어떤 것을 보지 못하게 방해한다. 사실 베이트슨(G. Bateson)의 이중 구속에서 콘텍스트(context)는 수신자가 콘텍스트의 영향 때문에 메시지를 잘못 읽는 방식으로 메시지를 틀 짓는다. 분리 발생(schismogenesis)은 내용이 그것을 뒤얽히게 하는 형식으로부터 분리될 때 따라 나오는 자기 조직화뿐만 아니라 분리에 의해 발생하는 새로운 형식의 전염병(정서적·정보적·심미적 전염병)에 의한 확산을 가리키기 위해, 베이트슨이 이중 구속으로부터 벗어나도록 제안하는 방법론이다.

현대의 역사적 조건에서 물음이 제기된다. 사회적 유기체의 마음이 이중 구속의 바이러스성 확산에 너무 깊이 감염되었을 때 여전히 풀어놓음이 가능한가? 그리고 또 다른 물음이 제기된다. 사회적 마음에서 이중 구속의 이러한 확산의 기원은 무엇인가?

나는 자본주의를 주체로서가 아니라 그 행동이 기호학적 형태에 따라 지식과 노동 및 자원을 구조화하고 있는 형태로서 바라본다.

우리가 시각적 형식을 볼 때, 우리 마음의 현재 구조는 우리 마음속에 새겨진 형태들에 따라 시각적 자극을 해독하며, 우리가 우리 마음이 보는 데 익숙해져 있는 형식과는 다른 것을 보기는 아주 어렵다.

비트겐슈타인(L. Wittgenstein)은 "우리 언어의 한계는 우리 세계의 한계다"라고 썼다. 형태와 가능성의 관점에서 비트겐슈타인의 진술은 우리의 언어가 우리의 경험 분야에 속하는 무수한 내용의 구문론적인 조직이라는 것을 의미한다. 내용의 이러한 범위의 가능한 조직들로부터 우리 언어는 일관된 계획을 선택하고, 그것이 우리의 경험과 지각 가능성을 제한하는 언어직 조직이 되도록 이 계획을 강제한다.

그러나 언어가 한계라면, 이것은 또한 그 한계 너머에 더 많은 가능성이 존재한다는 것을 함축한다. 나는 풀어놓음을 '초과'라고 여길 수 있는 어떤 언어적 창조라고 부를 것이다. 시(詩)는 우리 언어의 한계를 초과하는 언어적 활동이다.

형태는 들어오는 지각적 자극을 틀 짓고, 그것을 형식으로 전환시키는 정신적 패턴이다. 형태는 사물을 다른 틀에서 보는 우리의 능력을 방해할 때 뒤얽힘으로서 작용할 수 있다. 형태에 함축된 뒤얽히게 하는 효과를 초과하기 위해 우리는 시적인 소격(estrangement, 疏隔) 능력을 필요로 한다. 〔빅토르 슈클롭스키(Viktor Sklovski)는 그것을 낯설게 하기(ostranenie)라고 부른다.〕

이제 현재의 사회적 조건으로 다가가보자. 경제적 패러다임은 노동과 지능 간 관계의 내재적 동역학을 뒤얽히게 한다. 경제학은 과학인 척한다. 실제로 경제학자는 사회적 현실을 설명하기 위한 개념을 생산하지 않으며, 또한 생산과 교환에 관한 일반 법칙을 표현하지도 않는다. 그들은 다른 과업, 즉 자본주의의 법칙을 지식과 기술 및 협력의 동역학에 기초해 강화하는 임무를 수행하기 위해 급료를 받는다.

경제학은 사실 과학이라기보다 현존하는 자원, 특히 노동을 성장과 축적 및 이윤이라는 의문의 여지없는 틀 속에서 착취하기 위한 기술로서 간주해야 한다. 경제학적 지식은 그러한 목표를 달성하기 위한 사회적이고 정치적인 절차의 반복을 발생시킨다.

경제학적 기호화는 그 의도가 좋은 삶이 아니라, 즐거움이 아니라, 아름다움이 아니라, 기술적 지식을 가장 잘 사용하기가 아니라, 안에 새겨진 가능성의 현실화가 아니라 가치로의 삶의 변형, 즉 자본의 축적인 시스템의 한계 내로 발명과 혁신의 동역학을 속박한다.

우리는 미래의 가능한 정치적 해방을 본질적으로 언명의 행위, 즉 현실을 나쁜 수학, 금융의 수학으로부터 풀어놓는 언어적 행위로서 상상해야 한다.

2008년 이래로 정치적 엘리트들의 주된 관심사였던 전 세계의 부채는 2016년 9월 세계 경제 규모의 2배 이상으로 커졌다. 지난 8년 동안 우리는 해야 할 중요한 일이 부채 상환(즉 공동의 자원을 금융 시스템으로 옮겨놓는 것)이라는 이야기를 들어왔다. 그리고 부채를 갚기 위해 우리는 일자리를 파괴하고 복지를 축소하고 학교와 의료 체계에 대한 재정 투자를 삭감해왔다.

그 결과 부채가 급격하게 증가하고 있다.

그것은 더 이상 금융의 문제가 아니라 기호학적인 문제다. 경제 과정을 표현하려는 말들은 삶이나 기술 또는 지식의 현실을 파악하지 못한다. 경제 영역을 묘사하고 개념화하는 말들은 지구상에 있는 인간 삶의 현실과 일치하지 않는 까닭에 영구적인 오해의 원천이다.

10

일반 지성의 짧은 역사

우리는 이 책의 끝에 다가가고 있다. 그리고 나는 나의 진짜 의도를 드러낼 것이다. 나는 단지 무능력이나 가능성에 관해서만 쓰고 싶지 않았다. 나는 지식에 관해 쓰고 싶었다.

무능력과 권력을 넘어서고, 서로 충돌하는 수많은 조각들로의 사회의 단편화를 넘어서며, 노동의 불안정한 프랙탈화를 넘어선 지식은 자본주의라는 나쁜 꿈을 마침내 일소할 수 있는 사회적 차원이다. 일소한다는 것에서 내가 의미하는 바는 단순히 뒤집히는 게 아니라 공허한 공간으로서 완전히 포기되고 악몽으로서 망각된다는 것이다.

지식 문제에 대한 나의 접근은 지식론적인 것이 아니다. 왜냐하면 내게 더 흥미로운 것은 지식 과정의 근저에 놓여 있는 주체성, 즉 전 세계적으로 연결된 수백만 명의 마음의 주체성, 애정과 감각적 접촉과 우정을 찾는 신체들의 주체성이기 때문이다. 지식의 의식(consciousness)은 미래의 해방에 이르는 길이다. 그러나 이 길은 교육 시스템과 연구 및 발명의 사이클 전체의 민영화에 의해 차단되어 있다.

지식은 진리에 관한 것이거나 본질적 실재의 발견과 내보임에 관한 것이 아니다—그것은 오히려 의미의 창출과 의미 있는 것을 현실에 투사하는 기술적 인터페이스의 발명에 관한 것이다.

헤겔의 절대지

과학의 위치와 과학적 지식 및 기술적 발전 사이의 관계는 근대의 시작부터 철학적 탐구의 초점이었다. 헤겔에게서 처음으로 과학적 지식의 문제가 주체성 문제와 연계되었다. 그로서는 특유한 방식으로, 헤겔은《정신현상학(Die Phänomenologie des Geistes)》서문에서 이 주제에 대한 자신의 견해를 드러낸다. 이 책은《The Phenomenology of Mind》라는 논란의 여지 있는 제목으로 영어로 번역되었다.[1]

> 오로지 체계 자체의 서술을 통해서만 정당화되어야 하는 나의 통찰에 따르면, 모든 것의 관건이 되는 것은 참된 것이 실체로서가 아니라 그와 마찬가지로 주체로서도 파악되고 표현되는 것이다.
>
> ……더 나아가 살아 있는 실체는 참으로는 주체인 존재, 또는 같은 말이지만, 오로지 그것이 자기 자신을 정립하는 운동이거나 자기의 타자화와 자기 자신을 매개하는 것인 한에서만 참으로 현실적인 존재다.
>
> ……오로지 이렇듯 스스로를 회복하는 동등성 또는 타자 존재 속에서의 자

기 내 반성—즉 근원적 통일 그 자체나 직접적 통일 그 자체가 아닌 것—이야말로 참된 것이다. 참된 것은 자기 자신의 생성, 즉 자기의 끝을 자신의 목적으로 전제해 그것을 시원으로 삼고 오로지 완수와 자기의 끝을 통해서만 현실적인 원환(圓環)이다.

……참된 것은 전체다. 그러나 전체는 오직 자기의 전개를 통해 스스로를 완성하는 본질일 뿐이다. 절대자에 관해서는 그것이 본질적으로 결과이며 끝에 이르러서야 비로소 그것이 참으로 그것인 바의 것이라고 말할 수 있다. 그리고 바로 여기에 현실적인 것, 주체 또는 자기 자신으로 됨이라고 하는 그의 본성이 존립한다.[2]

헤겔의 '현상학'은 '마음'과 관련이 없다. (이것이 내가 영어 제목을 논란의 여지가 있는 것이라고 말하는 이유다.) 마음의 활동(육체적 두뇌, 역사적 맥락, 인지, 의사소통, 진보)은 헤겔에게서 완전히 지워진다. 마음이 아니라 오직 정신(Spirit)이라 명명할 수 있는 어떤 것의 자기 전개 과정만이 남아 있다. 이성의 자기실현 도정은 출발점으로 다시 이어지는 원이며, 거기서 절대정신은 처음부터 있었다. "이성은 합목적적 행위다. ……결과가 시작과 동일한 까닭은 다만 시작이 목적이기 때문일 뿐이다."[3]

헤겔에게서 지식은 실제로는 아무것도 발전시키지 않는 과정이며, 결코 발명이 아니다. 그것은 처음부터 존재해온 어떤 것의 발견일 뿐이다. 절대적 존재는 지식 과정의 전제이자 결과다. 지식이란 처음부터 절대적 존재의 자기 전개 과정이기 때문이다.

지식의 사회적 과정, 즉 그것의 구체적 발현, 모순, 난점, 수수께끼와 오해, 그것의 발견과 발명은 존재하지 않는다. 그것은 다만 절대정신의 자기 계시의 매개일 뿐이다.

그럼에도 이 텍스트에는 멀리까지 미치는 직관이 존재한다. 지식 과정은 역사적 과정과 분리될 수 없으며, 지식 주체의 자기 전개 이외에 다른 진리는 없다는 것이다.

> 참된 것은 오직 체계로서만 현실적이라는 것 또는 실체는 본질적으로 주체라는 것은 절대자를 정신으로 언표하는 표상 속에 표현되어 있다. ……정신은 가장 숭고한 개념이자 근대와 그 종교에 속하는 바의 것이다. 오로지 정신적인 것만이 현실적인 것이다. 그것은 본질 또는 자체 존재자다. 그것은 스스로와 관계하는 것과 규정된 것, 즉 타자 존재와 대자 존재다—이러한 규정성 또는 그의 자기 외 존재 속에서 자기 자신 속에 머무르는 것이다. 그것은 자체적이면서도 대자적이다. 그러나 이러한 자체적이고도 대자적인 존재는 처음에는 우리에 대해서 또는 그 자체에 대해서 그러한 것인 바 그것은 정신적 실체다. 그것은 또한 자기 자신에 대해서도 이러한 것이어야만 하고, 정신적인 것에 대한 앎과 정신으로서의 자기에 대한 앎이어야만 하며, 다시 말하면 그것은 스스로 대상으로서 존재해야만 하지만, 직접적으로뿐만 아니라 마찬가지로 지양된, 즉 자기 내에서 반성된 대상이어야만 하는 것이다. 정신은 오로지 그의 정신적 내용이 그 자신을 통해 산출되어 있는 한에서만 우리에 대해 대자적이다. 그러나 정신이 또한 자기 자신에 대해서도 대자적인 한에서, 이러한 자기 산출, 순수한 개념은 정신에게 동시에 정신이 그 속에서 자기의 현존재를 가지는 대상적인 터전이며, 정신은 이러한 방식으로 자기의 현존재에서 자기 자신에 대해 자기 내로 반성된 대상이다. 그렇듯 전개되어 스스로를 정신으로서 아는 정신이 학문이다. 학문은 정신의 현실성

이며, 정신이 자기의 고유한 터전에서 구축하는 나라다.[4]

노동이자 노동으로부터의 해방으로서 지식

지식의 문제는 《강요》에서 결정적이다. 카를 마르크스의 덜 알려진 이 텍스트는 내 생각에 그의 가장 중요한 텍스트다. 마르크스는 과학적 지식을 노동 과정에, 특히 기계 장치의 도입에 연계시킨다.

> 기계 장치에서 자본에 의한 살아 있는 노동의 전유는 이러한 측면에서도 마찬가지로 직접적 현실을 성취한다. 첫째로, 기계가 이전에 노동자가 수행한 것과 동일한 노동을 수행할 수 있게 하는 것은 과학으로부터 직접적으로 발생하는 역학적이고 화학적인 법칙들의 분석과 적용이다. 하지만 이러한 경로에 따른 기계 장치의 발전은 거대 산업이 이미 더 높은 단계에 도달하고 모든 과학이 자본에 봉사하도록 압박받을 때에만 발생한다. 그리고 둘째로, 이용 가능한 기계 장치 그 자체가 이미 큰 능력을 제공할 때다. 그 경우 발명은 사업이 되며, 직접적 생산 그 자체에 대한 과학의 적용은 그것을 결정하고 권유하는 전망이 된다.[5]

기계는 살아 있는 노동의 전유와 종속을 위한 도구임과 동시에 노동 그 자체의 필연성으로부터 사회의 해방을 위한 조건이다.

한편으로,

활동의 단순한 추상화로 환원된 노동자의 활동이 모든 측면에서 기계 장치의 움직임에 의해 결정되고 규제되지 그 반대는 아니다. 기계 장치의 생명 없는 손발을 그 구성에 의해 자동 기계로서 합목적적으로 작동하도록 강요하는 과학은 노동자의 의식 속에 존재하지 않는다. 오히려 그것은 기계를 통해 낯선 힘으로써, 기계 그 자체의 힘으로써 그에게 작용한다.

그러나 다른 한편으로,

이러한 과정을 통해 주어진 대상의 생산에 필요한 노동의 양은 실제로 최소한으로 감소되지만, 그것은 다만 최대한으로 많은 수의 그러한 대상에서 최대한의 노동을 실현하기 위해서일 뿐이다. 첫 번째 측면은 중요하다. 왜냐하면 여기서 자본은—전혀 의도치 않게—인간의 노동과 에너지 소비를 최소한으로 감소시키기 때문이다. 이것은 해방된 노동의 이익으로 되돌아갈 것이며, 노동 해방의 조건이다.[6]

살아 있는 시간의 노동으로부터의 해방은 자연적 과정이 아니며, 필요 노동 시간의 감소가 반드시 살아 있는 시간을 착취의 포획으로부터 실제로 해방시키는 것은 아니다.

자연은 기계와 기관차, 철도와 전신과 자동 기관차 등을 만들지 않는다. 이것들은 인간 산업의 산물, 즉 자연에 대한 인간의 의지나 자연에 대한 인간의 참여 기관으로 변형된 자연 물질이다. 그것들은 인간의 손에 의해 창조된 인간 두뇌의 기관, 객관화한 지식의 힘이다. 고정 자본의 발전은 일반적인 사회적 지식이 어느 정도까지 생산의 직접적인 힘이 되었는지, 따라서 사회적 삶의 과정의 조건 그 자체가 어느 정도까지 일반 지성의 통제하에 들어와 그에 따라 변형되었는지, 사회적 생산력이 어느 정도까지 지식의 형식에서뿐만 아니라 또한 사회적 실천, 즉 실제 생활 과정의 직접적인 기관으로서 생산되었는지 보여준다.[7]

이러한 불가해한 예언에서 카를 마르크스는 미래의 짧은 역사를 개괄하고 있고, 지금이 그 미래다. 이 텍스트에서는 일반 지성을 풀어놓음의 행위자로 가정한다. 하지만 일반 지성은 기성품 행위자가 아니다. 오히려 그것은 다음의 투쟁과 다음의 창조 영역, 즉 신자유주의의 안개와 정체성주의적 두뇌 없는 신체의 독기를 넘어선, 현재 세계를 질식시키고 있는 치명적 대안을 넘어선 21세기를 위한 과제다. 우리는 오늘날 〈기계에 관한 단편(Fragment on Machines)〉에서 개괄한 불가해한 비전이 우리의 궁금함과 우리의 연구를 위한 유일한 정치적 지도(map)가 되는 시대에 살고 있다.

일반 지성 개념에 대한 주해

마르크스는 정신적 행위자들 간의 협력 개념을 표현하고자 할 때 왜 영어로 옮겨가는가? 분명히 나는 모른다. 마르크스는 종종 독일어가 아닌 단어(이탈리아어, 프랑스어, 영어)로 옮겨간다. 하지만 나는 이 경우에 그가 특히 강력한 이유를 갖고 있다고 상상하고 싶다.

마르크스가 독일어인 'Allgemeine Vernunft'를 썼다면, 우리는 그가 헤겔한테 아양 떨고 있다고 생각할 수 있을 것이다.

마르크스가 구상하는 것은 전혀 그런 게 아니다. 그는 헤겔에 대해 마음 쓰지 않는다. 마르크스는 절대 이성의 정신적 진리화를 다루고 있지 않다. 그는 합리성의 미리 새겨진 디자인을 성취하는 것이 아니라, 서로 다른 (충돌하는) 지적 프로젝트에 따라 지식의 단편들을 결합하고 있는 지적 노동자들의 사회적 협력에 대해 이야기하고 있다. 그들의 의도는 미리 새겨진 전체로 수렴하지 않는다. 그들은 어떤 목적인(telos, 目的因)을 추구하고 있지 않다. 인지 노동자의 활동에 규정적인 목적인을 강제적으로 내장하는 것은 권력의 특유한 행동, 즉 제한과 종속화의 행위다. 민영화에 그 본질이 있는 교육 시스템의 신자유주의적 개혁은 연구를 경제적 도그마에 내맡기는 것을 목표로 하고 있다.

다음의 투쟁은 경제 패러다임의 인식론적이고 실천적인 헤게모니로부터 지식의 자율을 둘러싼 것일 터이다.

지식의 자율은 철학적 쟁점이 아니다. 그것은 구체적인 사회적 행위자, 즉 기호학적 기계 내부에서 가치를 생산하는 노동자인 인지 노동자의 구체적 능력에 토대하는 까닭에 사회적 쟁점이다.

지식의 자율은 일반 지성에 생명을 불어넣는 사람들의 독립을 전제한다.

마르크스가 '일반 지성(general intellect)'이라는 영어로 된 두 단어에 대해 썼을 때, 그는 당시 존재하지 않았던 기술적 환경을 구상하고 있었다. 100년 넘게 지난 후 우리는 이 환경과 이 보편적 기계가 전 지구의 모든 곳에 흩어져 있는 의식적이고 감각적인 행위자에 의해 동시에 수행되는 기호학적 행위(연구, 발명, 의사소통)의 지속적 재조합을 가능케 하는 전 세계적 통신망이라는 것을 알고 있다.

상심

캘리포니아의 버클리 대학. 1964년 12월 2일. 5000명의 학생이 자유 언론 운동 지도자 마리오 사비오(Mario Savio)가 대학 평의원회 의장과 나눈 대화를 설명하는 것을 듣기 위해 캠퍼스 광장에 모였다.

그는 다음과 같이 말했다.

> 우리가 선의를 지닌 자유주의자로부터 받은 대답은 다음과 같습니다. 그는 "당신은 회사 경영자가 공개적으로 자신의 이사회에 반대해 성명을 발표하는 것을 상상할 수 있습니까?"라고 말했습니다. 그것이 대답입니다!
> 자, 저는 당신이 다음과 같은 것을 고려해보기를 요청합니다. 여기가 회사라면, 그리고 평의원회가 이사회라면, 그리고 커(Kerr) 의장이 실제로 경영자라면, 저는 당신에게 무언가를 이야기할 것입니다. 교직원은 종업원 무리이며, 우리는 원료입니다! 그러나 우리는 그러기를 의도하지 않는, 어떻게든 처리되고자 하지 않는 원료 무리입니다. 우리는 어떤 제품이 되려고 하지 않습니다. 그러고 싶지 않습니다. ……우리는 그들이 정부든, 산업이든, 조직된 노동이든, 그 누구든 대학의 어떤 고객에게 팔리는 것으로 끝나기를 바라지 않습니다! 우리는 인간입니다!
> 기계 작동이 가증스러워지고 당신을 상심하게 만들어서 당신이 참여할 수 없는 때가 존재합니다! 당신은 수동적으로도 참여할 수 없습니다! 그리고

당신은 당신의 몸을 기어 위에, 바퀴 위에 …… 레버 위에, 모든 장치 위에 놓아야 하며, 그것을 멈추게 해야 합니다! 그리고 당신은 그것을 운영하는 사람들, 그것을 소유한 사람들에게 알려주어야 합니다. 당신이 자유롭지 않다면 기계가 전혀 작동하지 않을 것이라고 말입니다![18]

그날 이후 50년이 지났다. 세계는 정확히 마리오 사비오가 그때 놀라운 가능성으로서 감지하고 있던 방향으로 변화했다.

그의 말에서 나는 지식과 자본주의 경제의 관계 및 대학과 연구의 종속과 민영화 과정에 대한 놀라운 예측, 그리고 또한 1964년 당시에 시작되고 있던 운동, 즉 1968년이라는 전설적인 해에 전 세계 모든 곳으로 퍼져 나간 학생 운동의 운명에 대한 일종의 예감을 본다.

내가 사비오의 연설에서 강조하고 싶은 첫 번째 요점은 대학이 회사, 즉 그 지도 원리가 이윤인 경제적 존재라는(경제적 존재가 되고 있다는) 이해다. (군사적이고 경제적인) 권력과 지식 사이의 관계는 1960~1970년대의 운동에 관련된 학생, 연구자, 지식인들의 의식에서 중요한 주제였다. 그러나 그 관계는 디지털 혁명의 30년 동안 절대적으로 결정적인 것이 되었다.

그의 연설에서 흥미로운 두 번째 요점은 사비오가 이야기하는 상심이다. 지식, 창조성, 언어는 노동이 되었다. 두뇌는 디지털 기호현상의 전 지구적 네트워크에서 주요한 노동력이다. 하지만 동시에 두뇌의 활동은 신체의 사회적 존재로부터 분리된다. 두뇌의 노동은 무자비한 금융의 지배에 종속되며, 이러한 종속은 여러 가지 면에서 사람들을 상심하게 한다.

마리오 사비오와 그의 동료들은 베트남 전쟁의 이해관계에 연구를 종속시키는 것에 항의하고 있었다. 이제 전쟁은 생산의 인지적 영역의 가장자리에서 확산하고 있으며, 경쟁은 일상적 삶의 모든 틈새에서 전쟁에 연료를 공급한다.

내게 깊은 인상을 주는 세 번째 요점은 사비오가 제안하는 몸짓이다. 우리 몸을 기어 위에, 바퀴 위에, 레버 위에, 모든 장치 위에 두고 그것을 멈추게 하자. 기어, 바퀴, 레버. 이것은 68운동이 권력의 기계 장치에 대해 지녔던 이해다. 오랜 공장과 오랜 노동 계급은 사회적 갈등에 대한 우리의 상상력이었다. 그것은 우리가 채플린 영화와 산업적 경관에서 끌어낸 상상력이었다.

이것이야말로 우리가 그 요점을 놓친 이유다. 이것이 1968년의 문화적 물결이 많은 면에서 사회적 삶을 크게 변화시켰음에도 착취 기계를 해체하는 데 성공하지 못한 이유다.

베이에어리어에 있는 주요 대학의 그 군중 속에서 젊은이들이 함께 듣고 참여하고 호흡하고 있었다. 그 가운데 많은 사람이 그 이후 전 지구적 통신망의 창출로 이어진 과정에 활력을 불어넣는 이들이 되었다—어쩌면 스티브 잡스와 스티브 워즈니악이 거기에 있었을 것이다. 그러나 운동은 가장 중요한 게 인지 기계를 장악하는 것이라는 점을 이해하지 못했다.

운동의 정치 문화에 널리 퍼져 있던 산업주의적 상상력 때문에 우리는 일반 지성의 자기 조직화라는 오래 지속되는 과정을 시작할 기회를 놓쳤다.

운동의 분산에 뒤이은 수십 년 동안, 거기에 포함된 사람(히피족과 투사, 무정부주의자와 불교도, 과격파와 흑표범당원 그리고 그와 비슷한 차림의 사람)들은 사회의 전반적인 변화에서 의미 있는 역할을 수행했다. 전문가로서 그들은 첨단 기술 네트워크를 만들었지만, 활동가로서 그들은 19세기 산업주의의 상상력에 사로잡혀 있었다.

전쟁에 대한 지식의 종속과 동등한 이윤에 대한 지식의 종속을 회피하는 유일한 가능성은 일반 지성과 사회 욕구의 접속이었다. 그러나 우리는 오랜 정치 혁명 개념에 사로잡혀 있었다.

노동 자동화와 지식

1964년 이래로 인지와 자동화의 관계는 지식 및 경제, 기술 및 전쟁과 연관된 결정적 쟁점이었다.

자동화는 때로는 인간적 기획에 대한 권력 부여로, 때로는 인간 영혼의 노예화로 간주되었다.

1960년대에 유럽에서 기원한 비판적 사고는 기술-자유지상주의적 캘리포니아 문화와 융합했고, 모호한 가능성으로서 자동화에 초점을 맞췄다.

허버트 마르쿠제(Herbert Marcuse)는 서로 대립하지만 보완적인 두 관점에서 자동화의 전망에 접근한 두 권의 책, 《에로스와 문명(Eros and Civilisation)》과 《일차원적 인간(One-Dimensional Man)》을 출간했다.

《에로스와 문명》에서 마르쿠제는 노동의 기술적 자동화가 소외로부터 사회적 삶을 해방시키는 과정의 조건일 수 있다는 생각을 표현했다. "노동의 점진적 감소는 피할 수 없는 것으로 보이며, 이러한 결과를 위해 시스템은 노동 없는 직업을 제공해야 한다. 그것은 시장 경제를 초월하는 욕구를 발전시켜야 하며, 그것과 양립할 수 없을지도 모른다."[9] 같은 책에서 이 철학자는 인지 노동이 생산의 미래에서뿐만 아니라, 착취에 반대하는 사회 운동에서도 지닐 것으로 기대된 두드러진 기능을 강조한다.

> 조직된 노동이 현상 유지를 위해 작동하는 정도만큼, 그리고 생산의 물질적 과정에서 노동의 몫이 감소하는 정도만큼 지적 숙련과 능력은 사회적이고 정치적인 요인이 된다. 오늘날 과학자, 수학자, 기술자, 산업심리학자 및 여론 조사원이 조직적으로 협조하기를 거부하는 것은 파업이, 심지어는 대규모 파업마저도 더 이상 성취할 수 없지만 이전에 성취했던 것, 요컨대 반전(reversal)의 시작, 정치적 행동을 위한 근거의 준비를 성취할 수 있다.[10]

기술의 해방적인 힘과 과학자와 기술자의 조직된 거부를 연계시킴으로써 마르쿠제는 프로이트가 문명의 결정적 특징으로 본 소외 내지 불만을 극복할 가능성을 그려 보인다.

마르쿠제를 반권위주의 운동의 표상으로서 규정해준 책인 《일차원적 인간》에서의 전망은 다르다. 초점은 여전히 지적 노동의 결정적 기능에 맞추어져 있지만, 여기서 그것은 해방적인 힘으로서가 아니라 지배와 통제를 위한 도구로서 파악된다.

> 현대 사회의 (지적이고 물질적인) 능력은 이전의 그 어느 때보다 엄청나게 크다—이는 개인에 대한 사회의 지배 범위가 이전의 그 어느 때보다 엄청나게 크다는 것을 의미한다. 우리 사회는 원심력적인 사회적 힘을 테러가 아니라 기술을 가지고서 압도적인 효율성과 증가하는 삶의 표준이라는 이중적 토대 위에서 정복함으로써 스스로를 구별한다.[11]

기술은 사회적 통제 조직에서 테러를 대신한다. 이것이 바로 인간이 일차원적으로 되고 있는 이유다.

> 왜냐하면 '전체주의적'이란 사회의 테러리즘적인 정치적 소성일 뿐만 아니라 기득권의 이해관계에 의한 욕구의 조작을 통해 작동하는 비(非)테러리즘적인 경제적-기술적 조정이기도 하기 때문이다. 따라서 그것은 전체에 대한 효과적인 반대 세력의 출현을 배제한다. 특정한 형식의 정부나 정당 지배가 전체주의에 도움이 될 뿐만 아니라 정당과 신문, 대항 권력의 '다원주의'와 양립할 수 있는 생산과 분배의 특정한 시스템도 그에 기여한다.[12]

기술적이고 과학적인 생산성의 동원과 착취는 마르쿠제가 예견한 새로운 첨단 기술 전체주의의 조건이자 지식과 기술의 구성에서 자동화의 딜레마적인 본성을 나타낸다.

신자유주의의 승리, 노동자 운동의 절멸—우리가 지난 30년 동안 경험해온 파국적인 전환—은 일반 지성의 항복으로 이어졌다. 이것이야말로 바로 마르쿠제가 주로 지식의 예속에 기초해 테러보다는 자동화에 토대한 미래의 전체주의에 관한 책인 《일차원적 인간》에서 예측한 것이다.

지식의 신자유주의적 예속

20세기 후반에 대중 교육은 사회적 이동성의 이론적 원리에 대해 실제적인 기초를 부여했다. 프롤레타리아의 자손이 대학에 접근하고 자유주의적인 직업에 종사할 수 있었다. 이러한 일이 처음으로 대규모로 일어나고 있었는데, 영원히 지속될 운명은 아니었다. 실제로 새로운 세기 초에 평균 급여가 점점 더 고등 교육 비용을 감당할 수 없게 되면서 사회적 이동성은 느려지고, 교육 시스템은 민영화 과정을 겪어왔다. 더 나아가 교육 체계의 본성이 변화하고 있다. 신자유주의 개혁의 정신에서 교육 체계는 더 이상 기술적 숙련과 휴머니즘 문화의 통합을 위한 공간이 아니다. 그것은 단순히 전문화한 지식을 획득하는 공간, 개인주의와 경쟁을 연대와 의식을 희생시켜 연마하는 공간으로 변형되고 있다.

여기에는—교육 과정의 신자유주의적 변형에는—인류 미래의 최종적인 사막화라는 궁극적인 위험이 놓여 있다. 기술적 형성과 비판적 교육의 분리를 향한 추세가 계속되면, 두 번째 세대쯤에는 사회적 두뇌에 자율적 자기의식의 어떠한 흔적도 남지 않을 것이며, 근대 문화의 유산은 골동품 딜러의 흔적으로 축소될 테고, 일반 지성은 영원히 예속될 것이다.

대중 교육은 자본주의적 조건에서 사회적 이동성의 유일한 조건이 아니었다. 그러나 그것은 노동 계급의 해방을 향한 길을 열었다. 노동의 거부는 일반 지성과 결합했고, 그 결과는 그 성과를 예측할 수 없는 딜레마적 상황이었다. 1968년의 학생 운동은 일반 지성의 최초 봉기로서 간주할 수 있다. 학생과 노동자 간 연대는 이데올로기적 수렴일 뿐만 아니라 공동의 가능성을 공유하는 두 사회적 주체의 동맹이기도 했다. 산업 노동자들은 노동 시간의 단축을 향해 밀고 나아갔고, 학생들은 인지 노동이라는 지적 능력의 선구자이자 육체노동의 노예 상태로부터 완전히 해방될 수 있는 기술적 가능성을 알리고 있었다. 노동 거부와 기술적 혁신 사이의 그러한 동맹은 디지털 혁명과 산업 노동을 정보 기계로 대체하는 것으로 나아가는 길을 닦았다. 하지만 이러한 해방 과정은 지난 세기의 마지막 몇십 년 사이에 중단되었고, 신자유주의적 반혁명이 일반 지성의 힘을 노동자 자율에 대항하도록 비틀면서 기호-자본주의의 금융적 형식을 향해 흐름이 바뀌었다.

노동 시간의 일반적 단축으로 나아가는 길을 닦을 수 있었던 생산성 증가는 착취 증대를 위한 도구로 전환되었다. 노동 시간에 대한 제한이 제거되었고, 개인적 노동 시간이 증가한 효과로서 일반적 실업이 상승했다. 그리하여 일반 지성의 잠재력은 노동 인구의 궁극적인 복지에 등을 돌려왔다.

인지 노동이 가치화의 주된 힘이 됨에 따라 경제 권력은 지적인 힘의 사회적 연대를 파괴하기 위해 코그니타리아트로 하여금 우수함 내지 능력주의 이데올로기에 복종하게 하려 시도했다.

지적인 우위를 돈으로 보상하기 때문에, 능력주의 개념은 신자유주의 이데올로기의 트로이 목마로서 작용한다. 능력주의는 경쟁을 조장하는 불안정성의 온상이다. 개인이 생존을 위해 싸우지 않을 수 없을 때, 지적이고 기술적인 능력은 경제적 대결을 위한 도구로 축소될 뿐이다. 연대가 깨지고 경쟁이 규칙이 될 때, 연구와 발견은 즐거움과 연대로부터 분리된다.

게다가 불행하게도 능력주의는 무지에 대한 자극이기도 하다.

우수함에 대한 평가가 당국에 의해 인정받고 평가 기준이 권력을 가진 자들에 의해 고정되는 까닭에, 학습자는 기존 권력에 상응하는 평가 기준을 채택하도록 이끌린다. 교육은 사회적 자율의 가장 강력한 요인이었다. 만약 우리가 능력주의를 받아들인다면, 우리는 학습 과정의 자율을 포기하고 우리가 형성한 것에 대한 평가가 전적으로 다른 사람의 손에 있음을 받아들이게 된다.

지식의 종속 과정에서 결정적 추이는 현재의 공교육 시스템 해체, 대학의 민영화와 그로부터 결과하는 연구의 금융 경제 운영 규칙에의 예속이다. 이것은 지식 생산과 전달 기관의 자율을 침해하는 경제적 이유의 인식적 우위 원칙을 함축한다. 근대 대학의 결정적 특징은 지식의 자율(요컨대 신학의 우위로부터 대학의 자율)이었다. 그러나 현대에 경제 우위를 부과하는 것은 지식의 자율을 취소한다는 것을 함의한다. 경제를 평가의 보편적 기준으로서 확인하는 것은 사실상 학습과 (경제적) 절대 진리 사이의 관계에 일종의 신학을 다시 수립했다.

20세기 말에 대학 위기가 드러났다. 근대 휴머니즘은 네트워크로 연결된 정보 영역에 대처할 수 없다는 것이 입증되었다. 우리가 근대에 알고 있던 대학 제도는 네트워크로 연결된 지능을 다루기에 적합하지 않았으며, 휴머니즘의 유산은 개혁이 필요했다.

기술적-금융적 이성이 이러한 개혁을 떠맡았다. 공교육은 신자유주의 지배 계급에 의해 빈곤해졌다. 그것은 해체되고 불안정해지고 결국 학습자마저도 그 의미를 알지 못하는 단편화한 기술과 능력의 시장에 의해 추동된 재조합 시스템으로 대체된다. 혁신은 찬양받는다. 그러나 그것은 사적인 이익과 무한한 성장이라는 신학적 도그마의 틀 안에서만 허용된다.

11

일반 지성의 동역학

필로 판즈워스

과학적 발명과 기술적 혁신이 경제적인 인식적 뒤얽힘에서 벗어나지 않는 한, 기술적-과학적 노동자가 급여를 찾고 자기 이념을 발전시키기 위해 기업의 지원에 의존하지 않을 수 없는 한 지식은 결코 자율적이지 않을 것이다.

지식의 자율을 지키는 것은 우리 시대의 가장 중요한 쟁점이다. 그것은 기업에 의한 세계 황폐화와 전 지구적인 정체성주의의 내전을 극복할 수 있는 유일한 길이다.

그것은 우리 시대 가능성의 지평이다.

지난 세기 동안 발명가들은 서서히 자기 발명 노동의 기능을 알고 제어하는 능력을 빼앗기고 이윤의 규칙에 종속되었다. 그들의 노동은 단편화했고, 그들의 형성은 그들이 자기 발견의 인식론적 함축과 자신의 창조를 적용하는 것의 사회적 결과에 대해 일반적으로 알지 못하는 방식으로 형태화되었다.

거의 어떤 사람도 필로 판즈워스(Philo Farnsworth: 미국의 발명가—옮긴이)에 대해 알지 못한다.

근대 후기 문화에서 가장 유명한 매체의 탄생에 대해 아는 사람이 거의 없다. 왜 이렇게 되었을까?

그 이유는 TV의 발명이 도용 이야기라는 데 있다. 발명가의 노동의 산물은 미국라디오주식회사(Radio Corporation of America, RCA)에 의해, 요컨대 제2차 세계대전 이전 시기 그 회사의 사장이었던 데이비드 사르노프(David Sarnoff)에 의해 도난당했다.

내가 여기서 판즈워스를 기억하고 싶은 것은 그의 이야기가 기업의 탐욕과 지적 노동 사이의 관계에 대한 완벽한 은유이기 때문이다.

어린 필로는 유타의 시골 마을에서 과학 소설을 읽으며 자랐다. 나이가 들면서 그는 이미지 전송 기술을 연구하기 시작했다.

어느 날 그는 아내 펨(Pem)에게 자기가 창안하고 있는 기술이 사람들이 세계의 먼 곳에서 일어나는 일을 직접 볼 수 있게 함으로써 평화를 가능케 하는 진실의 기계일 것이라고 이야기했다. 그에게 있어 지적 모험의 유토피아적 측면은 자본주의와 자기 자신의 노동, 특히 자기 자신의 지적 노동의 산물을 사적으로 소유하는 권리에 대한 소박한 믿음과 섞여 있었다.

《최후의 고독한 발명가(The Last Lone Inventor)》에서 에번 슈워츠(Evan Schwartz)는 1920년대에 TV 기술을 만드는 과정에서 기본적 기계 장치이

자 그가 '해상기(image dissector, 解像器)'라고 부른 것을 발명한 기술자 필로 판즈워스 이야기를 자세히 풀어놓는다.

슈워츠에 따르면 판즈워스는

> 발명의 과정 그 자체가 변화하고 있다는 것을 완전히 깨닫지 못했다. 혁신은 너무나 중요하고 너무나 수지가 맞는 것이 되어 예측할 수 없고 독립적인 개인들의 손에 맡길 수 없었다. 지난 세기의 모든 새로운 기술을 중심으로 탄생한 거대 기업들은 미래를 통제하고 자기 제국을 전복시킬 수 있는 놀라운 일을 회피하길 원했으며, 외부 발명가들과의 특허권 협상에서 점점 더 실망감을 느끼고 있었다. 그들은 스스로 과제에 착수하기로 결정했고, 새로운 세기의 처음 20년 사이에 기업 연구 실험실을 발족시키기 시작했다.[1]

판즈워스의 발명품이 지닌 잠재성을 알고 있던 RCA의 사장 데이비드 사르노프는 그에게 그 장치에 대한 권리를 사겠다고 제안했다. 판즈워스는 이 첫 제안을 거부했다.

그 후 필로가 자기 기계를 완성하고 있던 어느 날, RCA의 기술자 블라디미르 즈보리킨(Vladimir Zworykin)이 거짓 구실을 대고 판즈워스의 실험실에 나타났다. 그러곤 자기가 훔쳐 배운 것을 가지고 사르노프에게 돌아가 보고했다.

이 발명은 그렇게 도난당했고, RCA는 이를 구현해냈다. 소송이 벌어졌고, 판즈워스는 그 회사의 특허법 위반을 조사하는 의회에 소환되었다.

판즈워스는 정부를 신뢰한 것이 아니라 오히려 사업을 신뢰했다. 그는 자유 경쟁과 시장의 역동성이 도용을 결과할 수 있다는 생각을 받아들이지 않았다. 그는 자유 경쟁의 문제에 대해 당국에 의지하려 하지 않았다. 그는 자본주의를 믿었고, 아아, 엿을 먹고 말았다.

1939년 9월, 뉴욕 세계박람회 개막을 위해 RCA는 맨해튼 전역에 TV 스크린을 전시해놓고, 프랭클린 델러노 루스벨트 대통령의 연설을 방송했다. 판즈워스는 그 스크린 앞에 모인 많은 시민 가운데 한 사람이었다.

국가가 개인의 창작 재산을 보장한다는 생각은 1421년 피렌체에서 처음으로 주장되었다. 미국에서는 벤저민 프랭클린이 헌법에 지적 재산권 원칙을 도입했다. 특허법은 실제로 19세기에 잘 작동했다. 그러나 20세기의 30년 이래로 기업들은 과학자들의 작업으로부터 돈을 뽑아내기 위해, 그리고 그들의 활동을 경제적 원리에 종속시키기 위해 발명 과정을 어떻게든 통제해왔다.

발명과 자본 관계의 희생자 판즈워스는 기업에 의해 통제되는 혁신의 권력을 과소평가했다.

발명의 힘에 대한 착취 과정에는 두 가지 서로 다른 기술이 포함되어 있다. 첫 번째는 과학자, 기술자, 기호 노동자의 복잡하고 구체적인 능력, 즉 무한한 범위의 특수한 형식의 지식들로 전개되는 능력이다. 두 번째는 회계사와 변호사 그리고 무장 강도의 도움을 받는 투자자의 잔인한 능력이다.

머니 게임의 승자는 누구인가? 분명히 승자는 물리학, 화학, 미디어, 야금, 패션이나 예술 같은 구체적인 문제들에 대해 아무것도 모르지만, 타인의 작품과 문화를 도용하는 기술에 관해서는 모든 것을 알고 있는 자본가다. 자본가의 삶은 지식의 무한한 풍요로움을 화폐의 무한한 불행으로 변형시키는 데 바쳐져왔다.

등장인물

지식인, 상인, 전사는 우리가 근대라고 부르는 우화의 주인공들이었다. 전사와 상인은 어떻게든 지적인 힘을 전쟁과 축적의 요구에 예속시켜왔다. 지적 기능을 예속시키기 위해 지식은 단편화했고, 지식의 사회적 담지자 자신도 단편화되었다. 다차원적 인문주의자의 형성은 예술가로부터 기술자의, 철학자로부터 예술가의 분리로 대체되었다.

지적인 협력은 점점 더 기술적으로 중재되어왔다. 일반 지성은 네트워크로 연결된 정보-기계에 의해 기능적으로 재결합한다.

1960년대까지 지적인 삶은 이른바 '두 문화', 곧 기술적·과학적 지식과 역사적·정치적 인문학 간의 교환 공간이었다. 그 후 전문화 과정이 극단적으로 추진되었고, 지적인 교환의 공통 지반은 지워졌다. 기술자와 시인은 결코 만나지 못하는 두 가지 멀리 떨어진 차원에 속한다.

그럼에도 지적인 기능에는 내부적 갈등이 가로지르고 있으며, 그 동역학은 분석을 요구한다.

나는 예술가, 기술자, 경제학자를 일반 지성이라고 일컫는 우화의 주인공이라 부를 것이다. 그들의 이야기는 지적인 삶의 사회적 동역학의 핵심이다.

예술가는 순수한 과학자와 마찬가지로 새로운 개념과 새로운 규칙의 창조자이자 사회적 경험의 새로운 가능한 지평을 드러낸다. 예술가는 접속의 언어를 이야기한다. 예술적 창조에서 기호와 의미의 관계는 관습적으로 고정되어 있는 것이 아니라 실용적으로 옮겨지고 끊임없이 재조정된다.

기술자는 기술의 주인이며, 개념을 기획으로, 기획을 알고리즘으로 변환시키는 지식인이다. 기술자는 연결의 언어를 말한다. 기호와 의미의 관계는 관습적으로 공학에 새겨져 있다. 기술자는 기계, 즉 개념에 따라 수행되는 알고리즘과 물리적 문제의 기술적 조합의 생산자다.

현대 일반 지성의 세 번째 인물은 예술가와 기술자를 분리해 그들을 각각의 전문화한 작업에 붙들어 매는 것을 의무로 하는 가짜 과학자이자 진짜 기술자인 경제학자다.

경제학자는 과학자라기보다는 사제다. 그들의 담론은 다른 지식인의 활동을 경제적 확장의 규칙에 복종시킬 것을 목표로 한다. 그들은 사회의 나쁜 행동을 비난하고, 사람들로 하여금 자기 빚에 대해 회개하도록 촉구하고, 인플레이션과 비참함을 죄의 형벌로서 위협하고, 성장과 경쟁 및 이윤의 도그마를 숭배한다. 그들의 과학적 관습은 경험이나 순수하게 개념적인 추상이 아니라 관습적인 경제 구성의 최상위에 있는 사회 계급의 특수한 이해관계에 토대한다. 경제학자의 방법론은 과학과는 거의 관계가 없다. 과학은 경험적 현상의 관찰로부터 일반 법칙을 추정하고 이러한 추정으로부터 다음에 일어날 일에 대해 무언가를 예측하는 능력을 끌어내는 것을 목표로 하는 도그마로부터 자유로운 형식의 지식이다. 그러나 과학은 또한 어떤 종류의 인과적 결정론을 초월하고 토머스 쿤(Thomas Kuhn)이 '패러다임 전환'이라고 부른 변화의 유형들을 이해할 수 있기도 하다. 그것은 과학적 혁신이 본질적으로 지식의 확립된 한계를 넘어서는 것이라는 걸 의미한다.

내가 아는 한 경제학은 그러한 묘사에 상응하지 않는다. 경제학자들은 성장과 경쟁 및 국민총생산이라는 교조적 개념에 사로잡혀 있으며, 사회적 삶이 이러한 도그마의 교리에 따르도록 강요한다. 게다가 경제학자들은 현실의 관찰로부터 법칙을 추론할 수 없다. 그 대신 현실이 그들 자신의 전제와 조화를 이루는 것을 선호하기 때문이다. 그 결과 그들은 아무것도 예측할 수 없다—경험을 통해 우리는 종종 경제학자가 변화와 우연성을 예측할 수 없다는 것을 보아왔다. 마지막으로 경제학자들은 사회적 패러다임에서의 변화를 인식할 수 없으며, 따라서 자신의 개념적 틀을 조정하기를 거부한다. 그 대신 그들은 현실이 자신의 시대에 뒤떨어진 기준에 상응하게 변화해야만 한다고 주장한다. 물리학과 화학, 생물학과 천문학은 현실의 특정한 분야를 개념화한다. 반면에 경제학부와 경영학부에서 교육과 학습의 주제는 하나의 기술, 즉 사회적 현실을 이윤과 성장, 축적과 권력이라는 실제적 목적에 이바지하도록 비트는 것을 의도한 일련의 도구와 절차 및 실용적인 규약이다. 경제적 현실은 존재하지 않는다. 그것은 기술적 모델링과 복종 및 착취 과정의 결과다.

이러한 경제적 기술을 뒷받침하는 이론적 담론은 이데올로기, 즉 특수한 정치적이고 사회적인 목표를 촉진시킬 것을 목표로 한 이론적 기술로서 정의할 수 있다. 모든 기술과 마찬가지로 경제 이데올로기는 자기반성적이지 않으며, 따라서 이론적 자기 이해를 발전시킬 수 없다. 그것은 패러다임 전환과 관련해 자기 자신을 재구성할 수 없다.

경제학자는 기술자를 뒤얽히게 하는 존재다. 공학은 과학자와 예술가의 개념적 창조물을 사회적 삶의 조직을 위한 기술적 방향 결정자로 틀 짓는 기술이다. 근대 후기에 공학은 경제적 명령에 종속되었으며, 기계의 기술적 능력은 한결같이 경제적 결정으로 환원되었다.

기술자가 경제학자에 의해 통제될 때, 그는 기계를 오직 이윤 극대화와 자본 축적 및 전쟁을 위해 인간의 시간과 지능을 뒤얽으려고만 생산한다.

기술자가 예술가와 접촉할 때, 그의 기계는 사회적 유용성과 노동 시간 단축을 의도한다.

기술자가 경제학자에 의해 통제될 때, 그의 지평은 경제 성장이고, 그의 활동은 코드와 양립 가능하게 만들어진다. 그가 예술가와 연계될 때, 그의 지평은 자연과 언어의 무한성이다.

자본주의는 더 이상 인지적 생산성의 사회적 능력을 기호화하고 조직할 수 없다. 경제적 개념화는 경제를 넘어서는 차원을 요구하는 사회의 새롭게 떠오르는 지적 능력에 비해 너무 협소하다.

생산의 산업적 형식으로부터 기호적 형식으로의 전환은 자본주의를 그 자신으로부터, 즉 그것의 이데올로기적인 자기 파악으로부터 내몰았고, 경제적 기호화는 일반 지성의 힘에 대해 뒤얽힘이 되었다.

문제는 다음과 같다. 즉 지식은 경제적 패러다임의 기호적 파악으로부터 참으로 풀어놓일 수 있을까? 경제학자가 기술자를 완전히 예속시키고 예술가를 포획했는가, 아니면 기술자가 경제적 제한으로부터 풀려나 과학과 예술의 좀더 고차적인 직관에 따라, 곧 공유된 감수성에 따라 기술을 다시 틀 지을 수 있는가?

12

발명

너 자신을 정신적 노예 상태로부터 해방하라.

–밥 말리(Bob Marley), 〈구원의 노래(Redemption Song)〉

우리가 이 새로운 세계를 창조하는 동안, 우리는 그것을 소유하지 않는다. 우리가 창조하는 것은 다른 이들에게, 다른 이들의 이익에, 우리가 홀로 발견하는 세계를 만들기 위한 수단을 독점하는 국가와 기업에 저당 잡힌다. 우리는 우리가 생산하는 것을 소유하지 않는다—그것이 우리를 소유한다.

–매켄지 워크, 《해커 선언》

더 이상 노동은 없다

> 매킨지 글로벌 인스티튜트(McKinsey Global Institute)는 최근 로봇이 현재 인간 노동자가 수행하는 모든 작업 가운데 45퍼센트를 수행할 수 있으며, 이는 2조 달러의 연간 임금 가치를 나타낸다고 평가했다. 그러나 제조를 좀더 효율적으로 수행함으로써 기술은 햄버거에서 자동차에 이르기까지 전 세계 거의 모든 재화의 비용을 낮추고 있기도 하다.[1]

낙원은 가까이 있는가? 불행히도 아니다. 왜냐하면 현재의 형태는 이러한 가능성과 양립할 수 없는 것으로 보이기 때문이다. 기술적 가능성은 문화적 기대와, 특히 경제라고 불리는 기호화의 틀과 조화를 이루지 못하지만, 실제로는 자본주의 해석 체제의 실체화 내지 은밀한 자연화다.

닉 서니첵(Nick Srnicek)과 앨릭스 윌리엄스(Alex Williams)는 그들의 《미래 창안하기(Inventing the Future)》라는 책에서 노동 이후 세계를 가져올 수 있는 방법을 모색하고 현재 일터의 풍경과 새로 출현하는 경향을 묘사한다.

> 최근의 자동화 물결은 (특히 기계 학습 및 딥 러닝에서의) 알고리즘 향상, 로봇공학의 급속한 발전과 기계가 수행할 수 있는 작업 범위를 변형시키는 두 번째 기계 시대로 융합되고 있는 계산 능력의 기하급수적인 성장(빅 데이터의 원천)에 근거를 두고 있다. ……새로운 패턴 인식 기술은 일상적 작업과 비일상적 작업 모두를 자동화에 종속시키고 있다. 복잡한 통신 기술은 일정한 숙련 지식 작업에서 컴퓨터를 인간보다 더 훌륭하게 만들고 있으며, 로봇공

학에서의 진보는 급속하게 기술을 광범위한 손노동 작업들에서 좀더 훌륭하게 만들고 있다.[2]

이것은 참이다. 그러나 현실 세계에서 수수께끼는 계속되고 있고, 우리는 가능성(노동 이후 사회)을 현재의 경제 구조와 사람들의 일반적 기대로부터 해방시키는 방법을 알지 못한다.

무조건적인 기본 소득과 노동 절약 기술의 완전한 구현 가능성을 실현하기 위해 서니첵과 윌리엄스는 좌파를 재건할 것을 제안한다. 내 생각에 이것은 희망적 관측이다. 좌파의 정치적 권력이 아니라 자본주의로부터 사회의 문화적이고 사회적인 자율이 전 세계 노동자의 빈곤화와 무력화를 역전시킬 수 있는 능력이다.

서니첵과 윌리엄스는 우리가 "완전한 자동화를 요구하고, 보편적인 기본 소득을 요구하고, 주당 노동 시간의 단축을 요구"해야 한다고 주장한다. 그러나 그들은 이러한 요구의 수신자가 누구인지 설명하지 않는다.

이러한 요청을 담당하고 이행할 수 있는 어떤 지배적인 의지가 존재하는가? 없다. 왜냐하면 거버넌스가 정부의 자리를 대신하고, 명령이 더 이상 정치적 결정이 아니라 기술적-언어적 자동 작용의 연쇄에 새겨져 있기 때문이다. 이것이 왜 요구가 무의미하며, 정당을 건설하는 것이 마찬가지로 헛된 이유다.

지식과 기술의 내용을 풀어놓을 수 있는 능력을 가진 사람들은 이 내용을 생산하는 사람들, 즉 코그니타리아트다. 그들의 활동과 그들의 협력을 축적의 형태로부터 풀어놓는 것이 유일한 길이다.

그들이 필요로 하는 것은 기계를 해체하고 다시 프로그래밍하는 관점을 향한 세계 인지 노동자들의 자율적 협력을 위한 기술 플랫폼이다. 그리고 그들이 필요로 하는 것은 그들의 능력에 대한 의식이다.

발명과 패러다임

《과학 혁명의 구조(The Structure of Scientific Revolutions)》에서 토머스 쿤은 '정상 과학'을 "그 목표, 즉 과학적 지식의 범위와 정확성의 꾸준한 확대에서 탁월하게 성공적인 고도로 누적적인 기획"이라고 정의한다.[3] 과학 혁명은 획득된 지식을 새로운 패러다임적인 틀로 다시 틀 짓는 것으로 이루어진다.

쿤의 패러다임은 세계 모델의 기본 가정이며, 패러다임 전환은 또한 관점의 전위를 함축한다. 쿤은 실제로 "경쟁하는 패러다임들의 통약 불가능성(incommensurability)의 가장 근본적인 측면은 …… 경쟁하는 패러다임 지지자들이 서로 다른 세계에서 거래를 실행한다는 것이다"라고 쓴다.[4]

현재의 패러다임이 틀 지어져 있는 세계는 성장과 급여에 토대한 자본주의 경제의 세계다. 과학자와 발명가는 자신의 기술을 그 패러다임 내부에서 실행하도록 강제된다.

《강요》에서 마르크스는 다음과 같이 썼다.

> 기계 장치에서 자본에 의한 살아 있는 노동의 전유는 이러한 측면에서도 마찬가지로 직접적 현실을 성취한다. 첫째로, 기계가 이전에 노동자가 수행한 것과 동일한 노동을 수행할 수 있게 하는 것은 과학으로부터 직접적으로 발

생하는 역학적이고 화학적인 법칙들의 분석과 적용이다. 하지만 이러한 경로에 따른 기계 장치의 발전은 거대 산업이 이미 더 높은 단계에 도달하고 모든 과학이 자본에 봉사하도록 압박받을 때에만 발생한다. 그리고 둘째로, 이용 가능한 기계 장치 그 자체가 이미 큰 능력을 제공할 때다. 그 경우 발명은 사업이 되며, 직접적 생산 그 자체에 대한 과학의 적용은 그것을 결정하고 권유하는 전망이 된다.[5]

자본주의의 맥락에서 발명은 사업이 되었으며, 이 사업의 결과는 이윤 지향 경제의 지배적 형식에 의해 제한된다. '발명'이라는 말은 더 자세히 조사할 가치가 있다.

발명은 그 자체로 패러다임 전환을 함축하지 않는다. '발명'은 단지 도구의 기술적 개선일 뿐 과정 그 자체 목표에서의 어떠한 변화도 아니다.

마우리지오 라자라토(Maurizio Lazzarato: 이탈리아의 사회학자·철학자—옮긴이)는 그의 책 《발명의 권력(Puissances de l'invention)》(이용 가능한 영어 번역은 없다)에서 가브리엘 타르드(Gabriel Tarde: 프랑스의 사회학자·범죄학자—옮긴이)에게로 다시 돌아가 다음과 같이 쓴다. "자본주의의 비상한 생산성은 단순한 분업을 가지고서가 아니라 집합된 두뇌들의 동역학을 봄으로써만 설명할 수 있다."[6]

하지만 세기말 프랑스의 문화적 맥락에서 발명은 살아 있는 진동으로 개념화되기도 했다. "발명은 세계 신체의 혼돈된 흥분을 구성하는 가상성을 현실화한다. 발명은 …… 예측할 수 없는 현실을 존재의 깊이로부터 현상적 표면으로 불러냄으로써 그것의 출현을 가능케 한다."[7]

타르드도 (노동이 아니라) 힘의 발명을 생산의 가장 중요한 요인으로 강조했다. "타르드에게서 소유의 원천은 노동이 아니라 힘의 발명이다. ……지식의 존재론적 지위는 소유권에 의문을 제기한다."[8] 이러한 분석을 통해 라자라토는 발명을 단지 개선이 아니라 패러다임 전환으로 파악하는 구상을 위한 길을 닦았다.

지난 세기에 걸쳐 비판 이론은 기계로부터 인간의 자율을 요구했다. 나는 이러한 주장이 오늘날 더 이상 흥미롭지 않다고 생각한다. 기계는 인간 두뇌의 인지 기능을 내재화했고, 그리하여 자율적 사고라는 과제는 더 이상 자동화의 영역을 제한하는 것이 아니라 (자본주의적 관심에 대립하는 것으로서) 사회적 관심과 (기술적으로 자동화한 목표에 대립하는 것으로서) 인간의 목표를 전 지구적인 기계에 새겨 넣는 것이다.

자동화는 더 이상 적으로서 파악해서는 안 된다. 자동화는 휴머니즘적이고 사회주의적인 관점에서 분석해야만 한다.

1948년 인공두뇌 기술의 인식론적 조건을 창안하기 위해 작업하고 있던 노버트 위너(Norbert Wiener: 미국의 수학자—옮긴이)와 아르투로 로센블루에트(Arturo Rosenblueth: 멕시코의 생리학자—옮긴이)는 과학자들이 자율적인 공간, 즉 지식과 기술을 경제적이고 군사적인 시스템의 외적 강제에 따라서가 아니라, 그들 자신의 지적 역동성에 따라 생산할 수 있는 제도적 구조를 창조해야 한다는 생각을 제시했다.

위너의 얘기는 다음과 같다.

> 우리는 여러 해 동안 과학의 이러한 미개척지들 가운데 하나에서 함께 일하되, 어떤 위대한 고위 참모의 부하로서가 아니라 욕망에 의해, 사실상 정신적 필요에 의해 결합하여 전체로서 그 영역을 이해하고 서로에게 그 이해의

힘을 나누어줄 수 있는 독립적인 과학자들의 기관을 꿈꾸어왔다. 우리는 우리의 공동 연구 분야와 거기서의 우리 각각의 부분을 선택하기 이미 오래전에 이 문제에 대해 동의했다. 이러한 새로운 단계에서 결정적 요소는 전쟁이었다.[9]

위너의 우려는 "컴퓨터가 …… 냉혹한 정치인과 자본가 그리고 자신들이 지배하는 사회 제도를 자동화하려는 그러한 개인들의 욕망의 도구가 될 수 있다"는 것이다. 그 후 15년에 걸쳐 위너는 계속해서 특히 산업 자동화를 두려워했으며, 노동조합 지도자 월터 루서(Walter Reuther)를 찾아가 그것이 제기하는 위협에 노동자들이 싸울 수 있는 방법을 제안하기까지 했다.[10]

해커와 디자이너

디자인은 예술이자 공학이다. 예술가로서 디자이너는 대상을 위한 세계를 고안한다. 기술자로서 그는 그 세계를 위한 대상을 만든다.

시장이 예술가를 기술자로부터 분리함에 따라 디자인은 언제나 사회적 유용성의 규칙을 따르지는 않는 경제의 규칙에 발명을 예속시키는 것으로 전환된다.

이러한 맥락에서 스티브 잡스와 스티브 워즈니악의 관계는 흥미롭다. 워즈니악은 기술적으로 숙련된 발명자, 정보 건축물의 직접적 생산자 역할을 수행한다. 반면 잡스는 감독하는 디자이너, 기계와 인간 마음의 진화 간 환상적인 인터페이스 역할을 수행한다—이것은 불행하게도 시장의 지배를 받는다.

디자이너의 임무는 올바르게도 잡스에 의해 강조되었다. 그는 사회적 생물권의 몸과 마음에 기술이 침투하는 것이야말로 대상의 모양과 사용자가 그에 대해 지니는 지각에 달려 있다는 것을 완전히 이해했다. 반면 워즈니악은 컴퓨팅과 하드와이어링(hardwiring) 분야에서 고도로 복잡한 기술의 소유자인 해커를 체현한다. 그는 해킹과 관련한 사회적 차원의 요구에 단호함을 유지하고, 디자인에 대한 잡스의 강박관념을 시장에 대한 단순한 굴종이라며 거부한다. 애플의 두 창립자 사이의 이러한 차이점은 그 회사의 이야기와 통신망의 역사에 흔적을 남겼다.

워즈니악은 2014년 〈데일리 메일(Daily Mail)〉과의 인터뷰에서 다음과 같이 말했다.

> 스티브 잡스는 애플I과 애플II 컴퓨터, 프린터 인터페이스, 시리얼 인터페이스, 그리고 플로피 디스크와 내가 컴퓨터를 향상시키기 위해 만든 것들을 기획하는 데서 전혀 아무런 역할도 하지 못했다. 그는 기술을 몰랐다. 그는 중요해지길 원했고, 중요한 사람은 언제나 사업가다. 그래서 그는 그렇게 하는 걸 원했다. 어쨌든 애플II 컴퓨터는 애플이 처음 10년 동안 보유했던 유일한 성공적인 제품이었다. 그것은 스티브 잡스가 그 존재를 알기도 전에 나 자신을 위한 나의 이유 때문에 모두 마무리되어 있었다. 그렇게 나는 그것을 만들어냈고, 그것은 그저 회사를 기다리고 있었을 뿐이다. 그리고 스티브 잡스는 나의 좋은 친구, 사업가였다.[11]

대니 보일(Danny Boyle)의 영화 〈잡스(Jobs)〉에서 잡스와 워즈니악의 갈등을 그리는 장면은 그들 관계의 흥미로운 부분을 보여준다. 위의 인터뷰에서 워즈니악은 잡스를 '사업가'라고 부른다.

기술적 지식은 워즈니악에 속한다. 그러나 잡스를 단순히 친구의 제품을 시장에 판매하는 사람으로 파악해서는 안 된다. 그는 무언가 그 이상이다. 그는 그 단어의 주목할 만한 의미에서 디자이너다.

디자인은 사회적 유용성을 위한 인터페이스의 창조다—그리고 동시에 그것은 기술적 대상을 상품의 언어로 번역하는 것이다. 디자이너는 발명가와 사용자 사이의 인터페이스다. 그러나 그는 또한 기술과 마음의 산물에 대한 경제적 착취 사이의 인터페이스이기도 하다.

디자인은 사람들이 적절하고도 쉽게 다룰 수 있는 방식으로 객체를 기획하는 예술일 뿐만 아니라, 객체를 역사적이고 문화적인 진화의 광범위한 전망 위로 투사하는 것이기도 하다.

기술자는 접속적인 삶을 연결적인 구조로 변환한다.

디자이너는 연결적인 구조를 접속적인 연쇄로 변환한다.

디자이너가 발명의 주인이다.

후기: 생각할 수 없는 것

트라우마

21세기의 두 번째 10년에 서로 다른 2개의 과정이 분명히 멈출 수 없는 힘을 지니고서 작동하고 있다. 첫 번째는 2001년 이후 진행 중이고, 2016년에 숨 막힐 듯한 속도로 질주하고 있는 전 지구적 내전이다. 두 번째는 신경전체주의 체제로 가는 길을 닦고 있는 인지 활동의 자동화, 인공지능 장치의 일상적 삶과 도시 환경으로의 침투다.

두 과정 모두 실제로 발전 중이며, 둘 다 피할 수 없는 것으로 보인다.

브렉시트와 트럼프의 선거 승리는 신자유주의적인 지구화의 역사에서 중지점(breakpoint)을 나타냈다. 지난 세기에 우리는 민주주의와 사회주의가 국가주의를 쳐부쉈다고 생각했다. 신자유주의 정책에 굴욕당하고 금융 독재의 손아귀에 놀아난 사회 개혁주의자들에게 배신당한 백인 노동 계급의 앙갚음 덕분에 국가주의가 돌아왔다.

이러한 노동 계급의 복수는 이슬람의 종교적 근본주의, 두테르테(R. R. Duterte) 스타일의 파시즘, 힌두 근본주의 및 중국의 권위주의에서 명백히 드러나는, 식민화한 지역으로부터 온 사람들의 분노와 충돌하는 백인

인종주의 물결을 풀어놓았다.

그 결과는 오래 지속되는 트라우마일 것이며, 그 효과는 아직 평가할 수 없다. 우리는 야만주의와 폭력의 확산 그리고 인류에게서 인간적인 것이 말살되는 지점에 이르는 문명의 종국적인 붕괴를 목격할 수 있다. 그러나 이러한 미래는 아직 쓰이지 않았다.

트라우마는 단순한 문화적 붕괴가 아닐 것이다. 그것은 아마도 신경-형태 발생(neuro-morphogenesis), 새로운 인지 능력의 출현으로 진화할 것이다.

신경-형태 발생의 형식과 의미는 치료적이고 심미적인 행동에 의해 형성될 것이다. 트라우마의 함의에는 자동 기계의 뒤얽힘으로부터 안에 새겨진 가능성의 해방을 위한 풀어놓음의 문화를 위한 공간이 존재한다.

백인 인종주의와 파시즘적 분노에 의해 연료를 공급받고 있는 전 지구적 내전으로부터 벗어나는 길은 세계 인지 노동자들 사이에 의식을 고양시키는 데에서만 발견될 것이다. 이러한 과정은 오늘날 인지 노동자가 자기 조직화를 위한 잠재력을 결여하고 있는 까닭에 달성할 수 없는 것으로 보인다. 무능력은 자동 기계 내부에서 신경 전체주의적 자기 구성 과정에 휩쓸려 있는 인지 노동자의 현재 상태다. 트라우마는 정서적 차원과 인지적 차원 간 관계를 변형시킬 것이다. 이러한 변형의 방향은 규정되어 있지 않다. 그것은 미래 게임의 판돈이다.

트라우마는 미래 가능성의 숨겨진 주름으로부터 지식의 자율과 인지 노동자들 사이의 공산주의적 공감의 가능성을 드러낼 것인가? 시인과 기술자들은 급여 미신에서 벗어나 자율의 조건에서 지식과 기술에 새겨진 가능성을 발전시킬 수 있는 에너지를 발견할 것인가?

아니면 트라우마는 상상할 수 없는 비율의 붕괴를 불러일으킬 것인가?

내가 이 책 마지막 부분을 쓰는 동안 어두운 풍경이 떠오르고 있으며, 나의 지각과 이해로는 현대 사회의 자살 추세를 멈출 수 없는 것으로 보인다. 하지만 내가 보는 것과 내가 아는 것은 전체 그림에서 멀리 떨어져 있다. 나의 파악을 벗어나는 것, 내가 볼 수 없는 것, 내가 상상할 수 없는 것, 내가 생각조차 할 수 없는 것이 탈출의 수단이다.

피할 수 없는 것

《피할 수 없는 것(The Inevitable)》(2016)이라는 책에서 케빈 켈리는 우리가 이미 지각할 수 있는 방식으로 피할 수 없게 미래를 형성할 12가지 기술적 추세를 묘사한다. 켈리에 따르면 향후 30년 내에 일어날 일들의 많은 것은 피할 수 없다. 미래는 인공지능, 더 엄청난 자동화, 훨씬 더 많은 스크린을 가져올 것이다. 켈리가 윤곽을 그리는 12가지 추세는 우리가 일하고 배우고 의사소통하는 방식을 영원히 변화시킬 것이다. "인공적 사고의 도래는 다른 모든 붕괴를 가속화한다. ……그것은 미래의 근원적 힘이다. 우리는 인지화가 피할 수 없다고 확실히 말할 수 있다. 그것은 이미 여기에 있기 때문이다."[1]

켈리 예측의 기술적 내용에 동의하긴 하지만, 나는 이러한 진화가 필연적으로 자본주의 패러다임의 틀 안에서 일어날 것이라는 그의 주장에는 동의하지 않는다.

나는 켈리가 《통제 불능》을 출간한 이래로 그의 독자였다. 생물학과 컴퓨터 사용 및 불교가 그 책에서 한데로 모였다. 전 지구적 마음은 그 목적과 절차에 대해 우리가 알지 못하고 저항할 수 없는 생물-정보 초유기체다. 나는 그의 책을 즐겼다. 그러나 나는 그의 생물-정보 다윈주의의 개념적 함정에 빠지지 않았다.

다윈주의는 최적자와 최강자가 삶의 투쟁에서 승리할 것이라는 생각에 토대하고 있으며, 켈리는 이 원리를 정글의 야생 공간으로부터 네트워크 경제의 문명화한 공간으로 옮겨놓았다. 이 이론은 신자유주의 시대에 옳은 것으로 입증되었다. 이용 가능한 것을 착취하고 약탈하기에 충분할 만큼 강한 소수의 개인들이 근대 후기 게임의 승자로 떠올랐다. 문제는 그들이 세계를 거의 파괴했다는 점이다. 그들은 노동 계급을 가난하게 만들었고, 이 행성 전체에 걸쳐 환경을 황폐화시켰으며, 새로운 세대 대다수를 불안정과 외로움 및 전염병적인 우울증의 지옥으로 밀어 넣었다. 결국 생존을 위한 신자유주의적 투쟁은 트럼프, 패라지(N. Farage: 영국의 우파 정치인—옮긴이), 오르반, 두테르테 같은 괴물들을 낳았다.

평화와 문명은 위험에 처해 있다. 행복, 즐거움, 좋은 삶이라는 개념 자체가 위험에 처해 있다.

이제 켈리는 자신의 가짜 유토피아를 들고 돌아와 미래가 좋든 싫든 현재에 쓰이고(be written) 있다고 선언한다.

해석

나는 이 점에 대해 켈리에게 동의한다. 미래는 순수한 판타지나 정치적 의지로부터 출현하지 않는다. 그것은 현재에 새겨져 있다. 그렇더라도 그것은 피할 수 없는 게 아니다. 왜냐하면 현재는 셀 수 없이 많은 분기들 사이의 진동에 존재하기 때문이다.

미래에 떠오를 것은 현재에 새겨져 있다. 그것은 참이다. 그러나 우리가 현재에서 발견할 수 있는 흔적은 처방이 아니다. 현재에 새겨져 있는 것에 대한 해석은 분명하지 않으며, 경향의 진화는 결정론적 방식으로 규정되어 있지 않다.

현재에 대한 해석은 (켈리의 기술 결정론 같은) 어떤 결정론적 이론을 회피하는 결정적 요소다.

해석을 다시 생각하면서 나는 포이어바흐(L. Feuerbach)에 관한 11번째 테제를 뒤집게 되었다. 마르크스는 다음과 같이 쓰고 있다. "철학자들은 세계를 단지 다양하게 해석해왔을 뿐이다. 그러나 중요한 것은 세계를 변혁하는 것이다."

마르크스 이후 세기에 철학자들은 세계를 여러 방식으로 변화시켰다. 중요한 것은 이제 그것을 해석하는 것이다. 철학의 목적은 이제 해석이다.

새겨진 가능성에 대한 해석은 우리 시대 철학의 주요 과제다. 우리는 네트워크로 연결된 지식에 새겨진 내재적 가능성을 발전시키는 데 도움을 줄 수 있는 개념과 지각을 집요하게 찾아내야만 한다.

우리는 정치 혁명이 근대 역사를 관통하며 반복적으로 행해온 방식을 갖고 세계를 변화시킬 수 없다. 우리가 할 수 있는 일은 가능성의 자기전개(self-deployment)를 위한 개념과 미학적 형식을 창조하는 것이다.

해석은 무엇을 의미하는가? 그것은 라틴어의 인테르프레타치오

(interpretatio: 설명, 드러냄)에서 유래한다.

해석의 의미는 표현하는 것, 새겨진 것을 내놓는 것이다. 그것은 새겨진 물질적 가능성의 언어로부터 기호와 의사소통의 언어로 번역하는 것이다.

1억 명의 마음과 관련한 살아 있는 연쇄에 좋은 삶의 기술적 가능성이 새겨져 있다. 이것을 해석한다는 것은 가능성의 물질적 내용을 공유하고 생산과 교환 및 일상적 삶으로 변형될 수 있는 개념으로 변환하는 플랫폼을 조직한다는 것을 의미한다.

우리는 마르크스를 맥락 속에서 읽어야만 한다. 특히 우리는 11번째 테제를 맥락 속에서 읽어야 한다. 마르크스가 행동에 찬성해 해석을 경멸했을 때, 그는 헤겔을 염두에 두고 있었다. 헤겔에게서 철학의 과제는 절대정신의 가장 내적인 삶을 발견하기 위해 역사를 해석하는 것이다. 헤겔에게서 해석은 드러냄의 행위다.

오늘날 우리는 드러낼 것이 없다. 사실 그것은 드러냄이 아니라 발명의 문제다. 사회 복지에 따라 네트워크로 연결된 두뇌의 현재 구성을 해석할 수 있는 연쇄와 개념을 발명하는 것은 우리 시대의 철학적 과제다.

계산할 수 없는 것

새김과 전개 사이의 관계는 피할 수 없어 보인다. 그러나 그 까닭은 다만 우리가 현재에 새겨진 기호들에 대한 다른 해석을 생각할 수 없기 때문일 뿐이다. 피할 수 없는 것에서 탈출하는 노선은 생각할 수 없는 것, 즉 우리가 현재 생각하거나 상상할 수 없고, 따라서 볼 수 없는 것이다.

미래는 규정되어 있는 것이 아니라 새겨져 있으며, 따라서 해석 과정을 통해 선택 및 추출되어야만 한다. 새겨져 있는 가능성을 해석하는 과정은 개념에 의해 가능하고 형성된다. 지배적인 코드(형태)는 봄(vision)을 금지하고 가능한 것을 생각할 수 없는 것으로 만든다.

켈리가 이야기하고 있는 피할 수 없음은 계산 가능성의 확장 과정에 토대한다. 전 지구적 마음이라는 그의 개념은 계산이 점진적으로 모든 수준의 언어를 흡수해 그것을 자동화에 종속시킨다는 생각에 토대한다. 이 이론은 한 가지 결정적인 영역에서 결함이 있다. 즉 처리 능력의 진보는 인간 존재의 시간적 차원에서 (즉 육체적이고 죽을 수밖에 없는 차원에서) 그 자신의 한계에 부딪칠 것이다.

계산은 환원과 결정의 원리다. 최근 수십 년 동안 계산은 사회적 삶과 인간의 언어를 보편적 컴플라이언스(compliance)의 포맷에 토대한 결정론적 전략으로 환원함으로써 광범위한 현상을 포괄하도록 성장했다. 인공지능의 발전과 지능형 장치의 일상적 삶과 인지 활동 영역에로의 침투는 새로운 존재 영역이 컴퓨팅의 영역이 될 것이라는 점을 함의한다. 그러나 존재의 영역 전체는 컴퓨터에서 경험할 수 없다. 존재는 어떤 처리 능력으로도 환원될 수 없는 것이다.

존재적인 진동은 계산을 벗어난다. 시간, 죽음, 자기 지각, 두려움, 불안과 즐거움. 계산할 수 없는 것은 인지 자동화 과정에서의 초과다. 그러므로 나는 계산할 수 없는 것이 인간 진화의 주도적인 힘이라고 단언한다. 계산 불가능성은 역사가 인간적인 이유다.

생각할 수 없는 것은 현대의 거대한 진동의 어두운 측면이다. 사회적 교환의 공통 근거가 계산할 수 있는 개념에 토대하는 반면, 계산할 수 없는 것은 생각할 수 없는 것으로 전환된다.

갈등과 주체로서 전 지구적 실리콘밸리

오늘날 생각할 수 없는 것은 경제적 현실보다는 사회적 요구에 토대한 기술 권력에 대한 접근이다. 현재 자본 축적으로부터의 자율 속에서 이루어지는 인지 노동자들 사이의 협력은 생각할 수 없다.

협력은 전 세계의 P2P(peer to peer: 인터넷에서 개인과 개인이 직접 연결되어 파일을 공유하는 것—옮긴이) 생산자와 프로그래머 및 활동가 사이의 일상적 교환에서 이미 일어나고 있다. 다음 20년 동안의 프로젝트는 메타 기계를 해체하고 다시 프로그래밍함으로써 세계 인지 노동자들을 위한 공통의 의식과 공통의 기술적 플랫폼을 창출하는 것이다.

나는 에브게니 모로조프(Evgeny Morozov: 벨라루스의 기술회의론자—옮긴이)의 독자이자 대단한 팬이다. 그러나 나는 또한 우리가 테크노미디어 기업 시스템에 대한 비판을 넘어서 날마다 전 지구적 기호 경제를 생산하는 인지 노동자를 위한 탐구와 자기 조직화 프로젝트를 시작해야 한다고 생각한다. 우리는 시스템에 덜 집중하고 전 지구적 기호 순환의 근저에 놓여 있는 주체성에 더 초점을 맞추어야 한다.

서로 다른 문화와 사회적 이해관계가 충돌하는, 전 세계적으로 흩어져 있는 생산 영역을 나는 전 지구적 실리콘밸리(Global Silicon Valley, GSV)라고 부른다.

GSV는 갈등이 지속적으로 출현하고 있는 역동적인 영역으로서, 수백만 명의 기호 노동자가 날마다 통신망 자동 기계를 구축하기 위해 협력하고 있는 탈영토화한 영역으로서 파악해야 한다.

우리는 이 영역을 추상적 상호 작용의 동질적인 분야로서만 파악해서는 안 된다. 그것은 또한 서로 다른 사회적 조건을 지니는 노동자들, 즉 고임금 기업 관리자뿐만 아니라 불안정한 디자이너, 기술자, 예술가 및 인터넷의 모든 불명예스러운 노동자들 사이의 살아 있는 연결망이다.

우리는 레닌이 1917년 푸틸로프(Putilov) 공장을 주시했던 것과 같은 방식으로, 이탈리아 자율주의자들이 1970년대에 피아트 미라피오리(Fiat Mirafiori) 공장을 생각했던 것과 같은 방식으로 GSV를 생산 과정의 핵심으로, 최대한의 착취 수준을 행사하면서 최고도의 전환 능력이 풀려날 수 있는 장소로 바라보아야만 한다.

GSV가 무한히 복잡한 협력망의 작은 부분을 대표하는 테크노 엘리트의 통제 아래 있다 할지라도, 우리는 세계 코그니타리아트의 자율을 위한 공통의 문화적이고 기술적인 플랫폼을 창조해야만 한다.

공통의 의식을 구축하고 신경 노동자들 사이에 가능한 사회적 연대의식을 확산시키는 것은 다음 10년 동안의 과제이며, 수백만 명의 기술자·예술가·과학자들의 윤리적 각성은 우리가 그 윤곽을 이미 어렴풋이나마 보고 있는 놀라운 퇴보를 막을 수 있는 유일한 기회다.

2017년 1월

주

서문

1. 이 논문은 《사유와 운동》에 실려 프랑스어로 나오기 전에 먼저 스웨덴어로 출간되었다. 필자는 프랑스판을 번역했다.
2. Gilles Deleuze, 'On Spinoza,' deleuzelectures.blogspot.it.
3. Gilles Deleuze & Félix Guattari, *A Thousand Plateaus: Capitalism and Schizophrenia* (1987), p. 153.
4. Antonio Negri, *Subversive Spinoza* (2004), p. 1.
5. Ibid., p. 4.
6. Deleuze, 'On Spinoza'.
7. Negri, *Subversive Spinoza*, p. 70.
8. Benedict de Spinoza, *Ethics* (1883), Part III, Proposition II.
9. Witold Gombrowicz, *Cosmos: A Novel*, trans. Danuta Borchardt (2005), pp. 54-55.
10. Ignacio Matte Blanco, *The Unconscious as Infinite Sets: An Essay in Bi-logic* (1975), p. 17.
11. D. E. Cameron, 'Early Schizophrenia', *American Journal of Psychiatry* 95: 3, pp. 567-582.

01 무능력의 시대

1. Timothy Egan, 'Giving Obama His Due', *New York Times*, 15 January 2016.
2. Paul Krugman, 'Elections Have Consequences', *New York Times*, 4 January

2016.

3. Nicholas Kristof, 'Obama's Death Sentence for Young Refugees', *New York Times*, 25 June 2016.
4. Mario Tronti, *Noi operaisti, Derive e approdi*, Roma, 2010, p. 27.
5. 오이게네 민코프스키가 표현한 대로 하자면 '시간 체험(Zeiterlebnis)'. Eugene Minkowski, *Lived Time: Phenomenological and Psychopathological Studies*, trans. by Nancy Metzel, Northwestern University Press, Evanston 1970, pp. 6-7.
6. Yves Citton, *Impuissances: Défaillances masculines et pouvoir politique de Montaigne à Stendhal*, Paris: Editions Aubier 1994, p. 27. 저자의 번역.
7. Ibid.
8. Stefano Mistura, *Autismo: L'umanità nascosta*, Rome: Einaudi 2006, p. xix.

02 휴머니즘, 여성 혐오, 근대 후기의 사상

1. Arthur Schopenhauer, *The World as Will and Representation*, trans. E. F. J. Payne (1958), p. 32.
2. Ibid., pp. 184-185.
3. Ibid., p. 273.
4. Niccolo Machiavelli, *Il principe*, XXV, 나의 번역.
5. Ibid.
6. Nikolai Berdyaev, *Dostoevsky: An Interpretation* (1921). 저자의 번역.
7. Michel Houellebecq, *Les particules élémentaires*, 1993, p. 76. 저자의 번역.
8. Kevin Kelly, *The Inevitable: Understanding the Twelve Technological Forces That Will Shape Our Future* (2016), p. 30.
9. Martin Davis, *The Universal Computer: The Road from Leibniz to Turing* (2000), p. 14.
10. Ibid., p. 1.

03 욕망의 어두운 측면

1. Pope Francis, 안토니오 스파다로(Antonio Spadaro) 신부와의 인터뷰, 'A Big Heart Open to God', *America Magazine*, 30 September 2013.

04 자동화와 테러

1. Gilles Deleuze, 'Postscript on the Societies of Control', *October* 59 (Winter 1992), pp. 3-7.
2. Ibid.
3. Karl Marx, 'The Process of Production of Capital', *Capital* (1864) 6장 초고, marxists.org.
4. Jean Baudrillard, *In the Shadow of the Silent Majorities, Or, The End of the Social* (1983).
5. Ibid., p. 21.
6. Margaret Thatcher, 로널드 버트(Ronald Butt)와의 인터뷰, 'Mrs Thatcher: The First Two Years', *Sunday Times*, 3 May 1981, margaretthatcher.org.
7. 인터뷰, *Women's Own*, 31 October 1987.
8. Antonio Negri and Michael Hardt, *Empire* (2000).
9. Kevin Kelly, *Out of Control: The New Biology of Machines, Social Systems, and the Economic World* (1993), p. 33.
10. Ibid., p. 16.
11. Ibid., p. 15.
12. Bert Hölldobler and Edward Wilson, *The Superorganism: The Beauty, Elegance and Strangeness of Insect Societies* (2008), 7.
13. Bert Hölldobler and Edward Wilson, *The Leafcutter Ants: Civilization by Instinct* (2011), p. xvii.
14. Hölldobler and Wilson, *The Superorganism*, p. xviii.
15. Hölldobler and Wilson, *The Leafcutter Ants*, p. xviii.
16. 'Eric Kandel, *The Age of Insight: The Quest to Understand the Unconscious in Art, Mind, and Brain, from Vienna 1900 to the Present* (2012) 참조.

05 죽음의 자본주의

1. Nicholas Kristof, 'On Guns, We're Not Even Trying', *New York Times*, 2 December 2015.
2. US Department of Defense, 'Discussion with Secretary Carter at the John F.

Kennedy Jr. Forum, Harvard Institute of Politics, Cambridge, Massachusetts', 1 December 2015, defense.gov.
3. Roberto Saviano, *Gomorrah: A Personal Journey into the Violent International Empire of Naples' Organized Crime System* (2005), p. 13.
4. Tyler Durden, 'ISIS Releases "Greatest" Piece of Terrorist Video Propaganda in History, Tells US, Russia to "Bring It On"', *ZeroHedge*, 25 November 2015, zerohedge.com.
5. Wassim Bassem, 'Money, Power Draw Young Iraqis to IS', *Iraq Pulse*, 12 August 2014, al-monitor.com.

06 통화 코드와 자동화

1. Jean Baudrillard, 'Global Debt and Parallel Universe', trans. Francois Debrix, *Liberation Paris*, 15 January 1996.
2. Noam Chomsky, *Syntactic Structures* (1957); Noam Chomsky, *Aspects of the Theory of Syntax* (1975).
3. Marshall McLuhan, *Understanding Media: The Extensions of Man* (1964), 7.
4. Karl Marx, 'Fragment on Machines', *Grundrisse* (1973).
5. McLuhan, *Understanding Media*, 20.
6. Ibid.

07 수수께끼

1. Zachary Karabell, 'Learning to Love Stagnation', *Foreign Affairs* (March/April 2016), p. 49.
2. Friedrich Pollock, *The Economic and Social Consequences of Automation* (1957), p. 28.
3. Stanley Aronowitz and Jonathan Cutler, eds, *Post-Work: The Wages of Cybernation* (1998), p. 60.
4. Frank Bruni, 'Lost in America', *New York Times*, 25 August 2014.
5. Paulo Virno, *E così via, all'infinito*, Turin: *Einaudi* 2011.
6. Liz Alderman, 'In Europe, Fake Companies Can Have Real Benefits', *New*

York Times, 29 May 2015.

08 미신

1. Mark Blyth, 'Global Markets Are No Longer Obeying Economic Common Sense', *Guardian*, 9 February 2016.
2. Ibid.
3. Peter Fleming, *Resisting Work: The Corporatization of Life and Its Discontents* (2014), p. 6.
4. Paul Mason, 'The End of Capitalism Has Begun', *Guardian*, 17 July 2015.
5. Richard Freeman, 'The Future of Work: Who Owns the Robot in Your Future Work Life?', *Pacific Standard*, 17 August 2015.
6. Martin Ford, 'China's Troubling Robot Revolution', *New York Times*, 10 June 2015.
7. Matthew Yglesias, 'The Automation Myth: Robots Aren't Taking Your Jobs—and That's the Problem!', *Vox*, 27 July 2015.
8. Juliet Schor, *The Overworked American: The Unexpected Decline of Leisure* (1992), p. 5.
9. Dylan Matthews, 'Why a Bunch of Silicon Valley Investors Are Suddenly Interested in Universal Basic Income', *Vox*, 28 June 2016.
10. Ibid.

10 일반 지성의 짧은 역사

1. G. W. F. Hegel, *The Phenomenology of Mind*, trans. J. B. Baillie (1910 [2005]).
2. Ibid., p. 81.
3. Ibid., p.16.
4. Ibid., p. 17.
5. Marx, *Grundrisse*, p. 635.
6. Ibid., p. 633.
7. Ibid., p. 636.
8. Fred Turner, *From Counterculture to Cyberculture* (2006), p. 24.

9. Herbert Marcuse, *Eros and Civilization: A Philosophical Inquiry into the Field* (1966), p. xxiii.

10. Ibid., p. xxv.

11. Herbert Marcuse, *One-Dimensional Man: Studies in the Ideology of Advanced Industrial Society* (1964), p. 7.

12. Ibid., p. 14

11 일반 지성의 동역학

1. Evan Schwartz, *The Last Lone Inventor* (2003), p. 6.

12 발명

1. Karabell, 'Learning to Love Stagnation', *Foreign Affairs*, p. 48.

2. Nick Srnicek and Alex Williams, *Inventing the Future: Postcapitalism and a World Without Work* (2015).

3. Thomas Kuhn, *The Structure of Scientific Revolutions* (1996), p. 48.

4. Ibid.

5. Karl Marx, *Grundrisse* (1973), pp. 635-636.

6. Maurizio Lazzarato, *Puissances de l'invention* (2002), p. 51. 저자의 번역.

7. Ibid. p. 67 .

8. Ibid.

9. Turner, *From Counterculture to Cyberculture*, p. 20.

10. Ibid.

11. Victoria Woollaston, '"Steve Jobs Didn't Know Technology and Just Wanted to Be Important": Steve Wozniak Claims His Business Partner Played No Role in the Design of Early Apple Devices', *Daily Mail*, 4 September 2015.

후기: 생각할 수 없는 것

1. Kevin Kelly, *The Inevitable: Understanding the Twelve Technological Forces That Will Shape Our Future* (2016), p. 30.